本书由国家社会科学基金教育学一般课题“优质公办幼儿园举办分园的模式研究”（课题编号：BHA130049）资助出版

公办幼儿园集团化发展模式研究

GONGBAN YOU’ERYUAN JITUAN HUA FAZHAN MOSHI YANJIU

江家发　余　捷　陈海燕◎著

安徽师范大学出版社
ANHUI NORMAL UNIVERSITY PRESS
·芜湖·

图书在版编目(CIP)数据

公办幼儿园集团化发展模式研究 / 江家发,余捷,陈海燕著. —芜湖:安徽师范大学出版社,2020.11

ISBN 978-7-5676-4491-5

Ⅰ.①公… Ⅱ.①江… ②余… ③陈… Ⅲ.①幼儿园—集团化经营—研究—中国 Ⅳ.①G617

中国版本图书馆CIP数据核字(2020)第185522号

公办幼儿园集团化发展模式研究

江家发　余　捷　陈海燕◎著

责任编辑:李　玲
责任校对:舒贵波
装帧设计:周萍莉　张　玲
责任印制:桑国磊
出版发行:安徽师范大学出版社
芜湖市九华南路189号安徽师范大学花津校区
网　　址:http://www.ahnupress.com/
发 行 部:0553-3883578　5910327　5910310(传真)
印　　刷:苏州市古得堡数码印刷有限公司
版　　次:2020年11月第1版
印　　次:2020年11月第1次印刷
规　　格:700 mm × 1 000 mm　1/16
印　　张:15.75
字　　数:295千字
书　　号:ISBN 978-7-5676-4491-5
定　　价:59.80元

前　言

学前教育是终身学习的开端，是国民教育体系的重要组成部分，是重要的社会公益事业。较长时间以来，我国学前教育领域普遍存在“入园难”“入园贵”两大问题。随着国家“二孩政策”的推广实施，这两大问题将更加突出。“入园难”的本质是人民群众日益增长的入园需求与合格的、有质量的学前教育资源，包括公办幼儿园、普惠性民办幼儿园严重不足之间的矛盾。

《国家中长期教育改革和发展规划纲要（2010—2020年）》（简称“《规划纲要》”）提出，“把促进公平作为国家基本教育政策”。教育公平应体现在受教育的入口、过程和出口三个环节。入口公平指的是受教育对象享有平等的受教育机会，保障适龄幼儿入园受教育的机会均等。2011年以来，在各级政府和教育主管部门的共同努力下，我国公办幼儿园的数量快速增加，适龄幼儿的入园率得到提高，初步破解了长期存在的“入园难”问题。但“有园上”仅仅是学前教育发展的初级阶段，“上好园”追求的是受教育过程的公平，是体现学前教育公平性的重要标志和核心任务。

教育部统计数据表明，2019年我国共有各类幼儿园28.12万所，在园幼儿4 713.88万人，其中民办幼儿园17.32万所，在园幼儿2 649.44万人，民办幼儿园占比高达61.6%，在园幼儿占比56.2%，学前教育毛入园率为83.4%。公办学前教育资源稀缺，公办、民办幼儿园发展不均衡，城区“入公办园难，入好园难”的问题依然突出。随着国家“全面二孩”等政策的出台，“入园难”问题会进一步凸显。同时，社会资本瞄准幼教市场商机，快速、大规模涌入幼教领域，促使民办幼儿园的收费标准不断攀高，广大人民群众难以承受，因此，迫切需要政府加大对学前教育的投入，加大对公办幼儿园的规划和建设力度，增加公办幼儿园的覆盖面，避免出现“公办园进不去，民办园上不起”的尴尬局面。

2010年11月，《国务院关于当前发展学前教育的若干意见》（简称“《若干意见》”）指出，“大力发展公办幼儿园，提供‘广覆盖、保基本’的学前教育公共服务”，“鼓励优质公办幼儿园举办分园或合作办园”。时隔8年后的2018年11月，《中共中央 国务院关于学前教育深化改革规范发展的若干意见》再次明确指出，“到2020年，全国学前三年毛入园率达到85%，普惠性幼儿园覆盖率（公办园和普惠性民办园在园幼儿占比）达到80%”，“鼓励支持街道、村集体、有实力的国有企事业单位，特别是普通高等学校举办公办园，在为本单位职工子女入园提供便利的同时，也为社会提供普惠性服务”。幼儿园集团化发展是短时期内提高学前教育整体水平和质量，促进教育公平的有效途径。

幼儿园集团化发展、连锁管理模式可以实现学前教育事业的规范化管理，促进教育资源的合理配置和教育质量的稳步提高，同时可以降低办学成本，快速扩大优质学前教育资源。它既可以使教师合理流动，充分调动教师积极性，也可以通过传播先进课程理念、规范教育手段等方式，迅速建设一支教育技能强、手段丰富的教师梯队，是快速提高学前教育整体水平的有益实践和探索。幼儿园集团化发展、连锁管理模式将促进学前教育“规模与质量并重”发展目标的稳步实现。

安徽师范大学附属幼儿园（简称“安师大附幼”）是安徽省一类幼儿园、省外事项目学校，2014年6月在安徽省率先成立了第一家公办幼教集团。目前，安徽师范大学幼教集团以安徽师范大学附属幼儿园总园为核心园，先后对左岸分园、碧桂园分园、文津分园、平湖秋月分园、伟星城分园、金域蓝湾分园、芳菲分园、城北分园、海上传奇分园、城北实验分园等10所分园采取紧密连锁管理。安徽师范大学幼教集团“优质公办园举办分园”的实践经验在安徽省起到了示范引领作用，有力地推动了安徽省学前教育集团化发展的步伐，在全国也产生了较大的影响。

2013年，以安徽师范大学幼教集团管理团队为课题组主要成员，以安徽师范大学学前教育专业为支撑，我们申报并获批了国家社会科学基金“十二五”规划2013年度教育学一般课题“优质公办幼儿园举办分园的模式研究”（课题编号：BHA130049）。课题组在充分总结近年来安徽师范大学幼教集团连锁举办分园实践探索的基础上，结合国内公办幼儿园集团化发展的案例，对幼儿园集团化发展、连锁管理模式展开研究，通过对国内“名园办分园”的总体现状进行调研，分析了公办园举办分园的模式和连锁管理策略，探讨了公办幼教集团的运行机制，切实理解和把握幼儿园集团化发展的深刻内涵和现实意义，真正促进并逐步实现了学前教育事业的公益性、普惠性、公平性和均衡发展性。最终研究成果希望能为切实解决目前“名园办分园”，特别是普通高等院校附属幼儿园举办分园的集团化发展过程中存在的问题，提供理论指导和可供操作的具体模式，对“名园办分园”这一新型组织形式在运行中存在的隐患和不足进行探索，并提出建设性意见，破解“名园办分园”过程中的难点，为保障幼儿园数量扩张和质量优良的和谐统一提供参照和借鉴，为地方政府和相关教育部门学前教育决策提供咨政信息和依据，从而促进区域学前教育优质、均衡和集团化发展。

本书为国家社会科学基金“十二五”规划2013年度教育学一般课题“优质公办幼儿园举办分园的模式研究”的研究成果。在研究过程中，课题组得到了全国教育科学规划领导小组办公室、安徽省教育厅基础教育处、芜湖市教育局等各级领导的关心和帮助，得到了调查、走访单位的理解和大力支持，在此一并表示衷心感谢！

由于课题组成员理论水平有限，书中难免存在一些不足之处，敬请读者批评指正。

课题组

2020年5月

目　　录

绪　论

一、研究背景

较长时间以来，我国学前教育领域普遍存在“入园难”“入园贵”两大问题。随着国家“二孩政策”的推广实施，这两大问题更加突出。“入园难”的本质是人民群众日益增长的入园需求与合格的、有质量的学前教育资源，包括公办幼儿园、普惠性民办幼儿园严重不足之间的矛盾。教育部统计数据表明，2019年我国共有各类幼儿园28.12万所，在园幼儿4 713.88万人，其中民办幼儿园17.32万所，在园幼儿2 649.44万人，民办幼儿园园占比高达61.6%，在园幼儿占比56.2%，学前教育毛入园率为83.4%，呈逐年增长之势（见图0–1）①。

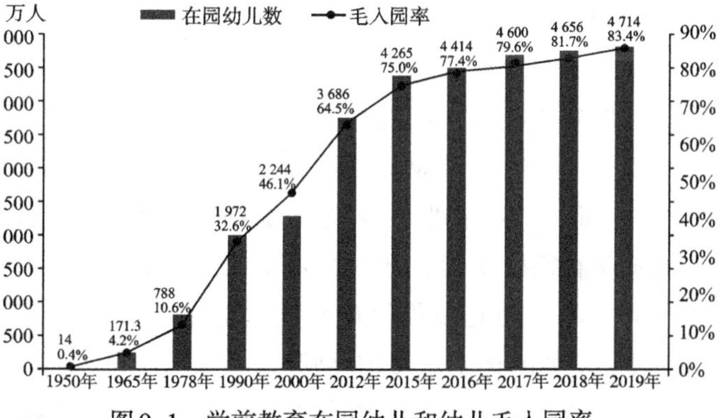

图0–1　学前教育在园幼儿和幼儿毛入园率

《规划纲要》提出，“把促进公平作为国家基本教育政策”。教育公平应体现在受教育的入口、过程和出口三个环节。入口公平指的是受教育对象享有平等的受教育机会，保障适龄幼儿入园受教育的机会均等。2011年以来，在

① 教育部.2017年全国教育事业发展统计公报[EB/OL].(2020–05–20)[2020–06–18].http://www.moe.gov.cn/jyb_sjzl/sjzl_fztjgb/202005/t20200520_456751.html.

各级政府和教育主管部门的共同努力下，我国公办幼儿园的数量快速增加，适龄幼儿的入园率得到提高，初步破解了长期存在的“入园难”问题。但“有园上”仅仅是学前教育发展的初级阶段，“上好园”追求的是受教育过程的公平，是体现学前教育公平性的重要标志和核心任务。

《若干意见》指出，发展学前教育“必须坚持政府主导，社会参与，公办民办并举，落实各级政府责任，充分调动各方面积极性”，“鼓励优质公办幼儿园举办分园或合作办园”。幼儿园走集团化发展模式是短时期内提高学前教育整体水平和质量，促进教育公平的有效途径。

20世纪90年代以来，我国顺应国际发展潮流，大力发展连锁经营，不仅发展势头强劲，而且形式多样。与此同时，随着市场经济向各个领域渗透，涌现出一些较大规模的教育集团或幼教集团。其中，连锁举办分园模式在学前教育实践中已被不断探索并逐渐成为公众关注的热点，幼儿园加盟连锁已成为一种较普遍的办园模式。因此，研究学前教育“名园办分园”现象，既有理论意义，又有实践价值。

本书通过对连锁管理理论的探讨，在分析总结“名园办分园”各类模式实践经验的基础上，试图找出存在的问题并提出相应的对策，对当前我国学前教育空前发展态势下，既保障幼儿园数量增加，又做到办园质量有保障，具有借鉴意义和推广应用价值。

随着社会经济文化的发展，人民大众对学前教育的需求日益增长，但由于我国学前适龄幼儿基数庞大，加之学前教育底子薄，存在着普惠性教育资源短缺、运行保障机制滞后、专业师资匮乏、保教质量有待提高等一系列阻碍学前教育发展的障碍，“入园难”“入好园更难”成为社会普遍关注的民生问题。为此，各地政府积极探索，在对当地学前教育充分调研的基础上提出了有针对性的解决方案，幼儿园集团化发展就是在这一背景下应运而生的。那么，幼儿园集团化发展的现实意义何在呢？

幼儿园集团化发展、连锁管理模式可以实现学前教育事业的规范化管理，促进教育资源的合理配置和教育质量的稳步提高，同时可以降低办学成本、快速扩大优质学前教育资源。它既可以使教师合理流动，充分调动教师积极性，也可以通过传播先进课程理念、规范教育手段等方式，迅速建设一支教育技能强、手段丰富的教师梯队，是快速提高学前教育整体水平的有益实践和探索。幼儿园集团化发展、连锁管理模式将促进学前教育“规模与质量并重”发展目标的稳步实现。

总体而言，关于“幼儿园集团化发展”的研究异常火热，但大多集中于以民办幼教集团为对象，归纳总结其集团化发展历程与发展经验；分析幼教集团内部管理方式等层面，而针对其他方面的研究则较少，如理论依据分析、幼教集团内部系统运行机制分析、以优质公办幼教集团为对象的分析等。因此，本书以优质公办幼儿园为研究对象，立足理论与实践两个层面，分析其内部运行机制，具有很强的现实意义，以期为我国学前教育集团化发展提供一些可供参考的依据。

二、研究目的和意义

（一）研究目的

本书在充分总结近年来安徽师范大学幼教集团连锁举办分园实践探索的基础上，结合国内公办幼儿园集团化发展的案例，对幼儿园集团化发展、连锁管理模式展开研究，通过对国内“名园办分园”的总体现状进行调研，分析了公办园举办分园的模式和连锁管理策略，探讨了公办幼教集团的运行机制，切实理解和把握幼儿园集团化发展的深刻内涵和现实意义，真正促进并逐步实现了学前教育事业的公益性、普惠性、公平性和均衡发展性。最终研究成果希望能为切实解决目前“名园办分园”，特别是普通高等院校附属幼儿园举办分园的集团化发展过程中存在的问题，提供理论指导和可供操作的具体模式，对“名园办分园”这一新型组织形式在运行中存在的隐患和不足进行探索，并提出建设性意见，破解“名园办分园”过程中的难点，为保障幼儿园数量扩张和质量优良的和谐统一提供参照和借鉴，为地方政府和相关教育部门学前教育决策提供咨政信息和依据，从而促进区域学前教育优质、均衡和集团化发展。

（二）研究意义

1. 丰富幼儿园集团化发展的理论研究

幼儿园集团化发展模式在合理配置优质教育资源、实现学前教育规模扩张的同时又不“稀释”教育质量方面发挥了巨大的作用。当前，幼教集团发展越来越普遍，而对其管理模式的理论研究却深浅不一，可见对其管理模式进行深入系统的理论研究尤为重要。本研究通过分析幼儿园集团化发展模式的内容和类型，旨在丰富幼儿园集团化发展模式的相关理论。我国幼教集团规模不一、类型多样，这就导致了其管理模式存在复杂性。从研究趋势来看，我国对其管理模式的研究主要呈现为经验的归纳，而对其相关的理论研究和理论演绎却十分稀少。本研究从幼儿园的成立背景、资源配置方式、运行机制等维度对幼儿园管理模式进行研究，分析幼儿园集团化管理模式背后的理念支撑，为其选择更适宜的管理模式提供理论依据。

根据《规划纲要》和《若干意见》的精神，为实现到2020年基本普及学前教育的目标，解决当前“入园难”“入园贵”问题，应采取多种形式扩大学前教育资源。“名园办分园”作为扩大学前教育资源的形式之一，它的科学有序创建与发展，是解决目前优质教育资源稀缺的重要途径，是值得深入研究的课题。与“名园办分园”集团化发展越来越普遍的趋势相比，其相关理论研究却显得十分薄弱，因此，对其内涵及发展特点进行深入系统的理论研究尤为重要。本研究着重从丰富和完善“名园办分园”的内涵、归纳其发展模式的类型入手，为幼儿园集团化的科学有序发展提供有力的理论支撑，弥补相关研究的空白。

2.探索“名园办分园”的运行机制

目前，社会上由政府、高等院校或国有企事业单位主导的公办幼教集团有限，“名园办分园”的集团化办园规模大小不一，投资主体和类型各异。规模大小不一，导致其内部组织部门的设置、相互之间的运作方式亦不尽相同。投资主体和类型各异，导致实行统一的连锁管理方式存在种种困难。因此，本研究有针对性地对各类幼教集团举办分园的运行机制进行分类研究，从而使各类分园的运行都能有据可依，发挥优势，规避缺点，良性发展，从而为实现“优质学前教育资源合理辐射”的目标提供有益的理论探索。

3.推动国家学前教育文件的落地实施

近年来，我国相继出台了大量学前教育发展方面的文件，指明了我国学前教育存在的问题，提出了解决问题的方向和策略。例如，《规划纲要》指出，要“把促进公平作为国家基本教育政策”“把提高质量作为教育改革发展的核心任务”；《若干意见》针对学前教育提出了“保障适龄儿童接受基本的、有质量的学前教育”“鼓励优质公办幼儿园举办分园或合作办园”等办学要求和思路；《中共中央 国务院关于学前教育深化改革规范发展的若干意见》指出，“各地要把发展普惠性学前教育作为重点任务，结合本地实际，着力构建以普惠性资源为主体的办园体系，坚决扭转高收费民办园占比偏高的局面。大力发展公办园，充分发挥公办园保基本、兜底线、引领方向、平抑收费的主渠道作用”，“社会资本不得通过兼并收购、受托经营、加盟连锁、利用可变利益实体、协议控制等方式控制国有资产或集体资产举办的幼儿园、非营利性幼儿园”。“公办园举办分园”作为一种提高幼儿园办园规模和质量的有效模式，在全国各地得到了迅速推广，研究集团化办园的模式和机制能促进有关学前教育文件的落地实施。

4.促进区域学前教育的均衡发展

学前教育应该遵循公平、普惠、均衡发展和公益等特点，这也是学前教育发展的目标和重要属性。幼儿园集团化发展通过整合教育资源，在促进教育公平、促进教育均衡发展等方面具有显著优势，值得推广和深入探索。当地政府最大限度地在政策、财力、物力等方面支持和保障幼儿园集团化发展，能够更好地促进学前教育事业的良性发展，真正惠及于民。

在解决社会普遍存在的“入园难”“入好园更难”问题过程中，国家、省、市等各级政府分期推出了学前教育三年行动计划。随着一期期学前教育行动计划的推进落实，各地新建了大量公办、民办幼儿园。这些新建幼儿园与老牌公办园相比，在办园质量上有较大的差距，如何引领这些新建幼儿园规范发展，使其提质量、上水平，确保当地幼儿能“上好园”成为亟待解决的问题。幼儿园集团化发展可以形成以强带弱、资源共享、优势互补、共同发展的良好格局，逐步缩小区域内幼儿园之间的质量差距，促进区域内学前教育均衡发展。

5.引领新建幼儿园规范发展

学前教育短时间内在办园数量和规模上的急剧增长，造成了优质学前教育资源尤其是专业管理人员和师资队伍的极度紧缺，大部分新建幼儿园不仅“校舍新”“设备新”，而且更主要的是“教师新”“园长新”。不少新建幼儿园的园长、中层管理干部和教师多为刚刚走上岗位的新手，缺乏新岗位的工作历练和将专业理论与实践相结合的经验。他们大多有着献身幼教事业的强烈愿望和工作热情，但面对工作中的现实困难却往往感到束手无策。以地方优质幼儿园为龙头的集团化办园模式，能通过对办园资源的统筹管理、派驻执行园长、师资双向流动、成功经验互享等方式，解决新建幼儿园工作千头万绪难以理顺的现实问题。

此外，“名园办分园”的集团化办园模式，对于提高幼教集团领导的管理水平、提高幼儿园管理的工作效率、协调各组织部门的运作方式、节约管理成本、保证质量、提升效益等也具有现实意义。对“名园办分园”这一新型组织形式在运行中存在的隐患和不足进行探索，并提出建设性意见，可为地方政府和相关教育部门提供有益的咨政信息，从而促进幼儿园集团化在良好的政策环境下实现长足发展。

三、核心概念阐释

（一）公办幼儿园

公办幼儿园是指由国家机构、国有单位或集体组织设立的，直接或间接接受国家财政性经费支持的幼儿园，包括教育部门办园、党政机关办园、部队办园、全民所有制企事业单位办园、集体所有制单位（如街道、乡村集体）办园等。其核心要素：一是举办主体为国家机构、国有单位或集体组织；二是举办幼儿园的资产属于国家或集体所有，而非私有；三是经费来源以国家财政性经费为主，或多或少得到了政府预算内外财政性经费的支持，至少在土地、房屋、税收减免等方面得到了政府的资产援助，因此被要求按照政府核定的收费项目和标准收费，而不能像民办园那样按照办园成本自定收费标准，通常收费相对较低，具有公益性和普惠性的特点。即公办幼儿园是面向大众、收费低廉、有质量保证的幼儿园[①]。

（二）优质公办幼儿园

优质公办幼儿园是指利用国有资产举办的，拥有高水平师资队伍，具有管理科学、设施先进、环境优良等特点，通过多年办学实践，形成鲜明办学特色，具有较高办学质量和良好口碑的品牌幼儿园。

（三）名园办分园

“名园办分园”是指以优质幼儿园为总园，利用其教育资源开办分园，通常分园以总园的名称冠名，贯彻总园的办园理念，保持与总园一致的课程设置、管理制度和办学特色，实行集约化办学，也称为“总园办分园”。

（四）幼教集团

幼教集团即幼儿教育集团的简称，也称作“学前教育集团”，是指为了促

① 王海英.公益性、普惠性、科学性——新政策背景下的幼儿园新文化建设[J].幼儿教育:教育科学,2011(7):1-4,19.

进现有幼儿教育资源的整合及优化配置，通过以一个或若干个发展较好的幼儿园（名园）为核心，利用相互联合和共建等形式，把两个或两个以上的独立幼儿园法人主体，以产权或契约为纽带的方式组合起来，建立一个优势互补、规模较大、多层次、多形式的幼儿教育经济联合体。幼教集团里的各幼儿园一般都具有相对的独立性，如每个幼儿园都有独立的法人代表来管理学校等，但同时它们有一个总的管理机构，并且有比较统一的办园理念和园所文化。

（五）办园模式

本书中的“办园模式”是指以优质公办幼儿园为办园主体，若干所幼儿园以一定的联结纽带组合成一个联合体，在整体规划下实施教育活动，按照一定的权责划分和运行机制运作的，具有相对稳定的幼儿园结构形态和特定的权力结构及关系的办园式样。

（六）连锁管理

本书中的“连锁管理”是指共同从事幼儿教育的不同幼儿园之间，利用相互联合和共建等形式，以产权或契约为纽带的方式组合起来，在整体规划下进行专业化分工，实施集中化统一管理和标准化运作，以提高办学效益、谋取规模效益的一种新型幼儿教育组织形式。它不包括任何意义上的商业运营“连锁管理”。

四、研究的理论基础

（一）教育公平理论

公平观念在教育领域的延伸和体现即形成教育公平理论，它是社会公平的一个子系统，受到社会、经济、文化、制度等外部因素的严重制约，因而具有从属性。要真正实现教育公平，离不开公平的社会环境。我国春秋时期孔子的“有教无类”已经明示了实现教育公平的必要性。随着社会的进步与发展，教育公平的内涵也在不断发生着变化。社会和教育发展的阶段不同，教育公平的侧重点也大有不同。如今，教育公平是指这样一种教育理想状态，即在社会条件既定的情形下，每一个公民接受教育的权利和机会都相对平等，人们潜在的意识、能力能够得到最大限度的发挥。由此可以简单地将教育公平概括为两个方面：一是教育权利的平等，二是教育机会的均等。在西方，亚里士多德提出用法律手段来保障自由公民的教育权利，柏拉图强调实行义务教育制度更是得到了后人的一致认可与实施。对教育机会均等的追求，是继教育权利平等之后的最新热点。

美国的科尔曼、瑞典的托尔斯顿·胡森和美国的麦克马洪等分别就教育机会均等问题提出了各自的相关理论。科尔曼在向美国国会提交的《教育机会均等观念》报告中称，教育公平应该至少包括入学机会的均等、教育过程的均等和教育结果的均等，仅仅关注入学机会的均等是远远不够的，必须同时重视教育结果的均等。胡森提出教育机会均等“三阶段”说，认为教育机会均等在不同时期有不同含义：起点平等，指每个人都有不受任何歧视开始其学习生涯的机会；过程平等，指任何人种和社会出身的人都应受到平等对待；结果平等，指在取得学业成就的机会上人人平等。麦克马洪则认为教育机会公平有水平公平、垂直公平和代际公平三种类型，他更强调区别对待和代际公平。可见，教育机会均等已经打破了入学机会均等的局限，延伸到追求教育结果的均等。如果从西纳索所说的，社会的最终发展是“为一切人的发展和人的全面发展”的视角看教育公平，其内容已经延向人类公平的最终目标。

教育公平对于教育资源配置具有不可替代的重要意义。一方面，教育公平是教育资源配置的价值取向之一，另一方面，教育公平又是对教育资源配置结果的一种评价。现阶段，许多地区在城乡教育统筹发展的进程中推行名校集团化办学战略，而集团中出现的诸多问题归根结底是教育资源的配置问题。因此，追求教育集团中各成员学校教育资源的均衡配置是实现教育公平的攻坚任务。

多年来，教育公平问题一直是学术界研究的焦点。1886年马克思提出，教育是人类发展的正常条件和每一个公民的真正利益。2010年我国颁布的《规划纲要》提出，“把促进公平作为国家基本教育政策。教育公平是社会公平的重要基础。教育公平的关键是机会公平，基本要求是保障公民依法享有受教育的权利，重点是促进义务教育均衡发展和扶持困难群体，根本措施是合理配置教育资源，向农村地区、边远贫困地区和民族地区倾斜，加快缩小教育差距。教育公平的主要责任在政府，全社会要共同促进教育公平。”

教育公平理论体现在学前教育中，是指任何适龄幼儿，无论民族、性别、家庭出身等，都应该享有公正、平等的学前教育权利，都应该平等享有学前教育资源。但现实中，市场经济主导下的部分幼儿园不可否认拥有优质的教育资源，但同样避免不了经济利益最大化追求，这在某种程度上将部分家庭经济困难的幼儿拦在了“门槛”之外。因此，政府应该发挥促进教育公平的主导职能和作用，改革创新学前教育体制机制，出台合理政策和激励措施，逐步实现学前教育的公平性。

（二）系统优化理论

系统优化理论用公式可以表示为“1+1>2”，是指一些实体单位之间相互优化组合，并以其所具有的优势产生出正效应，弥补其他一些实体单位所具有的劣势产生的一些负效应，从而极大地增强整个系统内的正效应。系统优化理论的创始人之一贝塔朗菲认为，整体效应必将远远高出部分效应的简单加和，系统优化以系统成员之间相互需要和互利作为其理论前提，不仅优势单位可以组合实现“优优互补”，同时还可以在优势与劣势单位之间实现“优劣互补”。

（三）规模经济理论

规模经济理论是经济学里面的一个基本理论，同时也是现代企业管理理论的一个非常重要的研究范畴。该理论是指在特定时期里，并在一定的生产限度内，随着产品生产批量的逐步扩大，该产品的单位成本有下降的趋势，因此，扩大企业的经营规模可以降低其产品的平均成本，从而达到提高企业利润水平的目的。规模经济理论在现实社会经济生活中得到了非常广泛的应用，促成了许多企业集团的兴起。这些企业集团通过不断扩大其产品的生产规模，实现其产品质量不受影响且生产成本极大降低的企业目标，使产品在市场上赢得了竞争优势，迅速抢占市场份额，从而获取高额的利润。同样的道理，规模经济理论也可以在教育领域加以运用，实现教育领域的规模优势。

（四）品牌效应理论

品牌效应是品牌为企业和品牌的使用者带来的效益，它是企业所拥有的一项无形资产，是企业价值的延续。在现代社会品牌先导的模式中，品牌意味着一个企业的核心价值观以及产品的质量和信誉、消费族群等。要树立企业的品牌就需要企业拥有强大的资源整合能力，并且可以将企业的本质透过品牌展示给大众群体。品牌是社会经济发展到一定阶段的产物。在商品经济高度发展的条件下，品牌得以迅速发展，品牌的使用给商品的生产者带来了巨大社会效益和经济效益。因此，品牌效应越来越受到各国企业的高度重视，有的企业甚至视品牌为自己的生命。品牌效应主要表现在三个方面：一是品牌可以确保经营者的基本利益；二是品牌在现代社会中是极其有效的推销手段；三是品牌不但可以促使消费者识别商品，还可以帮助其选择商品。

（五）连锁管理理论

连锁管理作为一种组织形式和经营制度，是指在总部的统一领导和指挥下，组成联合体的各企业或教育机构，实施统一的商业经营或教育服务活动。连锁管理的内涵就是高度统一。

第一，统一的形象标识。这是连锁管理的外在表现形式，如连锁管理的幼儿园园名字体、标识、园门设计等统一。统一的形象标识不仅有利于连锁幼儿园对外宣传与推广，而且有利于家长对连锁幼儿园的识别，形成标准化、规范化、差异化的良好印象，同时，还有利于其内部规范和管理及提高幼儿园的形象和定位。

第二，统一的服务标准。连锁管理的幼儿园需要有标准统一的服务，如统一的课程设置、统一的后勤保障等。

第三，统一的办园理念。办园理念的统一，是连锁管理幼儿园的最终目标和归宿。只有办园理念统一，连锁管理的幼儿园才能持久、永续发展。

幼教集团总园与分园之间的连锁管理模式主要有两种：

1.直营连锁

直营连锁是连锁管理最早出现的最基本的模式，是由连锁管理总部直接管理的运营形式。直营连锁管理的所有分园均由连锁管理总部以全资、控股或兼并的形式开设，在招生、教学、管理、财务、人事等方面均由幼教集团总部统一管理和运营。

直营连锁凭借统一的运营管理、统一的资金调动、统一的核算制度，具有巨大优势，有利于连锁管理的幼儿园实行标准化制度，有利于本园与其他幼儿园的竞争，有利于幼教集团制定整体发展战略、开发人力资源、研发新课程、实行信息化管理，有利于发挥幼教集团规模优势和整体优势。但是直营连锁模式同时也面临着单一资本辐射范围小，连锁管理的分园发展规模和速度有限，分园办学的主动性和积极性不高等困境，它们制约了直营连锁管理分园规模的进一步扩大。目前，我国由政府或国有企事业单位主导的公办性质的幼教集团多采用此种模式。

2. 加盟连锁

加盟连锁是幼教集团总部以合同约定形式，允许加盟幼儿园有偿使用其总园（名园）品牌进行幼儿园招生、组织教育教学活动的运营模式。

加盟连锁的幼教集团总部以特许权转让模式经营，可以凭借较少投资、较低的资金风险，实现快速扩张，扩大品牌幼儿园的知名度，较快速地占领幼教市场份额。对于各加盟幼儿园而言，特许权转让模式有助于加盟幼儿园快速获得知名幼儿园品牌、优质学前教育资源、成功的管理和运营经验，得到一种成熟有效的运营方法，降低了办园风险和投资风险。但是加盟连锁管理的各幼儿园由于是独立运作的，会给幼儿家长带来不少困惑，存在信任风险，甚至有可能损坏总园（名园）的品牌形象。目前，我国大多民办性质的幼教集团多采用此种模式。

五、研究内容和方法

（一）研究内容

本研究的主要内容包括：

（1）连锁管理相关理论和学前教育政策研究。即探讨连锁举办幼儿园的理论基础、内涵、特点与优势，系统研究我国现行学前教育政策，特别是民办学前教育的相关政策和法律法规。

（2）调研安徽省及国内其他公办幼儿园集团化发展的代表性地区“名园办分园”的各种模式及现状。通过现场调查、访谈、网络调查等方式开展调研，搜集、整理调研数据，掌握安徽省“名园办分园”的基本现状，归纳举办分园模式的类型，分析其存在的问题。

（3）开展不同举办分园模式的实践研究。这是本研究的重点，主要利用课题组成员举办分园的平台、管理优势及有利条件，开展不同举办分园模式的实践探索，具体从分园管理、经费投入、教师培养、课程设置、教学质量控制、环境设计等方面展开研究。

（4）分析总结不同举办分园模式的优缺点和经验教训。在实证研究的基础上，分析不同举办分园模式的优缺点，提出不同举办分园模式的操作指南和解决问题的对策。

（二）研究方法

本书在研究学前教育相关政策的前提下，系统梳理连锁管理理论，根据目前不同“名园办分园”模式的现状调查，从分园管理、经费投入、教师培养、课程设置、教学质量控制、环境设计等方面展开研究，找出存在的问题和难点，研究解决方案，开展实证研究，通过实践检验后，撰写研究论文和研究报告。本书的主要研究方法有：

1.文献研究法

本研究对国内外已有的关于幼儿园集团化管理模式的指导理论和实践经验的文献资料进行梳理，充分利用现有资源检索和收集相关的中外文文献资料并进行深入分析。通过整理和研究，全面查阅、分析有关“名园办分园”的相关文献，明确当前幼儿园集团化管理模式的研究现状、研究热点和有待解决的问题。

2.调查法

本研究通过编制两份《关于“优质公办幼儿园举办分园”的调查问卷》，以安徽省和国内其他学前教育集团化办学代表性地区为例，通过问卷星网络调查和现场调查及访谈，从连锁管理幼教集团的主办者、教师和中高层管理者及高校学前教育研究者两个层面调查“名园办分园”的举办模式及现状，了解连锁管理模式下，主办者、管理者最在意和最关注的管理问题，重在发现问题，提出相应的对策和建议。

3.经验总结法

在充分总结课题组成员主持的“名园办分园”实践经验的基础上，通过对不同发展模式下的典型分园进行深度访谈和回访、查阅档案、追踪重点问题等，概括和阐述不同幼儿园集团化发展模式的特点，尤其对运行机制在幼儿园集团化发展过程中所产生的重要作用进行阐释，全面总结不同举办分园模式的优缺点，总结经验，提出操作策略。

六、国内外研究现状

（一）国内研究现状

21世纪以来，随着我国社会经济的飞速发展，家庭、社会对学前教育的期望越来越高，父母送子女进优质幼儿园的愿望越来越强烈。但是由于学前教育尚未被纳入义务教育范畴，相较于基础教育、高等教育等其他教育事业的投入，政府对学前教育的投入还存在不足。有数据表明，我国学前教育经费占公共教育经费的比重一直保持在1.3%左右，远低于一些发达国家。

为此，我国2010年颁布的《规划纲要》明确提出，“大力发展公办幼儿园，积极扶持民办幼儿园。加大政府投入，完善成本合理分担机制，对家庭经济困难幼儿入园给予补助。”2010年，国务院发布的《若干意见》中再一次提出促进学前教育事业科学发展的十条意见，其中就包括“鼓励优质公办幼儿园举办分园或合作办园”。2018年，《中共中央 国务院关于学前教育深化改革规范发展的若干意见》中更加明确地指出，“鼓励支持街道、村集体、有实力的国有企事业单位，特别是普通高等学校举办公办园，在为本单位职工子女入园提供便利的同时，也为社会提供普惠性服务。”

受到国家政策法规的支持，各地政府纷纷响应号召，相继出台“学前教育三年行动计划”，大力倡导优质公办园举办分园或合作办园。一时之间，“名园办分园”迅速由个别案例发展成为全国各主要城市“遍地开花”的普遍现象。目前，“名园办分园”已被各地当作扩大学前教育规模和利用优质教育资源、解决学前教育经费投入不足的有效途径。

“名园办分园”虽然发展迅猛，但毕竟是近些年才发展起来的新兴事物，国内对其的研究尚处于零星、自发阶段，还缺乏系统的理论研究和较全面的实践总结与提升。

在关于连锁管理的幼教集团发展的研究中，讨论公办幼儿园运行管理、课程改革、教师培训的内容居多，且文献大多出现于2000年之后。与民办幼教机构不同，公办幼教机构鲜少将此类规模化运营的幼儿园称为连锁管理的幼儿园，而更多的是做总园、分园之分，研究中提的最多的是“名园办分园”“办园规模化、集团化”。不少学者提出，地方政府鼓励各地优质幼儿园办分园，导致出现“名园办分园”现象，而解决优质学前教育资源的供需矛盾是促进“名园办分园”发展的主要原因。大部分学者从管理学角度出发看待此类问题，如品牌管理、质量管理、运作模式等角度。

在品牌管理上，学者主要讨论品牌幼儿园在扩大办学规模之后，质量是否会下降，分园或新园的品牌内涵及理念是否与总园相一致。在质量管理上，学者担心“量”的提升不一定会带来“质”的飞跃，并提出在办学规模扩大之后，管理思路需要改进，主要体现在管理队伍的健全、教学品质的一致提升与教师素质的提高等方面。扩大办学规模的运作模式大致分为三种：一是统一管理式，即在总园的基础上扩大规模，管理队伍属于同一批，但碍于绩效奖励机制缺乏与教师编制的限制，此类模式较少；二是输出管理式，即总园与分园人员互不流通，分园有新的人员体制，总园对分园进行长期辅导，充分利用总园的优质资源；三是冠名式，即品牌购买，总园与分园联系甚少，总园对分园的辅导与服务是对品牌名气和名声的巩固。这些关于公办幼儿园规模化办园文献的出现，预示着公办幼儿园走向规模化发展的趋势。

我国的幼教集团是在社会经济的发展、民众的教育需求及政府的高度重视等多种因素的推动下产生的。通过整理和分析目前我国的相关研究文献发现，一方面，从研究的本体来看，国内关于幼教集团的研究多集中在其整体的管理模式或管理的某个种类上；另一方面，从研究的内容来看，国内研究多以介绍经验为主。例如：

郑佳珍介绍了北京明天幼稚集团的发展历程，并对其多年改革和发展经验加以总结，为幼儿教育体制改革提供可借鉴的经验①。

刘维范、胡燕对武钢幼教集团的管理模式与规章制度等办园经验加以介绍②。

杨姝琛、邢利娅总结了内蒙古巴彦淖尔市幼教集团国有和民办相结合的多元化办园模式的创建思路和课程改革经验③。

崔颖分析了上海市某集团化幼儿园在集团化模式管理下的各所幼儿园的管理运行体制，细致探讨了其管理过程、教育体系和师资培养等方面的举措④。她认为，幼教集团要成为一种有效的办学组织形式，就必须注意科学的管理、有效的科研、特色的教学等。

邹红英研究了无锡市滨湖实验幼教集团以信息化推进各分园均衡发展的经验⑤。

谢庆作为长沙诺贝尔摇篮教育集团董事长，总结了其幼教集团的办学特色，着重介绍了幼教集团的运行和发展模式⑥。

---

① 郑佳珍.幼儿园集团化管理的理念与实践经验[M].北京：高等教育出版社，2004.

② 刘维范，胡燕.吸纳企业管理优势 打造武钢幼教集团[J].成才，2004(10)：14-15.

③ 杨姝琛，邢利娅.改革办园体制，实现优质教育——以巴彦淖尔市幼教集团调查为例[J].内蒙古师范大学学报：教育科学版，2006(10)：64-66.

④ 崔颖.幼教集团管理运行机制研究[D].上海：上海师范大学，2006.

⑤ 邹红英.集团化幼儿园和谐推进信息化——无锡市滨湖实验幼儿园信息化进程的实践与思考[J].中国信息技术教育，2009(11)：22.

⑥ 谢庆.诺贝尔摇篮幼稚园办学特色[M].长沙：湖南人民出版社，2009.

柯长瑜介绍了温州四幼教育集团实行扁平化管理、推行“条块结合”的管理方式以及城乡学前教育一体化发展机制的成功经验①。

张建岗、王敬照从建设农村集团化幼儿园的角度总结了河北省在校舍、师资方面进行改善从而提升保教质量的做法与经验，为农村幼儿园集团化发展提供了有益参考。

张丽以一些优质公办幼儿园为研究对象，分析了其集团化发展历程，同时阐述了打造专业化师资队伍、提升办学质量的策略②。

但菲、侯雨彤对优质公办幼儿园连锁办园模式做了深入探索，在总结该模式下的三种办园类型、分析该模式的优势与隐患的基础上，提出了相应的建议。同时，基于“规模与质量并重”的视角，对集团化幼儿园发展的现实诉求做了深入剖析并提出了建设性意见③。

侯雨彤通过分析辽宁省集团化幼儿园多样化发展趋势，分别从产生形式和成员特征的视角对集团化幼儿园发展模式的类型进行划分，提出了其运行机制在各个方面存在的共同点与不同点和对策性建议④。

于立岿以南宁幼教集团为例，从更加全面的角度提出了品牌复制型、积累拓展型、投资连锁型和多元混合型四种幼教集团发展模式，并总结了其运行机制、教师队伍建设、特色课程建设、教务工作模式和特征，以及包括保教工作、后勤工作和人事工作等在内的园务工作现状和特征等⑤。

在对幼教集团的研究中，除了上述从幼儿园整体模式出发进行的研究外，还有些学者从管理的某个角度出发对其进行研究。例如：

沐文扬、王晓波等分别研究了集团化幼儿园的管理模式。沐文扬按总部的集分权程度将其划分为战略管控型、操作管控型和自主管控型三种管理模式⑥。王晓波则从自主发展的角度阐述了浙江省宁波江东实验幼儿园是如何从改变管理方式和加强团队建设两个方面提高幼儿园效益的⑦。李卓从优质幼教集团的角度出发，将现有的集团发展模式分为优质园以直营方式办园、优质

① 柯长瑜.实施集团化办园，促进学前教育优质均衡发展[J].幼教天地，2011(6):95，103.

② 张丽.如何提高公办集团化幼儿园的师资办学水平[D].济南:山东师范大学，2012.

③ 但菲，侯雨彤.规模与质量:集团化幼儿园发展的现实诉求[J].教育研究，2013(9):84-88.

④ 侯雨彤.集团化幼儿园发展模式与运行现状研究[D].沈阳:沈阳师范大学，2014.

⑤ 于立岿."集"而"团"之:优质幼儿园集团化发展与管理的实践探索[M].北京:科学出版社:2015:13.

⑥ 沐文扬.幼儿园集团化管理的思考[J].早期教育(教师版)，2014(1):26-27.

⑦ 王晓波.集团化幼儿园管理的实践探索[J].宁波教育学院学报，2017，19(3):109-112.

园与企业联合办园、优质园以连锁方式扩大规模和优质园在农村办分园四种类型。

王明非和万小飞分别从教师管理和教师培训的角度分析了教师在集团化幼儿园中的重要作用。王明非从人力资源管理的视角提出，可以从聘任机制、激励机制、培训机制和绩效机制四个方面对幼儿园教师这一人力资本进行管理。万小飞则采用多种调查方法，对幼儿园教师的培训进行了深入研究，细致分析了目前幼儿园教师在培训类型、培训内容、培训方式、培训次数以及培训效果上的现状和问题，并提出了有针对性的改进策略①。

荣丽娇通过取样观察和访谈，对比了单个幼儿园和集团化幼儿园的区别，提出了幼儿园集团化管理的七大特点，如借助品牌效应，高标准起步办分园；集团化管理强调统一管理和分层管理相结合；集团化管理下的幼儿园重视园文化建设；共享集团信息资源等②。

郑佳珍、刘燕楠、杨百灵等认为，幼教集团的产生依据的主要是新制度经济学里的交易费用理论。交易费用理论认为，交易是有一定代价的，当事人必须了解市场、了解产品，在进行谈判、协商和检验时，交易双方必须有一类资源用于策划、签约及履行合同、承担违约损失的后果。集团内交易的显著优势在于其交易具有确定性和稳定性，集团的打造缩小了交易的范围，在一定程度上降低了在较大范围的市场进行交易的风险。幼教集团的成立，能通过资源的优化整合，发挥它们最大的整体效应，合理地减少交易成本。从研究内容和研究方法的角度来看，当前我国的研究多侧重于通过案例分析来总结某幼教集团的经验。

（二）国外研究现状

国外从20世纪末开始研究教育集团。

首先是关于教育集团发展阶段的相关研究。一是关于教育集团出现时间的相关研究。Buchen认为，Knowledge Universe公司在1999年即拥有Children's Discovery Centers of America等五个教育集团，大部分教育集团，包括幼教集团的产生与发展均始于20世纪末③。Close分析了部分有代表性国家的数

① 万小飞.集团化背景下幼儿园教师园本培训现状及对策研究——以杭州市“A”幼教集团为例[D].金华:浙江师范大学,2013.

② 荣丽娇.幼儿园集团化管理的特色分析[J].教师,2014(32):26-27.

③ Buchen I.Business sees Profits in Education:Challenging Public Schools[J].The Futurist,1999,33(5):38-44.

据后认为，学前阶段的教育服务已经被纳入教育集团。有研究者发现，20世纪60年代，在印度、巴西、美国、巴基斯坦等均出现了少量私立性质的连锁教育集团，而20世纪末，美国开始出现公立学校私营的集团式教育组织。二是关于教育集团兴盛时间的研究。James的相关调查研究显示，各国的教育集团在20世纪90年代开始兴盛，除了各国国内教育集团数量增多之外，还出现了跨国性质的教育集团，教育集团走上了扩张之路①。

其次是关于教育集团的形成和扩张方式的相关研究。董秀华研究了美国、英国、印度等的教育集团发展路径，总结出了其通过联合进行加盟和通过特许经营增加机构数量的派生方式②。王正青深入研究了英国的均衡教育后发现，英国通过学校联盟的方式实现优质教育资源的共享，从而提高整体教育质量③。

再次是关于教育集团经营经验的分析介绍。James研究了发展中国家成功的教育集团后指出，其成功的关键从微观上可归因为创新程度、品牌效应等十个方面；从宏观上可归因为政府的政策法规、资助和社会上的投资氛围。Fromm从学校性质出发进行研究，提出公立学校已逐渐被纳入教育发展集团化的轨道④。还有研究者发现，目前国外关于幼儿园集团化管理模式的研究多集中在其实践运营、业务拓展和发展现状等方面，而对其自身的内涵研究、教育现状和管理模式研究等方面的研究相对较少。

在国外，幼儿教育多以私人和社会投入为主，即多为民办幼儿园，很少由国家出面办幼儿园或其他幼教机构⑤。国家对幼儿教育的方针主要体现在制订幼儿教育发展的中长期规划，对幼儿教育在身心发展、知识和社会的适应力等方面提出明确和具体的要求。

美国是经济发达国家，在发展幼儿教育方面，政府起着重要作用。托幼机构有营利性的，也有公益性的（后者占总数的60%以上）；有民办的，也有公办的。民办幼儿园的办园主体有教会慈善团体、托幼公司，也有企业、医院、学校等单位及家长等，形成了多渠道办教育的格局。日本的私立幼儿园占全国幼儿园总数的80%左右，政府对私立幼儿园给予多种补贴，提供政策

① 尹双全.铜仁市幼教集团办学模式与运行机制研究[D].贵阳：贵州师范大学，2016.

② 董秀华.国外教育集团发展与运行简析[J].开放教育研究，2002(2)：8-12.

③ 王正青.国外推进城乡教育均衡发展新趋势[J].中国教育学刊，2011(1)：20-23.

④ Fromm J. Education Industry Offers World of Investment Opportunity[J]. Venture Capital Journal, 2001：36-38.

⑤ 金叶，卢清.国外民办幼儿园发展对我们的启示[J].学园，2011(23)：37-38.

优惠，如私立幼儿园享受免税待遇，对私立幼儿园的教师进行定期培训等。在韩国，为满足不同经济背景家庭的需要，不同类型幼儿园的收费标准不一样。收费低的公立幼儿园主要满足低收入家庭的需要；收费高的私立幼儿园主要满足中等及以上收入家庭的需要。在澳大利亚，社区幼儿园是幼儿看护和教育的主要形式。社区幼儿园由家长代表和其他有关人士组成的委员会管理，并由这个管理委员会聘任幼儿园主任，制定收费标准，集资并组织家长参与幼儿园的建设和维修工作。政府资金通过一个叫做托幼协会的组织发放到社区幼儿园，托幼协会代表着社区幼儿园、教师、家长和孩子们的共同利益。

总之，国外的幼儿园从投资渠道到管理模式，基本上处于多元发展的状态，且政府能给予适当的资金投入，并具有非营利性等显著特点。

第一章　学前教育发展的机遇与挑战

学前教育是基础教育的起始阶段，是人一生发展的奠基阶段，它对基础教育的发展，对国民素质的提高，对社会经济的发展，对消除贫困、缩小差距，乃至提升综合国力都具有非常重要的积极作用。同样，学前教育是幼儿初次接触的正规学校教育形式，是我国基础教育中的一部分，对幼儿学习习惯的养成及学习能力的提升乃至今后的学习和发展都具有至关重要的影响。近年来，随着经济的迅猛发展，社会结构的深刻变化，基础设施、基础产业的日益完善，人民生活水平不断改善，义务教育全面实现，为学前教育事业发展奠定了坚实基础。随着生活水平的不断提升，公众逐渐意识到了学前教育对提升国民素养、促进个体全面发展的积极作用，并逐步深化了对学前教育公益性的认识，同时，对学前教育的需求也不断增加，学前教育逐渐成为社会关注的热点，将学前教育纳入义务教育也逐渐成为教育领域的热点话题。这些都为学前教育的发展提供了前所未有的良好基础和条件。

第一节　学前教育发展的机遇

近年来，随着我国学前教育事业的不断发展，国家出台了《幼儿园教职工配备标准（暂行）》，建立了幼儿园教师长效补充机制；建立了幼儿园教师待遇保障机制，依法落实幼儿园教师的地位和待遇；全面落实幼儿园教师专业标准，不断加强幼儿园教师的培养培训，提高教师专业化水平。党的十八大以来，人民生活水平不断提高，2019年，我国国内生产总值99.1万亿元，同比增长6.1%，增速在世界前五大经济体中居首位，经济总量稳居世界第二位。国家经济的快速发展，加快了城镇化发展的步伐，在经济上为学前教育的投入提供了大力支持。随着生活水平的提高，人们的学前教育观念在逐渐转变，其对学前教育的价值与意义有了更深刻的认识。由此可见，经济的快速发展不仅为其承担一定的学前教育费用提供了有力保障，而且促进了其思想观念的更新，为我国学前教育的发展在理论及实践方面奠定了一定的基础，使其能够与时俱进，更快、更好地与世界接轨，形成中国特色的学前教育理论。因而大力发展学前教育，已经是关乎教育公平、社会稳定和民生改善的重大工程，是影响未来国民素质和综合国力水平的重大社会问题。

一、学前教育的重要性日益凸显，保障学前教育迫在眉睫

20世纪70年代，为平衡世界经济危机背景下学前教育“普及”“优质”两大主题间的关系，不少国家将学前教育推向市场，追求市场经济背景下的办园质量与效益。集团化，作为一种有效的资源运作和配置模式，在企业集团和职业教育集团中得到成功运用。面对新时期学前教育资源严重不足这一困境，一种以集团化方式运作的学前教育机构——集团化幼儿园应运而生。

20世纪90年代，国内一些实力雄厚的私立幼儿园率先引入了集团化办园模式，目的是借助集团内的资源共享提高办学效率，扩大幼儿园的社会影响力，提升其市场竞争力。与此同时，个别公立幼教机构也开始了对集团化办园模式的试验和探索，出现了北京明天幼稚集团、集团化宁波市江东实验幼儿园等成功案例。

2010年全国“两会”以来，为解决教育资源紧缺背景下学前教育的优质、均衡发展问题，贵州、辽宁、江西等省（区）开始了以政府为主导的集团化办园的实践探索。从国内外集团化办园的发展历程可知，追求教育资源利用率的最大化是集团化办园的出发点和归属。由于集团化办园的这一核心价值观与我国当前学前教育办学的需求“不谋而合”，因而成为政府引入集团化办园的主要动因。

2010年国家相继颁布了《规划纲要》《若干意见》等。从中可以看出，必须充分认识发展学前教育的重要性和紧迫性，要把发展学前教育作为教育体系的重要组成部分，坚持普惠性、公益性原则，坚持以政府为主导、社会共同参与、公办园与民办园并举，健全运行的体制机制，合理布局学校教育机构，使城市和农村幼儿园平衡发展，确保幼儿能够在一个规范的、安全的、健康的环境下成长。同时，强调要通过多种形式扩大学前教育资源，建立“广覆盖、保基本”的学前教育公共服务体系。“集团化幼儿园”作为扩大学前教育资源的形式之一，如何使其在发展中“彰显自身优势，弱化不足，形成特色”是实现优质教育资源的关键，是解决幼儿“入园难”问题、扩大学前教育资源的现实需要。我国大部分地区尤其是经济发达地区，采取了优质

园办分园或合作办园的举措，使集团化管理模式下的幼儿园数量在幼儿园总数中占据一定比例。

2018年，《中共中央 国务院关于学前教育深化改革规范发展的若干意见》再次强调，“学前教育是终身学习的开端，是国民教育体系的重要组成部分，是重要的社会公益事业。办好学前教育、实现幼有所育，是党的十九大作出的重大决策部署，是党和政府为老百姓办实事的重大民生工程，关系亿万儿童健康成长，关系社会和谐稳定，关系党和国家事业未来。”可见，学前教育的发展和走向无疑已经成为事关国家和民族未来的重要事业，是建设我国人力资源强国的必然要求。

二、国家重视学前教育的基础奠基作用，系列政策连续出台

改革开放以来，我国连续出台了一系列政策对学前教育进行扶持。如1989年颁布的《幼儿园管理条例》，1997年颁布的《社会力量办学条例》，2002年颁发的《中华人民共和国民办教育促进法》，2003年颁布的《关于幼儿教育改革与发展的指导意见》等一系列文件均为我国学前教育保驾护航。

2010年颁布的《规划纲要》提出了“严格执行幼儿教师资格标准，切实加强幼儿教师培养培训，提高幼儿教师队伍整体素质”“把促进公平作为国家基本教育政策”“把提高质量作为教育改革发展的核心任务”的发展要求。同年，国务院下发了《若干意见》针对学前教育提出了“保障适龄儿童接受基本的、有质量的学前教育”“鼓励优质公办幼儿园举办分园或合作办园”等办学要求和思路，并要求各地以县为单位编制学前教育三年行动计划。

2018年，《中共中央 国务院关于学前教育深化改革规范发展的若干意见》提出了“推进学前教育普及普惠安全优质发展，满足人民群众对幼有所育的美好期盼”等总体要求。通过积极扩大普惠性资源，不断健全保障机制，着力提高保教质量，围绕小区配套园专项治理、幼儿园“小学化”专项治理等，瞄准“普及”“普惠”“优质”三项核心任务，打响了一场场学前教育攻坚战。

三、政府明确职责，学前教育已经成为教育发展的重点内容

学前教育具有的正外部性，决定了政府对促进其发展承担责任的必要性。学前教育的正外部性一方面体现在学前教育作为公共产品，能够使一定范围内的全体成员或者大多数成员共同受益；另一方面体现在个体接受学前教育

时，其他人乃至整个社会都会从中获得收益。因此，政府对学前教育的建设和发展承担责任是必要的。政府对学前教育应该承担哪些职责取决于学前教育的健康持续发展应该具备哪些条件，政府为了保证学前教育的公平性和高质量，就必须满足这些保障条件，亦应该承担相应的职责。

随着社会的发展，人民群众对学前教育的需求日益增长，以社会力量举办为主体的办园格局与当代社会现实需求间的矛盾越来越突出。党的十八大和十八届三中全会相继提出了“办好学前教育”“推进学前教育改革发展”等目标任务，国家层面出台了《3—6岁儿童学习与发展指南》《幼儿园教师专业标准》《幼儿园园长专业标准》等一系列文件，从宏观上规范、引领学前教育的科学发展。

2010年，《若干意见》提出，要构建“覆盖城乡、布局合理的学前教育公共服务体系”，“鼓励优质公办幼儿园举办分园或合作办园”。各地陆续制订的学前教育三年行动计划和“十二五”发展规划中也大力倡导通过“名园办分园”“强园带弱园”“城园连镇园”等途径，加快优质学前教育资源的扩大。《规划纲要》提出“把促进公平作为国家基本教育政策”，“教育公平的主要责任在政府”。学前教育是基础教育的起始阶段，学前教育公平是教育公平的重要保障和具体体现。我国学前教育的发展长期滞后于其他阶段教育，因此，《规划纲要》第三章第（六）点提出“明确政府职责”，并从发展规划、建设投入、规范管理等方面对政府职责提出了要求，明确了政府在发展学前教育中的角色身份和责任担当。在落实《规划纲要》精神的过程中，各级政府加大工作力度，一方面通过增加投入，改善学前教育办学的硬件设施；另一方面通过探索多元办学模式，寻求提升学前教育办学质量的有效路径。因此，当前政府职责明确，学前教育已经成为教育发展的重点内容。

四、国家和各级地方政府经费投入显著增加，学前教育发展前景光明

近年来，随着国家各项相关政策的不断出台，学前教育财政性经费投入显著增加。2010年颁布的《规划纲要》提出“严格执行幼儿教师资格标准，切实加强幼儿教师培养培训，提高幼儿教师队伍整体素质”的发展要求。同年，国务院下发了《若干意见》，要求各地“以县为单位编制学前教育三年行动计划”。教育部会同财政部、发展改革委实施了8个国家学前教育重大项目，2011—2013年中央财政学前教育项目经费投入500亿元，带动地方各级

财政投入1 600多亿元。幼儿园教师“国培计划”投入11亿元培训农村幼儿园教师29.6万名。

截至2013年底，学前教育三年行动计划各项目标任务圆满完成，在园幼儿增长了918万人，相当于过去10年增量的总和。2013年全国幼儿园园长和专任教师189万，比2010年增长了58万人。据统计，2009年全国学前三年毛入园率仅为50.86%，而2011年全国学前三年毛入园率达到62.3%，提前4年超额完成《规划纲要》提出的“2015年学前三年毛入园率达到60.0%”的目标。

为贯彻《中共中央 国务院关于学前教育深化改革规范发展的若干意见》，中央财政进一步加大支持力度。2019年，中央财政支持学前教育发展专项资金从2018年的150亿元提高到168.5亿元。与此同时，国家发改委、教育部联合启动实施优质普惠性学前教育资源扩容建设工程，2019年安排专项资金10亿元，集中支持11个省（区、市）开展试点，扩大普惠性学前教育资源。

各地学前教育成本分担机制日益完善。除中央财政大力支持外，2019年，各地学前教育成本分担机制构建工作也上了新台阶。目前，各省（区、市）均陆续出台了公办园生均公用经费标准或生均财政拨款标准，以及普惠性民办园扶持政策，21个省（区、市）明确了普惠性民办园的补助标准。

例如，北京建立普惠性学前教育投入保障机制，自2019年起，市财政对提供普惠性服务的幼儿园，无论是公办园还是民办园，都按每生每年12 000元补助；天津建立普惠性民办园分等级补助机制，按等级给予每生每年2 800～4 400元补助，对乡镇中心幼儿园和村办幼儿园公用经费拨款标准达到每生每年1 200元；湖南长沙市级财政根据普惠性民办园评定等级，按每生每年600～1 200元的标准进行奖补，同时各区县（市）按不低于此的标准进行配套奖补；青岛按照每年2 400元的生均定额补助标准扶持普惠性民办园。

五、政府支持办普惠性幼儿园，保障儿童接受有质量的学前教育

近年来，学前教育对个体终身发展的奠基作用已成为普遍共识，《规划纲要》在“发展任务”中明确提出了“到2020年，普及学前一年教育，基本普及学前两年教育，有条件的地区普及学前三年教育”的目标。要实现这一目标，必须保障更多的适龄幼儿“有园上、上得起园、上合格园”。为满足民众对价格低廉、有质量保障的学前教育的迫切需求，《规划纲要》提出要“建立政府主导、社会参与、公办民办并举的办园体制”。随后颁布的《若干意见》

进一步要求“坚持公益性和普惠性，努力构建覆盖城乡、布局合理的学前教育公共服务体系，保障适龄儿童接受基本的、有质量的学前教育”。《若干意见》还明确提出在大力发展公办幼儿园的同时，要“积极扶持民办幼儿园特别是面向大众、收费较低的普惠性民办幼儿园发展”。自此，“普惠性民办幼儿园”这一概念被正式引入我国学前教育领域，促进普惠性民办幼儿园发展成为我国各级地方政府的一项重要政策目标。

为贯彻落实《若干意见》提出的“积极扶持民办幼儿园特别是面向大众、收费较低的普惠性民办幼儿园发展”的普及学前教育的思路，各省份纷纷制定了学前教育发展三年行动计划，具体落实对普惠性民办园的扶持。例如，江苏省财政厅和江苏省教育厅设立的学前教育三项综合奖补资金中，有两项涉及普惠性民办幼儿园。安徽省先后制定了《关于扶持民办幼儿园发展的意见》《普惠性民办幼儿园管理办法（试行）》《普惠性民办幼儿园申报办法》《普惠性民办幼儿园等级认定标准》等系列文件，明确了普惠性民办幼儿园的申报标准和等级认定标准。其他省份也纷纷出台相关政策，如通过政府购买服务、政府公用经费补贴、项目支持、委派园长、派驻公办教师、减免租金、生均补贴等方式，扶持普惠性民办幼儿园的发展。为促进国家普及学前教育的目标早日实现，各级政府加强对普惠性民办幼儿园的关注与支持，准确把握普惠性民办幼儿园的性质与特点，制定促进其发展的长期规划、年度计划，并建立长效扶持与管理机制，完善各级学前教育管理机构和专门人员的设置，切实加强对普惠性民办幼儿园的日常监管。

以安徽省为例，2014年安徽省通过的《安徽省学前教育条例》第六条指出，“省人民政府统筹制定学前教育规划和政策，负责全省学前教育发展的宏观指导。设区的市人民政府贯彻执行国家和省制定的学前教育规划和政策，协调管理和监督指导辖区内学前教育发展。县级人民政府负责制定和实施本行政区域内学前教育发展规划和年度计划，科学规划、合理布局学前教育资源，推进辖区内学前教育工作发展。乡镇人民政府、街道办事处应当采取措施，保障幼儿接受学前教育。”第十三条指出，“鼓励申办普惠性民办幼儿园。普惠性民办幼儿园由举办者提出申请，县级人民政府教育行政部门根据有关规定予以认定。普惠性民办幼儿园按照规定由政府予以补贴。”

2020年5月，中共安徽省委、安徽省人民政府正式印发《安徽省深化基础教育改革全面提高育人质量行动计划》，并发出通知要求各地各部门结合实际认真贯彻落实。该“行动计划”明确指出，“制定应对学前教育需求高峰方案，确保到2020年全省学前三年毛入园率达到90%，普惠性幼儿园覆盖率（公办园和普惠性民办园在园幼儿占比）达到80%，公办园在园幼儿占比达到50%；到2035年，全面普及学前三年教育，建成覆盖城乡、布局合理的学前教育公共服务体系。”

各地稳步推进城镇小区配套园治理。2019年1月，国务院办公厅发出《关于开展城镇小区配套幼儿园治理工作的通知》，明确了治理重点任务，提出了治理时间表。教育部高度重视，把这项工作作为解决“入园难”“入园贵”问题的重要抓手，列入年度“攻坚计划”予以大力推进。一方面，强化统筹协调，成立城镇小区配套园治理工作小组，为加强工作指导，会同住建部印发了《关于进一步做好城镇小区配套幼儿园治理工作的通知》，明确分阶段的重点任务和工作要求；另一方面，在全面调研掌握地方经验做法和存在困难问题的基础上，教育部等七部门专门印发了《关于做好城镇小区配套幼儿园整改工作的实施意见》，有针对性地指导地方解决好摸排“窄”、移交“难”、补建“慢”、保障“弱”等问题。此外，狠抓督查推进，实时监测治理进度，专门发出督办函，推动各地加快整改进度。

一年来，各地勇啃“硬骨头”，因地制宜，采取创新举措，努力破解规划、建设、移交、使用“四个不到位”难题。比如，日照明确政策依据，采取“百日攻坚”行动，“一园一案”各个击破，解决历史遗留问题；南京以“用地有政策、建设有标准、师资有机制”，给小区配套园提供“一条龙”保障。经过各地集中攻坚，截至2019年12月20日，在前期摸排出2万所需要治理的幼儿园的基础上，各地已完成1.7万所幼儿园的阶段性整改任务，占总数的85%。

多种渠道积极挖潜存量、扩大增量。为进一步拓宽途径，扩大普惠性资源供给，教育部一方面推动各地以第三期学前教育行动计划为抓手，实施了一大批幼儿园建设项目，大力发展公办园，积极扶持普惠性民办园，鼓励支持企事业单位、部队、街道、农村集体办园；另一方面配合住建部发布《城市居住区规划设计标准》，明确幼儿园配套建设要求，指导各地在城市修补、功能完善、老旧小区改造、老工业区更新中补建扩建幼儿园。

综上，国家和各级地方政府均为学前教育的发展提供了一系列保障和平台。政府支持办普惠性幼儿园，保障儿童接受有质量的学前教育显然成为社会关注的焦点。

第二节　学前教育发展面临的挑战

党的十八大以来，我国学前教育事业快速发展，资源迅速扩大，普及水平大幅提高，管理制度不断完善，“入园难”问题得到有效缓解。但是由于底子薄、投入欠账多，目前学前教育仍是整个教育体系的短板，发展不平衡不充分问题仍十分突出，“入园难”“入园贵”依然是困扰老百姓的烦心事之一。主要表现为：学前教育资源尤其是普惠性资源不足，政策保障体系不完善，教师队伍建设滞后，监管体制机制不健全，保教质量有待提高，存在“小学化”倾向，部分民办园过度逐利，幼儿安全问题时有发生。不可否认，学前教育仍面临着诸多挑战。

政府有为，社会有力，娃娃有位。幼儿园的发展和建设不能止步不前，既然我们许诺孩子们一个美好的未来，就必须积极面对挑战，采取可靠措施保障幼儿受教育的切实利益，学前教育发展任重而道远。

一、“二孩政策”对学前教育提出新要求

根据《中华人民共和国教育法》和《幼儿园工作规程》的规定，我国对不同类型的幼儿园采取不同的经费供给制度，对公办幼儿园采取“财政拨款为主”“多种渠道”筹资的资金供给方式，对企业、团体、个人举办的幼儿园则由举办者负责筹资。这种经费供给制度使占幼儿园总量半数以上的民办幼儿园无法获得财政拨款，导致公办幼儿园“入园难”和民办幼儿园“入园贵”。

随着“二孩时代”的全面来临，“入园难”“入园贵”还会进一步凸显。2016年，教育部部长袁贵仁在全国“两会”上接受采访时表示，“全面二孩”政策实施后，预计全国每年新增300万儿童，学前教育压力很大。学前教育是终身学习的开端，是国民教育体系的重要组成部分。近年来，学前教育事业发展迅速。以安徽省芜湖市为例，来自芜湖市教育局的数据显示，“十二五”期间，芜湖市共新建公办幼儿园68所，改、扩建公办幼儿园84所，增设农村小学附属幼儿班600个，总投入5.23亿元，新增学位22 500个。然而，学前教育在取得快速发展的同时，也存在一些不容忽视的困难和问题。芜湖市政协委员调查发现，现阶段城区民办园占主体地位，公办学前教育资源稀缺，公办、民办幼儿园发展不均衡，城区“入公办园难，入好园难”的问题

尤为突出。如何全面改善教师的供给与质量问题，从而让适龄儿童不仅“有学上”，还能“上好学”，仍然有很多矛盾没有解决。回顾第一期学前教育三年行动计划实施过程可见，学前教育事业发展仍然任重道远。

《规划纲要》提出“把促进公平作为国家基本教育政策”。教育公平应体现在受教育的入口、过程和出口三个环节。入口公平指的是受教育对象享有平等的受教育机会，保障适龄幼儿入园受教育的机会均等。2011年以来，在各级政府和教育主管部门的共同努力下，我国公办幼儿园的数量快速增加，适龄幼儿的入园率得到提高，初步破解了长期存在的“入园难”问题。但“有园上”仅仅是学前教育发展的初级阶段，“上好园”追求的是受教育过程的公平，是体现学前教育公平性的重要标志和核心任务。

调查发现，现阶段城区民办园占主体地位，公办学前教育资源稀缺，公办、民办幼儿园发展不均衡，城区“入公办园难，入好园难”的问题依然突出。随着国家“全面二孩”等政策的出台，“入园难”问题会进一步凸显。同时，社会资本瞄准幼教市场商机，快速、大规模涌入幼教领域，民办幼儿园的收费标准不断攀高，广大人民群众难以承受，因此，迫切需要政府加大对学前教育的投入，加大对公办幼儿园的规划和建设力度，增加公办幼儿园的覆盖面，避免出现“公办园进不去，民办园上不起”的尴尬局面。

案例1-1　幼儿园陷入学难：公办园进不去　民办园上不起①

公办幼儿园？太难进了！民办幼儿园？太贵了！幼师素质？差别太大了！这三大感慨，几乎成了无数幼儿家长的切肤之痛。

党的十八届五中全会提出全面放开二孩，然而，随着适龄儿童增多，原本就紧张的幼儿园优质学位可能会更加供不应求，入园难、入普惠园难的问题，究竟能否解？怎么破？

“上不了”“上不起”成普遍担心

尽管二宝还有两年多时间才能上幼儿园，可武汉市民刘先生已经开始托人为孩子挑选一所合适的公办幼儿园了。在他看来，伴随着全面放开二孩，今后几年肯定会迎来生育的小高峰。

他说：“民办幼儿园条件好是好，可是学费太高，我有点吃不消。现

① 廖君，王莹，仇逸，等. 幼儿园陷入学难：公办园进不去　民办园上不起[EB/OL].(2015-11-25)[2019-08-20].http://edu.dzwww.com/dzjyxw/redian/201511/t20151125_13387437.html.(有改动)

在好多家长都想把孩子送到公办幼儿园去，学校招生名额就这么多，不早点未雨绸缪怎么行?”

武汉市卫计委提供的统计数据显示，从2014年2月武汉实行“单独二孩”政策以来，共受理“单独二孩”申请7 821份。据了解，武汉符合条件的“单独二孩”家庭有17.57万个，近一半家庭有生育二孩的意愿。上海市卫计委提供的统计数据显示，从2014年3月1日至2015年9月30日，全市共批准单独夫妻再生育申请2.98万例，其中近1.5万例已生育，约占一半。

伴随着全面放开二孩政策的实行，学前教育会迎来入学高峰。以幼儿园每月2 000元费用计，一年幼儿园学费约2万元，比很多大学学费还贵。在义务教育之前，“上不起幼儿园”会成为很多家长的烦心事。

在以上海本地网民为主的篱笆论坛育儿版块中，有关入托入园的话题讨论得非常热闹。示范园、一级园、二级园……家长们纷纷表示，想让孩子进心仪的幼儿园并不容易。

“难死了。”一位女儿已经上初中、儿子2岁的妈妈包女士告诉记者。她儿子在长宁区某热门公办幼儿园报了名，但由于报名人数较多，17人中只有一人能抽签入选，她儿子没有入选，只得去了私立幼儿园。“私立幼儿园一个月学费3 800元，而且条件不好，装修气味很大，孩子去了4个月老是哭，还生病，所以我只能辞职自己带了。现在私立幼儿园动辄每月5 000元以上，上万元的也很多，随着二孩的放开，希望有更多普惠性且高品质的幼儿园。”包女士说。

缺口，咋就这么大

为了保证儿子一年后能上公办幼儿园，广州市民王女士提前一年报了公办幼儿园的亲子班，每学期5 000元。她说：“其实就是花钱买名额，‘占个坑’，确保一年后能上这个幼儿园。”

截至2014年底，武汉市有幼儿园1 097所，其中公办幼儿园302所，民办幼儿园795所；沈阳市有幼儿园1 157所，其中公办幼儿园及普惠性民办幼儿园总计约500所。多地教育部门负责人坦言，从总体上看，学前教育仍是各地国民教育体系中的短板，普惠性资源短缺，尤其是公办幼儿园资源相对不足。

有专家表示，“入园难”的原因主要在于公办幼儿园占比较少，不足幼儿园总数的三成。武汉市江汉区银河幼儿园是区教育局直属的公办幼儿园，幼儿园负责人告诉记者，现在每次招生都只需几小时就能完成，不少来晚了的家长只能遗憾错过。她分析说："可以预见的是，新政策的施行会带来入园需求的增长，三五年后公办幼儿园入园难的现象可能会进一步凸显。"

多位家长表示，私立幼儿园学费贵，教师队伍不稳定。武汉市民陈先生的儿子在一家民办幼儿园上学，每个月费用在4 000元左右，孩子所在班级一学期就换了三四个老师，对孩子的成长非常不利。再加上各地陆续曝出的幼师虐童事件，更让家长对私立幼儿园百般不放心。

记者在多地采访了解到，近年来，各地教育部门推行学前教育三年行动计划，大力发展民办学前教育，但幼师流失率高、办学质量参差不齐等问题还没有根本改善。

重庆市一幼儿园园长告诉记者，现在幼儿园一年得到的财政补助比过去几年得到的总和还要多，但客观地讲，政府对学前教育的投入还远远不能满足普惠性幼儿园进一步提高办学质量的要求，尤其是目前幼儿教师每月所有收入仅2 000多元，根本无法形成一支稳定的教师队伍，更难以吸引高素质人才。

普惠，离普通大众还有多远

从世界范围看，推行普惠性幼儿园，解决"入园难""入园贵"，保障教育公平已经以法律形式在很多国家得到保障。

北京师范大学教育学部教授庞丽娟说，墨西哥早在2002年就颁布了《学前义务教育法》，规定政府财政投入占主导发展学前教育。在古巴，政府通过"教育你的孩子"计划，为困难家庭提供免费的优质学前教育。我国也通过实施学前教育三年计划，大力推行普惠性幼儿园。

但同时专家表示，由于我国学前教育投入不足，又遭遇"二孩来袭"，高速增长的高品质学前教育刚性需求无法得到满足，"普惠而不普通"的幼儿园离普通大众似乎还有不少距离。

西南大学学前教育系教授李静认为，为让所有孩子能早日进入优质普惠性幼儿园，国家应借鉴国际经验，通过法律形式，对各级政府主导推进学前教育公平的基本理念、原则做出高位规定，并进一步明确各级政府主导推进学前教育公平的主要责任内容，将其明确化、具体化，加快推进普惠性幼儿园扩面和提质行动。

面对幼师师资紧缺的现实情况，华中师范大学教育学院教授范先佐认为，幼师师资不是绝对匮乏，而是结构性匮乏。幼师队伍没有必要人才“高消费”。特别是对于开设学前班的农村小学来说，它们缺乏的是像全科医生一样的全科教师。他建议继承和借鉴过往中等师范院校办学的优势和传统，扩大培养面向农村、扎根农村的全科教师型人才。

多位专家和园长认为，适当扩大学前教育公共资源，能够抑制学前教育的价格，也能缓解中低收入家庭第二胎的育儿压力，缓和社会矛盾。因此，扩大普惠性优质公办幼儿园的比例，是各地政府需要优先考虑的一个问题。

据教育部2019年全国教育经费执行情况统计快报，经初步统计，2019年全国教育经费总投入为50 175亿元，比上年增长8.74%，其中，全国学前教育经费总投入为4 099亿元，比上年增长11.63%。

数据显示，2011—2013年中央财政学前教育项目经费投入500亿元，快速增加普惠性学前教育资源。从各地来看，近年来许多地区都在加大力度建设公办园，尤其是资源严重不足的农村地区创办幼儿园，充分利用中小学布局调整的机会，将富余资源及其他公共资源用于改建、扩建幼儿园。在城市，各地政府采取措施，把城镇小区配套幼儿园办成普惠性幼儿园。在此基础上，鼓励企事业单位、集体和民间力量办园，通过补助生均经费等多种方式，形成民办公助的普惠性幼儿园。

“入园难”的本质是人民群众日益增长的入园需求与合格的、有质量的学前教育资源，包括公办幼儿园、普惠性民办幼儿园严重不足之间的矛盾。我国学前教育事业的发展主要是为了解决幼儿“入园难”问题，即通过各级政府的努力，动员社会各方面力量举办幼儿园，缓解我国幼儿“入园难”问题。但是随着家长对早期教育的重视，以及私立民办幼儿园在管理和收费等方面存在问题的日益凸显，这种“入园难”问题逐渐转变成“入好园难”问题。

为了解决“入好园难”问题，政府相继颁布了一系列政策，其中重要的一项就是“鼓励优质幼儿园举办分园或合作办园”。采取名园办分园的方式既扩大了优质学前教育资源，又满足了广大家长的需求，并解决了周围适龄幼儿的入学问题，得到了国家的大力支持和鼓励。在相关国家政策的支持下，我国各地优质幼儿园纷纷举办分园。南京的鼓楼幼儿园作为省示范实验幼儿园，一直在探索和实践“名园办分园”的“母鸡下蛋”模式，希望能放大自身的教育资源，让更多的孩子享受到名园的“福利”。青岛市的各大公办优质幼儿园近几年更是纷纷扩张创办新幼儿园，如青岛市实验幼儿园已创办了7所分园，青岛市人民政府机关幼儿园也已有3所分园。

“名园办分园”模式经过一段时间的发展对于解决“入园难”问题起到了积极的作用，但是“名园办分园”作为一种新兴的办园模式，在近阶段的发展过程中仍面临着如下问题。

（1）管理体制问题。首先，各种形式的分园办园不规范。由于“名园办分园”举办的大多数分园的性质跟名园的公办性质不同，它们属于由社会力量创办的幼儿园，这些幼儿园承办者的资格、办园条件、教师资格、登记注册、收费标准、督导评估等缺乏有效的管理与规范，容易造成园所产权不明、体制运营混乱等问题。其次，由于分园与名园的性质不同，对名园的管理提出了挑战。一所幼儿园分园办得越多，所要处理的事情就越多，管理上也就越容易跟不上，所以明确幼儿园的性质和投资主体，理顺体制，是目前政府和幼儿园面临的急迫问题。

（2）教学质量问题。家长选择幼儿园，除了考虑它的品牌、收费外，更多的是考虑幼儿园的教学质量。“名园办分园”就意味着名园的优秀教师、园长的精力都要与分园共享，这种情况就如本来只够一人喝的牛奶，现在要分给两人喝，品质难保不下降。另外，名园一般都有较长的发展历史，形成了深厚的文化底蕴，并且在发展过程中注重自身的内涵建设。分园如果不结合自己特有的生存和发展条件，找到自己的准确定位，仅在设施配备、课程设置等“硬件”方面仿效名园，只会使得自身与名园的差距越来越大。如何在公办园扩大规模办分园的情况下还保障分园的教育质量，成为“名园办分园”亟待解决的又一个问题。

（3）教师编制问题。根据目前的政策，每个公办园的教师编制是一定的，并不会因为其办了分园就增加教师编制，也就是说，一所幼儿园和其办多所分园的教师编制是一样的。这样一来，分园里的多数教师无法拥有教师编制，其工资待遇、劳动保险等经费支出由园所自筹，这样就造成了教师“同工不同酬”现象。“同工不同酬”使得分园留不住优秀教师，教师流动性大。如何留住优秀教师，吸引更多的教师，解决好教师编制问题成为分园面临的又一个难题。

首先，要处理好发展速度和发展质量之间的矛盾。如果不从自身的实际出发，盲目图快图大，不仅会导致新增的分园由于教学品质跟不上，得不到社会认可，而且还会影响到原来名园的品质和声誉。集团化发展，一定要坚持好中求大，至少要做到稳中求大。

其次，要不断优化连锁管理模式。一所优质幼儿园实施集团化办学，规模迅速扩大，采用怎样的管理模式有效管理，是幼儿园领导班子必须首先处理好的问题。上级的支持理解很重要，同时管理模式是否适应实际情况，关系着集团化办学的最终成败。选择怎样的管理模式并不断根据实际情况变化而优化、完善该模式，是一项紧迫的工作，也是一项长期要做的工作。

由此可见，审时度势地发展公办幼儿园连锁办园模式，是对《若干意见》中提到的“大力发展公办幼儿园，提供‘广覆盖、保基本’的学前教育公共服务……鼓励优质公办幼儿园举办分园或合作办园”意见的主动应答，是实现“保障适龄儿童接受基本的、有质量的学前教育”这一目标的有效途径。如何使优质幼儿园在连锁化发展的过程中彰显优势，弱化不足，形成特色，在当下幼儿园数量急剧增加的态势下显得尤为重要。

二、城镇化进程的加快对幼儿园合理布局提出新挑战

随着经济社会的不断变革，中国的城镇化建设逐步加快。城镇化是一种以农村人口向城镇转移为主要特征，传统生产方式向现代生产方式转变、农村社会向城市社会转变、农村生活方式向城镇生活方式转变的经济、社会和文化的演化过程。这样一个工业化和城乡变迁的过程，也是人的思想观念、生活方式和发展水平现代化的过程。政府通过颁布一系列文件不断加强对城镇化建设的规划与部署，但在城镇化进程中，学前教育仍存在一系列问题。如何在新型城镇化发展时期进一步完善学前教育，成为当前需要深入研究的一个问题。在城镇化进程中，传统城乡二元结构所带来的影响仍比较深远，城乡之间学前教育发展极不平衡。同时，随着城市建设框架的不断扩大，幼儿园布局不合理的状况愈显突出。一方面，农村村级幼儿园建设面临生源不足、服务半径过大的难题。另一方面，城乡学前教育发展不平衡，省辖市市本级的学前教育发展状况优于县（市）、乡镇的学前教育发展状况，且在毛入园率方面表现得尤为显著。

学前教育的资源总量不足，在城乡之间分布不均，城市占据较多的优质资源，可以优先享受政府的优惠政策，省辖市市本级幼儿教师的整体素质高于县（市）与乡镇，县（市）与乡镇在办园规模、管理水平和教育质量等方

面都不及省辖市市本级。由于农村幼儿园教师待遇低下，缺乏权益保障，难以吸引优秀人才安心从教，师资水平低，流失现象严重，导致专任教师缺口越来越大。我国农村幼儿园专任教师十分匮乏，平均每班专任教师不到一人，远远低于全国平均水平和城镇水平。虽然近几年来农村幼儿园专科以上学历教师的比例不断增加，但仍远低于城镇水平。

据有关调查显示，虽然农村幼儿教师中师（即中等师范学校）以上学历者占绝大多数，但“学历达标专业不对口”的现象十分突出，即正规的幼师生不多，大多是由小学教师转岗而来，或中师所学为其他专业、未接受后续的幼师专业培训。我国大部分农村幼儿园办园条件差，如房屋破旧，设施欠缺，设备简陋，活动室面积不足等，不能为幼儿提供基本的生活设施、玩具、图书和教学设备等。尽管近年来我国城乡幼儿园的园舍建筑面积、生均活动室面积、生均户外活动面积和生均图书的数量等差距有逐渐缓慢减小的趋势，但是差距依然十分明显，我国农村地区办园条件、幼儿学习和生活条件与城镇幼儿相比依然十分落后。

在城镇化进程中，幼儿教师的分布出现了两极分化等问题，多数教师在城镇，农村教师极度缺乏。农村幼儿园教师基本由合同教师、临时教师及少数正式教师组成，他们多数是非专业教师、初高中毕业生或者农村留守妇女，合同教师及临时教师在幼儿园师资中占了很大比例。在其社会地位与待遇总体偏低的情况下，他们更多的只是为了基本的物质生活保障，而没有更加长远的打算。相比专业教师，他们本来就缺乏自信，而幼儿园内部歧视及分配不公的现象依然存在，使得幼儿教育的质量更加令人担忧。同在一所幼儿园中因“身份”不同而造成的“同工不同酬”和专业发展机会不均的现象也极为严重。最不容乐观的是农村幼儿教师在数量、师幼比、学历背景、专业素养等方面都比较薄弱。这严重制约了城镇化的发展，给基础教育的发展带来更大的挑战。

城乡幼儿家庭社会经济地位及其所接受的学前教育质量的显著差异，导致城乡幼儿在入学准备的质量上表现出显著差距。大量研究表明，不管是在语言准备、数学准备，还是学习品质方面，家庭社会经济地位较高的幼儿都明显优于家庭社会经济地位较低的幼儿；农村幼儿在学习方式、认知发展、言语发展，以及情绪与社会性发展领域均显著落后于城市幼儿；农村幼儿的不同学前教育经历对他们的入学认知准备以及入学一年后学业成绩的影响显著。

三、幼儿教师综合素质和专业化水平偏低

根据《中华人民共和国教师法》（简称"《教师法》"）第二条所述"本法适用于在各级各类学校和其他教育机构中专门从事教育教学工作的教师"，和《中华人民共和国教育法》（简称"《教育法》"）第十七条规定"国家实行学前教育、初等教育、中等教育、高等教育的学校教育制度"，学前教育阶段的幼儿教师应当拥有教师身份。然而我国幼儿教师特别是民办幼儿园的教师在编制、职称评定等问题上未能得到有效保障。

中国教育学会会长顾明远教授曾指出，社会职业有一条铁的规律，即只有专业化才有社会地位，才能受到社会的尊重，如果一种职业是人人可以胜任的，则在社会上是没有地位的。长期以来，幼儿教师社会地位不高的原因除了受社会因素影响外，就其职业本身来说，是这门职业的专业化程度不高，与其他诸如医生、律师、工程师等职业，在专业发展制度和专业组织方面还存在差距。

幼儿教师承担着教育儿童、服务家长和社会的双重任务，高素质专业化幼儿教师队伍是高质量学前教育的核心和保障。《规划纲要》提出，"切实加强幼儿教师培养培训，提高幼儿教师队伍整体素质，依法落实幼儿教师地位和待遇。"《若干意见》强调，"加快建设一支师德高尚、热爱儿童、业务精良、结构合理的幼儿教师队伍"，"依法落实幼儿教师地位和待遇"，"完善学前教育师资培养培训体系"。《国务院关于加强教师队伍建设的意见》提出，"幼儿园教师队伍建设要以补足配齐为重点，切实加强幼儿园教师培养培训，严格实施幼儿园教师资格制度，依法落实幼儿园教师地位待遇"。《学前教育督导评估暂行办法》指出，要对"加强幼儿教师队伍建设，核定并保证公办幼儿园教职工编制，落实并提高幼儿教师待遇，加强幼儿教师培养培训等方面的情况"进行督导评估。可见，补足配齐教师、优化教师结构、落实教师待遇、提高教师素质、促进师资公平是目前我国幼儿教师队伍建设的主要目标和重点工作，也是我国学前教育督导评估的重点要求。

百年大计，教育为本；教育大计，教师为本。只有具备了好的教师才能促使教育良性发展，为国家培养出更多的栋梁之材。但现阶段，我国幼儿教师队伍存在以下问题：

第一，年龄结构不合理，缺乏稳定性。幼儿教师队伍大致可以分为三个层次，分别是老年幼儿教师、中年幼儿教师和青年幼儿教师，合理的幼儿教

师结构应该是橄榄球形，两头小，中间大，即应该以中年幼儿教师为主，老年幼儿教师和青年幼儿教师作为补充，而我国目前的幼儿教师结构却是哑铃形，两头大，中间小，即本应占幼儿教师主体的中年幼儿教师相对偏少。老年幼儿教师经验的确丰富，但缺乏活力，而青年幼儿教师活力充沛，但经验不足。当下这种教师结构不适合学前教育的持续发展。另外，由于青年幼儿教师居多，跳槽频繁，导致教师队伍缺乏稳定性。

第二，身份不明确，编制紧缺。目前，我国的学前教育主要以民办幼儿园为主，公办幼儿园较少，这就导致幼儿教师的身份不明确，很多教师无法在公办教师和商业员工的角色之间转换。而且近年来，由于学前教育事业不断发展，幼儿教师的人数越来越多，而幼儿教师新增的编制却越来越少，影响了新入行的幼儿教师以此工作作为终身职业的愿望。

第三，工资收入和社会地位较低。由于大多数幼儿教师没有编制，工资收入较低，而且有些舆论错误地认为教师中最不能干的才去教幼儿，导致幼儿教师压力很大，却得不到尊重。

第四，职称评定难以落实。虽然我国有关政策规定，幼儿教师的职称评定和大学教师的一样，但真正在评定时却难以落实。

第五，专业素养较低，文化造诣不够。多数幼儿教师学历尚未达到国家标准，通过国家资格认证和考核的幼儿教师的比例很小。一些幼儿教师在大学学习时主要依靠死记硬背来掌握理论知识，走出校门，通过入职考试后，很多理论知识就被遗忘在角落了。就业一段时间后，当他们发现没有上升的空间和机会时，就得过且过，缺乏继续学习幼儿教育相关理论知识的动力。这在一定程度上影响了幼儿学习知识的水平。部分年纪较大的幼儿教师观念较为陈旧，也未及时更新，在艺术、体育、计算机辅助教学等教学技能方面有待进一步提高。有的幼儿教师科研能力不足，无法将自己所学的专业知识与幼儿实践结合起来，融入具体的课题研究中，进一步深化理论思维，取得科研成果；有的幼儿教师欠缺发现问题，寻找原因，并提出适当解决策略的能力；还有的幼儿教师对幼儿教育事业并不热爱，而是抱着拿工资、混时间的心态，这是对幼儿的不负责任，也是对学前教育事业的不负责任，更是对自己的不负责任。

除了业务素质不足外，幼儿教师普遍缺乏理论研究能力。幼儿园招聘教师只强调教师的毕业学校、学历，而很少考虑该教师是否具有教授幼儿的能力，对教师的教学经验、责任心、职业道德素质和创新能力的考核等不重视。

有的教师甚至没有经过专业系统培训，没有考取教师职业资格证书，只是临时聘用人员，却担任着幼儿园的主要教学任务。有的幼儿园在教师年龄结构、职称结构等方面配置不合理，不同程度地影响了幼儿教师队伍的稳定性和质量。缺乏强有力的理论研究队伍，就不会有理论研究的发展，这也在一定程度影响了幼儿教师综合能力的提升。显然，幼儿教师队伍质量亟待规范和提升。

四、幼儿教师队伍的数量与质量难以保证

拥有相对稳定的、优秀的教师队伍，是幼儿园办园质量的保证，更是幼儿健康成长的基础。2003年，《关于幼儿教育改革与发展的指导意见》第二十条规定："幼儿教师享受与中小学教师同等的地位和待遇。依法保障幼儿教师在进修培训、评选先进、专业技术职务评聘、工资、社会保险等方面的合法权益。"但民办幼儿园教师却无法享受到政府提供的稳定的工资和全面的福利待遇，没有足够的医疗保险、养老保险保障。这就使得民办幼儿园教师难以安心踏实地投入幼儿教育工作中，导致出现教师频繁流动的情况。之所以民办园很难招到满意或适合的幼儿教师，很难留住优秀的幼儿教师，主要原因就是民办园的福利待遇较低。

即使在发达地区的民办园，拥有职称的幼儿教师的比例也是较低的。在我国，教师的工资与职称是直接挂钩的，职称越高，意味着获得的劳动报酬越多。由于我国学前教育没有独立的职称评定制度，民办园教师的职称评定受到影响，很大程度上制约了教师的工资待遇水平，因此直接造成了教师队伍流动频繁、流失严重。

自20世纪90年代中期开始，我国幼儿教师学历层次得到较快提升。1999年，我国师范教育开始由三级师范向二级师范过渡，中等幼儿师范教育规模逐步缩减，本科和专科的数量不断增加，再加上综合性大学和非师范高等学校也开始接收学前教育专业的学生，因此招生规模不断扩大。但是，由于各种原因，学前教育专业（尤其是大专及以下层次）出现了生源质量问题。培养体制改革引发的混乱，以及培养机构专业师资和资金投入不足、培养课程质量不高等原因，导致我国幼儿教师学历层次虽然在不断提升，但是培养出来的教师的质量确实令人担忧，教师培养只注重"数量"上的突破，而忽略了对"质量"的把关。此外，仍有相当部分教师缺乏相关专业背景。在幼儿教师专业化已经成为时代召唤的背景下，坚守在幼儿园教育一线的教师队伍

中，仍有较大部分教师所学专业为非学前教育专业。专业知识是幼儿教师从事教育教学工作的基本条件，而那些没有受过专业知识训练的教师能否胜任幼儿教育工作，可想而知。

2009年以来，我国未评职称的幼儿教师数占幼儿教师总数的比例一直维持在60%以上，该现象与幼儿教师“先天不足”和“后天政策不力”息息相关。近年来，我国对学前教育的发展比较重视，国家及地方政府支持力度加大，兴建幼儿园，增加教学设备，但仍有幼儿园无法招生，无法正常开园，其中面临的最大瓶颈就是幼儿教师短缺，尤其是高质量的幼儿教师。经过多年努力，这种状况已经有所缓解①。

2018年，全国共有幼儿园26.67万所，比上年增加1.17万所；学前教育入园幼儿1 863.91万人，比上年减少74.04万人，下降3.8%；在园幼儿4 656.42万人，比上年增加56.28万人，增长1.2%。其中，城市在园（班）幼儿1 773.60万人，比上年增长3.9%；而农村在园（班）幼儿出现小幅下降，为2 882.82万人，比上年减少10.47万人，下降0.4%。

2018年，我国有普惠性幼儿园618.29万所，比上年增加1.83万所，增长11.1%，占幼儿园总数的68.6%，比上年提高4%。农村地区普惠性幼儿园占比较高，为73.3%，比城市高15%；普惠性幼儿园在园幼儿73 402.23万人，比上年增加153.23万人，增长4.7%，占全国在园幼儿73.1%，比上年提高2.4%。

2018年，全国学前三年毛入园率达81.7%，比上年提高2.1%，“入园难”问题得到进一步缓解。小学招生中接受学前教育的比例为99.1%，比上年提高0.4%。每10万人口中学前教育在园幼儿为3 350人，比上年增加23人。

学前教育规模大幅增长的同时，教师队伍配置状况持续改善，生师比下调，教师学历层次和专业化水平有所提升。2018年，全国幼儿园专任教师258.14万人，比上年增加14.92万人，增长6.1%；生师比由上年的17.2∶1下降至16.6∶1；专科及以上学历教师所占比例由上年的79.1%提高到81.0%；农村幼儿园专科及以上学历教师比例为75.3%，比城市低12.0%，两者差距仍然较大；学前教育专任教师接受过学前教育专业训练的比例为70.9%，比上年提高1.6%。

截至2018年底，全国幼儿园教职工有453.15万人，与2010年相比，增长145%，但与此同时，全国学前教育专任教师缺口达52万人。这说明，近年来我国学前教育师资实现了跨越式增长，但仍不能满足需求。因此，继续扩大

① 孙扬.试析幼儿教师流失的原因及对策[J].南昌教育学院学报，2018(3)：1-3.

学前教育师资配备，仍然是重头工作。

案例1-2 安徽省幼儿专任教师缺5.72万人，不少幼儿园存在大班额现象

2016年7月27日，安徽省十二届人大常委会第三十一次会议，听取了关于检查《安徽省学前教育条例》实施情况的报告。报告指出，我省学前教育依然存在资源不足、供需矛盾突出的问题。

首先，城市市区和县城城区配套园建设不适应城镇化快速发展需要，难以满足群众就近入园的需求。随着“二孩政策”的全面实施，城区学前教育资源将会更加紧缺。据统计，全省城市市区和县城城区“每3万人口建设1所不少于9个班规模幼儿园”的目标完成率仅为76%。此外，师资缺口大，全省在园幼儿185.7万人，按师幼比1:15计算，应有专任教师12.38万人，总量短缺5.72万人（其中，公办园短缺31 343人，民办园短缺25 822人）。因此，公办园和民办园都不同程度地存在大班额现象，直接影响保教质量。

据悉，目前我省公办园比重低，仅占36%，在园幼儿占全省在园幼儿总数的42%，难以从根本上平抑民办园的较高收费。由于普惠性幼儿园不能实现广覆盖，优质教育资源不能实现均等化，导致家长半夜三更排队报名的现象年年出现。

（资料来源：http://ah.sina.com.cn/news/s/2016-07-28/detail-ifxunyya2521458.shtml）

五、公办园与民办园数量比例失调

幼儿园办园形式一般分为四类：一是教育部门办园，即财政预算支持的幼儿园；二是其他部门办园，主要包括机关部队、事业单位、社会团体（如妇联）和国有企业所办的幼儿园；三是集体办园，包括城市的集体所有制企业园、街道园和农村集体办的幼儿园；四是私立园。随着经济体制改革和事业单位精简机构，“公办”性质的幼儿园大部分被关、转、改，幼儿园结构发生了根本性改变。“十一五”期间是全国民办园稳定发展的时期，教育部门办园和集体办园等各类公办园逐渐退出学前教育市场，逐渐形成了以市场化的民办园为主体，公办园和其他类型幼儿园为补充的总体格局。这样的资源供给机制改变了学前教育的“公益性”，偏离了其公共产品（或半公共产品）的基本属性。由于民办园的办园主体大多是公民个体，可用流动资金少、场地狭小，很难在扩大户外活动场地、添置开展幼儿教育活动所需的大型设施设备等方面进行硬件改造，软件方面的主要问题是教师队伍专业化水平低、园长的管理能力不强、生师比高等。例如，这些园所中持有幼儿教师资格证的教师比例仅为10%，一些教师长期习惯于“小学化”的教育方式，需要经过全面系统的培训，才有可能转变，而民办园根本无多余的教师可替岗，教师外出参加培训学习的难度很大。民办园的高速发展与教师管理等关键配套机制不协调，在教师职称评定等关键问题上存在一定程度的政策性缺失。尤其是经济较为落后的农村地区，民办园幼儿教师成为工资水平低、无职称、无编制的“边缘人”，故出台政策保护农村（民办园）幼儿教师的合法权益是保障经济落后地区学前教育健康发展的关键。

总体而言，我国幼儿教师拥有职称的人数很少，民办园教师更是稀少[①]。调查表明，北京市民办园教师只有2.4%进行了职称评定[②]，大连市城区有64.5%的民办园教师没有参加过职称评定[③]。

据教育部网站《全国教育事业发展统计公报》统计，2016年我国共有幼儿园23.98万所，其中，民办幼儿园15.42万所，占64.30%；2017年，全国共有幼儿园25.50万所，其中，民办幼儿园16.04万所，占62.90%。虽然公办园比例呈增大趋势，但公办园与民办园比例严重失调的局面一时恐难以改变。

案例1-3 彻夜排队、抽签摇号，合肥幼儿入园到底有多难？

彻夜排队报名，摇号抽签招生，报名条件“苛刻”，从3月份开始，安徽省合肥市的家长们便开始进行“幼儿园报名战”。记者走访了合肥市部分幼儿园发现，“入园难”现象愈加突出。合肥市蜀山区某幼儿园负责人介绍说：“往年只是公办幼儿园入园难，今年民办幼儿园名额也相当紧张。”

5月，合肥市经济开发区一所民办幼儿园发布招生信息称，只接纳50名所在小区业主的孩子报名入园，家长凭房产证报名，按照报名先后顺序录取。在报名开始前24小时，便有很多家长在幼儿园门口排队。

① 刘占兰.中国学前教育发展报告(2012)[M].北京：教育科学出版社，2013:8.

② 肖英娥.幼儿园教师待遇研究：问题、影响因素与保障机制——以北京市为例[D].北京：北京师范大学，2013:53.

③ 陈迁.大连市城区民办幼儿园教师面临的困境及对策研究[J].幼儿教育(教育科学)，2012(6)：22-25.

合肥市政务区森林海幼儿园是一所公办幼儿园，2016年秋季招收3个班，共计90名幼儿。因周边居民较多，无法满足需求，该幼儿园只得从所在小区业主子女中招生。经过“苛刻”的资格审查后，有99名幼儿获得摇号抽签的机会。落选的几名幼儿只能舍近求远，寻找可能空缺名额的幼儿园入园。

资料显示，截至2015年底，合肥市各类幼儿园有866所，其中公办幼儿园184所，民办幼儿园682所，公办幼儿园比例较低。在合肥市的一些新城区，住宅小区多，幼儿园配套少，学前资源不足的矛盾尤其突出，教育资源的配置已经跟不上人口增加的速度。“二孩政策已全面放开，预计未来三年又会是一个入园高峰。”合肥市蜀山区教育局一名负责学前教育的工作人员说。

据悉，近年来合肥市积极规划，扩大公办幼儿园的比例，发展普惠性幼儿园。从2010年至2015年底，合肥市新建、改扩建公办幼儿园242所（包含分园和附属园），增设村小附属园150个，总投资6.74亿元，新增学位68 000个；新建普惠性民办幼儿园365所，占民办幼儿园总数的53.5%。但要满足全部适龄儿童入园需求，解决“入园难”“入园贵”问题，还需要进一步加大教育投入，扩大教育资源。

（资料来源：http://www.ahwang.cn/hefei/20160613/1529942.shtml）

六、学前教育经费投入不足

对学前教育价值与重要性的理解和认识是确立一国学前教育事业应有属性的基本前提和基础，而对学前教育事业属性的明确法律规定则是一国学前教育事业积极、稳步发展不可或缺的重要指导原则与基本保障。1995年《教育法》第十七条就明确规定：“国家实行学前教育、初等教育、中等教育、高等教育的学校教育制度。”然而长期以来，学前教育被视为非义务教育，致使学前教育被边缘化，成为教育发展的短板。在市场经济体制下，幼儿园的发展曾一度被推向市场，使得部分地区出现了学前教育过度市场化的现象。过度市场化使幼儿教育供给者为了节约成本，聘用大量素质不高，甚至不合格的幼儿教师，给予他们较低的福利待遇，影响他们的工作态度和工作效率，同时也致使民办幼儿园教师面临专业发展困难、职业倦怠和从业身份模糊等问题。

学前教育经费投入不足制约着我国学前教育发展。从经费投入的对象上看，政府更多地投向少数公办幼儿园或示范园，而较少考虑其他性质的幼儿园，特别是民办幼儿园。因此，民办幼儿园只能靠投资者自筹和保教费用来维持幼儿园的运行，导致出现学前教育投资上的“马太效应”，对整个学前教育的长远发展来说极为不利。《若干意见》明确指出：“积极扶持民办幼儿园特别是面向大众、收费较低的普惠性民办幼儿园发展。”当前，在我国民办幼儿园占全国幼儿园总数65%的现实背景下，政府应制订切实可行的措施来落实这一普惠政策，拿出人力、物力和财力，加大对民办幼儿园的扶持力度。2011—2013年，中央财政学前教育项目经费投入500亿元，带动地方各级财政投入1 600多亿元。全国财政性教育经费中学前教育占比从2010年的1.7%提高到2012年的3.4%。但第一个三年行动计划后，幼儿教育师资供给的矛盾仍然十分突出。以2011年为例，投入到幼儿园的国家财政性教育经费近416亿元，仅占国家财政性教育经费的2%，只相当于同期小学经费的7%。而这些经费中，大部分用在“钢筋水泥”上，针对教师的经费亟待扩充。尤其是全国的平均生师比水平，仍然和相关政策的要求以及国际水平相距甚远。此外，幼儿教师的身份问题更是重中之重。2016年，幼儿园专任教师166万人，其中包括102万名民办教师，也就是说，只有38.55%的幼儿教师在政府的编制内。由此可见，没有身份保障的民办教师承担了教育中国儿童的主要责任[①]。

（一）经费投入力度不够

学前教育建设的重要性和紧迫性是不言而喻的，中央政府之所以出台一系列政策文件督促学前教育办学，一方面是因为学前教育具有巨大的综合效益，另一方面是由于我国学前教育受制于诸多发展困境而发展缓慢。在众多限制性因素中，各级政府对学前教育的经费投入不足较为关键。政府投入不足导致公办幼儿园所占比例较小，民办幼儿园学费昂贵，不利于教育公平。个别民办幼儿园为了盈利，不惜降低办学标准，大大影响了教学质量。我国目前缺乏有效的学前教育成本分担机制。政府财政支持力度低，一方面会导致幼儿园数量不足，形成“卖方市场”，某些幼儿园由于缺乏监督存在严重的乱收费、高收费现象；另一方面，学前教育成本主要由家庭承担，超出了很多家庭的支付能力，导致“入园难”“入园贵”。

① 李敏谊，程旭．论我国学前教育师资供给的困境与突围——基于第一期三年行动计划的数据分析[J]．中国教育学刊，2015(4)：65-69.

与国际学前教育服务公共投入相比，我国学前教育服务投入水平较低。我国0—6岁儿童多达1.3亿，而国家财政性学前教育经费占GDP的比重在过去10年间维持在0.03%～0.05%。与之相比，发达国家平均约占0.4%[①]。亚洲国家对学前教育服务的公共投入相对落后，但是与亚洲其他国家相比，我国公共投入仍处于较低状态。而且，我国学前教育经费投入在全国教育总经费中所占比例也一直维持在较低的水平。我国许多省份学前教育经费只占教育总经费的1%左右，青岛市计划2020年实现本市学前教育经费占教育总经费的8%，这反映出地方政府对学前教育在整个教育体系中的地位界定高低悬殊。

我国政府过去一直将有限的幼儿教育经费伴随着幼儿教师的编制投放，沿着现行的政府、事业单位、教育部门预算的渠道拨付。因此，在有限的1.3%教育经费中有70%被用于少数示范性幼儿园，城镇和农村普通公办幼儿园获得的财政教育经费不足30%，占绝对主体地位的民办幼儿园则长期很少享受到政府的经费资助。如此一来，即使近年来政府加大了对学前教育的投入，但如果没有理顺投入体制机制，则经费仍然很难到达为城镇一般民众和农民服务的一般公办幼儿园和民办幼儿园。由于缺少政府的财政支持，为了及时收回投资成本，民办幼儿园管理者只能靠压低教职工工资，或聘用资历较低的教师，或不给教师提供培训的机会等方式来维持生存。

学前教育目前尚未被纳入义务教育的范畴，直接导致国家对学前教育投入力度不够。政府把大量资金投放到基础教育和高等教育领域，学前教育领域只获得很少的份额，大量非政府主办的幼儿园全靠幼儿保教费和个人投入维持，这些状况使得其幼儿教师福利待遇较低，也无法获得政府创造的提升教师素质的机会。例如，学前教育以民办园为主，准入机制不完善，办园规模小，办学条件简陋，无法提供环境优良的硬件设施，且班额大，生师比高，违背了学前教育的小班教学要求，教师素质更是无法得到保障，幼儿园成为营利机构而非教育机构，幼儿教师社会角色定位模糊。

（二）专门法缺失

法律对学前教育的性质和地位的确定，是学前教育健康发展的保障，并且只有以法律的形式确定政府在学前教育中的权限与职责，才能保证政府在

① 周兢.国际学前教育政策比较研究[M].上海:华东师范大学出版社,2012:25.

学前教育建设中履行职责、发挥作用。但我国由于学前教育管理体制不够完善，导致学前教育缺乏法律的强制性保护，未被纳入公共物品范畴考虑。

学前教育对个体全面健康发展具有重要的基础性作用。近年来，心理学、教育学和脑科学等方面研究成果共同表明，学前期是人一生中大脑形态、结构、机能发展最为迅速、可塑性最强的时期，是个体情感、行为、语言、认知等各方面发展的奠基阶段和敏感期，是个体社会化的起始阶段和关键时期。学前阶段儿童所拥有的教育机会的多少和教育质量的优劣，不仅决定了其学前期的发展水平，而且影响着其终身学习与发展的质量和效果。

以法律法规或规章的形式来保障和促进民办学前教育发展已成为当今世界的趋势，很多国家为了实现学前教育的公平，都以专门立法的形式对学前教育进行规范，并以法规的形式保障民办幼儿园教师的合法权益，这也体现了政府重视发展民办学前教育的愿望，比如英国的《儿童保育法》、美国的《早期学习机会法》、日本的《儿童福利法》、印度的《国家儿童宪章》等。而我国至今还没有学前教育基本立法，学前教育领域的不良现象逐渐增多，阻碍了学前教育的进一步发展和学前教育公平的真正实现。

我国绝大部分民办幼儿园教师是合同工的身份，虽然在我国的教育立法进程中相继颁布了一系列法律、条例、规程来保障学前教育建设，但是仍缺少一部关于学前教育领域的专门的、全国性立法，因此难以引起各级政府部门的重视[①]。例如，我国于1989年颁布了《幼儿园管理条例》、1996年颁布了《幼儿园工作规程》，2001年颁布了《幼儿园教育指导纲要（试行）》，构建起了我国基本的学前教育法规框架，使我国学前教育走上了法治轨道，但是，我国学前教育立法依然有待完善，具体表现为专门法的缺失，这严重制约了我国学前教育事业的健康有序发展。

（三）行业监管力度不够

我国各地普遍存在合格幼儿园比例不高、办园条件差、师资力量薄弱、恶性竞争等问题。近年来，食物中毒、火灾事故、外来侵害等造成幼儿伤亡的校园悲剧事件时有发生。

市场机制有利于资源的有效配置，因此随着我国市场经济的建立与发展，我国鼓励学前教育的民间办学方式，但是，我们也应该认识到市场不是万能

① 庞丽娟，韩小雨．中国学前教育立法：思考与进程[J]．北京师范大学学报：社会科学版，2010(5)：14–20.

的，公共服务供给中存在市场失灵的现象，市场配置公共服务资源可能有效率但难以保障质量。通过媒体报道可以发现，市场失灵现象在我国学前教育办学中时有发生。例如，个别民办幼儿园为了谋求利润最大化，利用信息不对称，过度压缩办学成本，制造恶意竞争，争夺生源，不仅不能够为幼儿的成长提供良好的教育环境，甚至会损害幼儿的身心健康。

政府干预是弥补市场失灵的有效措施，但是我国对学前教育的监管存在漏洞。一方面，准入门槛较低，一些不具备办学资格和办学条件的学前教育机构通过弄虚作假等手段取得营业资格。另一方面，对学前教育的经营过程缺乏监督，如消防设施过期不更换、食品采购渠道不正规、校车接送不安全等。学前教育具有公益性和正外部性。教育的正外部性体现在培养人才对我国的社会稳定、和谐发展做出贡献，人才的培养能够为我国的经济发展提供重要的智力支持。学前教育在整个教育体系中具有基础性地位，它对儿童的人生观、价值观和世界观及智力、兴趣、特长、认知方式等具有重要的启蒙意义。因此，学前教育是公民的一项重要福利，应作为国家的一个重大民生问题看待。目前我国幼儿园资金短缺、资源分配不均以及公办幼儿园比重偏低等，说明地方政府没有充分认识到学前教育作为启蒙性教育对个人和社会发展的重要性，以及学前教育在个体完整的教育过程中的基础性作用。

要想解决“入园难”“入园贵”问题，必须立足当前我国学前教育供给多元化的格局和家庭对学前教育的需求差异化的现实，建立公平合理的学前教育公共财政投入和支出模式，形成切合实际的政府、社会和家庭共同分担学前教育成本的机制。一方面，仍然要动员社会各方面力量办学，进一步扩大学前教育资源的总体供给量；另一方面，在承认学前教育公益性的前提下，加大政府对学前教育的财政投入，建立以财政拨款、社会投入、家长缴费及公益捐助等多种渠道筹措学前教育经费的机制和公平合理的公共财政支出模式，确立农村优先、弱势群体优先，低水平、广覆盖，“济困”和“普惠”相结合的发展战略，让政府对学前教育的投入实实在在地惠及大多数，尤其是有特殊需要的幼儿及家庭，帮助家长减轻购买学前教育和托幼服务的负担，真正形成政府、社会和家庭共同分担学前教育和托幼服务成本的机制。

七、幼儿园自身管理问题频出

（一）幼儿园管理仍处于“经验型”水平，管理缺乏整体性和协调性

调查发现，我国幼儿园园长的素质普遍不高，少数园长不具备国家规定的合格学历和任职资格。这样一批素质不高的园长很难胜任科学的管理工作，导致一些幼儿园的管理仍停留在“经验型”水平，如管理缺乏目标，整天忙于具体事务，能做多少算多少；工作不分主次；办事凭感觉和经验；对上满足于完成被布置的工作，对下满足于发号施令，指挥多于引导，命令多于说服等。此外，目前一些幼儿园经费匮乏，园长要忙于筹措资金，无暇学习和钻研管理理论，自身素质和管理水平更是难以提高。

幼儿园的有效管理应该是从幼儿园的整体目标出发，充分协调管理中人、财、物、事、信息、时空六大要素之间的关系，加强各部门之间的配合与协作，实现最佳的整体效益。但很多幼儿园往往不能正确处理整体和局部的关系，过分强调局部利益，以局部代替整体。例如，在保育和教育管理上，重教轻保；在教育教学管理上，偏重智育，忽视德、体、美等方面的互相渗透和有机结合；在制度管理上，重规章制度的制定，轻规章制度的检查和落实；在人、财、物的管理中，重视设备设施和经费管理，忽视园风建设和教职工的思想政治工作；各部门各自强调自己的权力和利益，缺乏协作和沟通；园领导有时只搞集中不搞民主，挫伤了教职工的工作积极性，失去了凝聚力。这一切都严重影响和阻碍了幼儿园的正常运转。

在计划经济体制下，幼儿园基本上处于主办单位“全包”的封闭状态，事事由主管部门安排，幼儿园只管关门办园。而面对市场经济的新形势，许多幼儿园缺乏足够的心理准备和承受力，一旦没有了上级部门的财力支持，就显得无所适从，难以应对。当前，一些企业在转换经营机制，为减轻企业负担，将幼儿园从企业中分离出去，使得幼儿园成为自负盈亏的经济实体。面对这种管理上的转轨，由于没有配套的改革措施，一部分企业办园陷入困境，被迫关、停、并、转。

（二）幼儿园管理目标与实际工作脱节，缺乏有效的评价标准

以往经验型、事务型管理模式，不重视管理目标的制订，现在的幼儿园虽然意识到了管理目标的重要性，但管理目标与实际管理活动之间常常是脱

节的。具体表现在：一是虽然制订了目标，但园领导在做具体工作时，经常把目标丢在脑后，没有做到心中有数，工作常常偏离目标，目标形同虚设；二是目标过于笼统，缺乏可操作性，不能对总体目标进行分解，使目标落实到各部门和各项工作、活动中；三是缺乏实现目标的具体计划、措施和手段，也就是说目标与管理活动之间缺乏实现的桥梁。

衡量一所幼儿园的保教质量和办园水平，需要借助科学的评价手段。但目前幼儿园的评价工作缺乏可靠性和科学性。具体表现在：一是一些行政管理部门或幼儿园自定的评价标准过于笼统、抽象，缺乏可操作性，一些指标根本无法测定；二是评价中主观性、随意性较大，方法和手段欠科学，如评价方案中各项目的权重和分值基本上是评价者凭借主观经验赋予的，很少采用量化方法，对评价结果大多采用定性的综合分析和等级评定，缺少量化分析；三是评价只注重结果，不注重整个管理过程的正确性和有效性。评价中存在的这些问题大大降低了评价的信度和效度，影响了评价结果的客观性和真实性。

（三）其他相关因素制约幼儿园管理工作的改进和提高

除幼儿园管理自身存在的问题外，一些与幼儿园管理相关的不利因素也在一定程度上制约着幼儿园管理工作的改进和提高。主要表现在以下几个方面：

1.缺乏上级主管部门的有效指导

目前，绝大多数幼儿园是部门和单位办园，在领导体制上隶属于主办单位，这些主办单位在资金、设备、人员等方面给予了幼儿园必要的支持，但它们往往缺少懂幼教业务的专业人员，不能对幼儿园实施有效的指导。而幼儿园的业务主管部门又必须通过主办单位来实施对幼儿园的业务领导，这种间接的业务管理难以产生直接效果，甚至会出现上级管理要求和意见不能及时传达到幼儿园或幼儿园在贯彻执行上出现偏差的现象。

虽然《幼儿园工作规程》中明确规定“幼儿园园长负责幼儿园的全面工作”，但在幼儿园实际管理活动中其很难得到落实。幼儿园的经济权、人事调配权、教职工的聘任权基本由上级主管部门掌握，园长的责、权、利不统一，只能履行职责但缺乏相应的权力，特别是在用人上，“想要的人进不来，不想要的人推不出去”，使得幼儿园的管理改革无法顺利进行。

2.幼儿园收费偏低，办园经费短缺，办园条件简陋

近年来，随着物价上涨，办园成本越来越大，幼儿园收取的保育费难以维系日常开支，加之许多主办单位只拨付教职工的人头费，使得幼儿园无力再拿出资金改善办园条件，一些陈旧的设备得不到更换，房屋得不到修缮，玩教具、教学材料、图书数量不足，保教质量、管理效果自然受到影响和制约。

总而言之，快速的经济发展进程对我国政治、文化、科技等产生了巨大影响，而教育作为国家经济发展的基础，必然也受到影响。尤其会给“起步晚，发展快”的学前教育带来前所未有的机遇与挑战。十九大报告明确提出要“优先发展教育事业”，“努力让每个孩子都能享有公平而有质量的教育”。学前教育的发展在把握好机遇的同时，也必须对各种挑战具有敏锐的感知力和积极应对的能力。孩子是祖国的花朵，学龄前的幼儿是娇嫩的蓓蕾，让阳光普照每一朵蓓蕾。孩子是今天的“花骨朵”，明天的希望与未来。发展学前教育，是为了孩子，提升学前教育，更是为了孩子。我们坚信在国民经济大发展的潮流下，学前教育的发展必将迎来属于自己的春天，幸福“起跑”，我们坚信祖国的未来必将冉冉升起。

第二章　幼儿园集团化发展的现实分析

集团化办学主要是指一个区域内的一所名校或者一所具有优质教育资源的学校以自身为核心，集合该区域内的两所甚至更多的学校，订立共同的教育发展目标，并且利用组建教育集团的形式进行运作，以期达到优质教育资源最大限度共享和均衡发展的办学模式和组织管理模式。它对集团总校和各成员分校的教育资源不断重组与优化配置，进一步实现教育资源在所有集团成员之间的二次分配，这是对我国教育资源配置不均衡的一种矫正，同时也是对原有教育办学体制（尤其是教育扶贫机制）的一个比较大的突破。多年来，政府和学校都积极致力于开展多种教育扶贫活动，但是因为缺少必要的、持久的动力方面的支持，致使活动的随意性较大，往往不能达到预期的活动效果，难以从根本上改变或解决教育资源配置不均衡的现状。集团化办学在很大程度上突破了这些教育扶贫活动的局限，并努力将名校与弱校组建成一个有机的共同体，形成稳定的内部发展制度和外部发展环境，通过各有机体内在的资源共享和优势互补机制，有效促进弱校逐渐变强，强校变得更强。从现实意义来说，现阶段的集团化办学是政府部门在克服我国教育资源供给严重不足，以及为进一步实现我国教育资源均衡公平发展的组织与制度方面的创新。

第一节　幼儿园集团化发展的内涵

集团化办学在中国已经走过了一段历程，最初是职业学校和民办学校对企业经营模式的一种借鉴，接着是名校的不断扩张形成的集团化发展。随着人们对基础教育品质诉求的不断提升，一些地方政府开始将集团化办学作为促进基础教育优质均衡发展、缓解“择校热”的一种选择。

一、幼儿园集团化发展的基本特征

集团化幼儿园，是指以一个共同的开办和管理实体为核心，以产权关系为纽带，通过投资、合资、合作等方式把三个或三个以上的幼儿园经营实体联系在一起，统一管理、协同运作的学前教育专业经营共同体。幼儿园集团化既具有共享优质资源、节约办园成本、提升管理效率、扩大辐射范围等优势，也存在部分集团化幼儿园盲目跃进、“运动式”增加园所数量而致“质量稀释”的现象。

新时期的办园体制既要充分体现政府的主导作用和办园导向，又要有利于最广泛地动员与利用社会力量举办幼儿园[①]。体制改革的重点在于鼓励多元化办园体制的创新与发展。集团化幼儿园乘势而上，以体制机制创新为发展依据，以灵活多样、方便就近为发展目标，创造性地为不同地区、不同人群提供了多元化的学前教育服务。

（一）办园体制多元化

当前，学前教育尚未被列入义务教育体系，在国家财政投入不足的情况下无法实现政府包办，需要全社会的关心和支持。为了保障学前教育的公益性和普惠性，多元化办园体制应该在公办、民办并举的前提下鼓励优质教育规模化发展，而集团化幼儿园则是在这一前提下为扩大优质教育资源辐射范围提供了一种新的办园体制。一些地区的集团化幼儿园，以区域布局合理、教育质量优秀、管理模式规范等优势，满足了广大家长对高质量学前教育的需求。目前，集团化幼儿园主要有两种体制，即公办集团化幼儿园和民办集团化幼儿园。公办集团化幼儿园多是由当地政府及教育部门倡导，以优质公办园为主体，将若干所幼儿园以一定的联结形式组成一个联合体，共同为适龄儿童提供具有普惠性质的公办学前教育服务，由此实现了“扩大优质教育资源辐射范围”的目标。当然，现阶段完全发展公办学前教育既不现实，也无法满足广大人民群众对多元化学前教育的需求。民办学前教育是我国扩充学前教育资源、满足广大人民群众学前教育需求的重要力量[②]。民办集团化幼儿园是在政府财政投入不足、公办园相对匮乏的社会背景下逐步发展壮大的。

① 庞丽娟．加快推进《学前教育法》立法进程[J]．教育研究，2011(8)：35-38．

② 梁慧娟．我国地方学前教育立法的内容分析及其启示——以三个地方性学前教育法规为例[J]．学前教育研究，2013(4)：38-47．

目前，政府在探索集团化发展模式的过程中利用购买服务、减免租金、以奖代补、派驻公办教师等一系列扶持政策，充分调动社会各方资源，兴建了一批具有普惠性质的民办集团化幼儿园。

（二）园所布局多元化

目前，我国大部分省份主要呈现“城乡二元”的区域特点，从城乡区域差异上看，办园困境在城市更多地体现在“入好园难”和“择园难”，而在农村则多表现为“无园可入”。由此，针对城乡两大区域各自的需求，现阶段形成了以“品牌优质园”为辐射主体的城市集团化幼儿园和以“乡镇中心园”为拓展核心的农村集团化幼儿园两种形态。在城市，幼儿家长普遍工作繁忙，加之交通拥堵等因素，致使大部分家长更愿意选择就近入园。如今，各大品牌幼儿园纷纷将新园建在小区附近，大大满足了家长“就近入名园”的现实需求。更有一些知名地产开发商联合品牌幼儿园，在社区内建设集团化幼儿园，形成了“品牌加地产”的办园模式。在农村，严重制约学前教育发展的三个障碍是园舍不达标、师资不专业和财政不充足。如今，在乡镇政府的重视与扶持下，充分利用小学富余校舍及转岗教师，以乡镇中心幼儿园为总园创办的公办集团化幼儿园，以“整合资源、滚动发展”的方式破解了上述三个障碍，园所数量的增加实现了“农村娃也能入好园”的愿望，为农村学前教育整体质量的提升探索了一条新路径。

二、幼儿园集团化发展的理念

学前教育集团的组建是幼儿园办园体制改革的成功探索，推进、深化集团化办学模式，实现集团化办学可持续发展离不开现代科学管理理念和教育理念的引领。

集团化幼儿园借助集约化与规模化的运作模式，最大化发挥有限的教育资源效用，谋求资源共享、优势互补、质量均衡，充分发挥优质教育资源的整体优势，不断提升办园水平，搭建完善的学前教育服务体系，扩大幼儿教育品牌影响力。

（一）建立完备的管理制度与运行机制，完善组织架构

集团内部管理制度与运行机制是否健全有效，关乎集团化办学能否可持续发展。集团化办学要求建构适合集团内部运作的组织架构和完善的集团章

程，以集团化办园理念、办园规模为出发点，全局思考、灵活调整，确保运作体系顺畅高效。

集团化办学的优势之一在于其集约化的管理模式，集团内部各园所具有共性的业务，可以进行良好的统筹规划和管理，实现集团内教育资源共享、物质资源统一调配。通过合理分工、优化部门职能、简化行政环节等措施，可以优化重组、合理利用集团内人力、物力资源，减少冗余岗位和管理成本，培养“一专多能”复合型专业行政管理人才。

（二）重视教师队伍专业化建设

教育质量是教育的生命。集团化幼儿园在发展过程中，既要重视扩大规模，也要紧抓质量。幼儿教师是教育的“执行者”，专业的幼儿教师队伍是学前教育质量的强力保障。首先，规范教师招聘体制机制，严控教师招聘环节。集团各园所统一准入条件，发挥教育集团品牌优势，面向社会公开招聘专业素质过硬、师德修养优秀的教师。同时，实行“优胜劣汰”的用人制度，建立长效教师队伍补进机制，保证集团师资的整体素质。其次，构建完善的师资培训制度。教育集团为教师专业成长提供平台和机会，借助师徒结对、园本教研、内部轮岗、外出培训等多种形式，提升教师队伍的专业能力和教育教学水平。再次，科学分配师资，集团各园所保持常态均衡发展。集团内各园所师资配备应科学、均衡。各园所师资队伍应该是由经验丰富的骨干教师、成熟教师和活力有余、实践能力不足的青年教师组成，确保各园所教师队伍有推力、有活力，以合力促进办园质量的整体提升。

（三）优化内部文化资源，提升核心竞争力

幼教集团文化是集团成员共同的价值观和行为准则。集团各机构成员在集团核心文化的熏陶下，建立共同体意识，将个人发展目标与组织目标结合起来，充分发挥个人能动性，优化整合内部文化资源，加强集团各园所文化积淀，通过丰富的社会实践和文体活动来提高教职工的归属感、荣誉感和凝聚力，合力推动集团向前发展。

三、幼儿园集团化管理的理论基础

幼儿教育管理体制是整个教育管理体制的重要组成部分，分为宏观和微观两个方面。宏观的幼儿教育管理体制是指幼儿教育行政体制，即根据国家

教育的方针、政策对幼儿教育事业的机构设置和管理权限划分的基本制度。微观的幼儿教育管理体制是指幼儿园管理体制，即对幼儿园内部的机构设置和管理权限划分的基本制度。

高校集团化幼儿园的所有权归属于集团。我们在应用幼儿教育管理体制的概念对高校集团化幼儿园管理体制进行研究时，要考虑其在教育行政体制方面的特殊性。也就是说，我们不仅要考虑国家、地方的影响因素，还要考虑集团对幼儿园的管理理念、管理方式等给幼儿园带来的影响。

（一）幼教集团的法律合理性

幼教集团是一种学前教育机构组织形式变革的尝试，它并没有改变幼儿园的法律地位，依旧是提供幼儿保育教育服务的社会机构。集团具有独立的法律地位，具有民法规定的完全的民事主体的权利能力、行为能力、责任能力。集团的法律地位依旧具有公共性与公益性特点。因此，从整体上来看，集团与其他独立的幼儿园在法律地位上并无太大的差别，并且在现有的法律框架内运行。

然而，由于没有针对教育集团化管理的相关法规，一些民办幼教集团的成立遇到了诸多困难，影响了集团化管理经验的推广。首先，幼教集团的成立究竟应该在工商管理部门注册，还是需要其他部门的批准是一个必须统一的问题。一些地方往往把教育集团作为企业集团来对待。如果按照企业集团的要求，它就需要在工商管理部门注册，并且一般需要高额的注册资本。按照我国《教育法》的规定，教育机构的设立不能以营利为目的，但是工商管理部门的管理范围是营利的企业，两者相冲突。此外，过高的注册资本成为幼教集团成立的门槛。幼儿园跟企业的性质与目的差别很大，幼教集团一般很难达到企业集团成立的资本要求，这就在客观上扼杀了幼教集团的产生。其次，关于调整教育集团内部关系的法律十分欠缺。集团成立以后，以前独立的幼儿园丧失了独立法人地位，但是作为集团的组成部分仍具有相对的独立性，也应该具有相对独立的权力，如何调整集团与其内部幼儿园的关系就成为一个十分重要的法律问题。但是目前，由于缺乏幼儿园集团化管理的相关立法，幼教集团只能比照企业集团的内部法律关系进行调整。这种做法虽有一定的适用性，但也出现了一些问题。

没有法律的支持，这场改革的效果会受到很大影响，也会给现有的幼教集团的运行造成很多不便。当然，幼儿园集团化管理本身就是一种探索，是中国大地上改革浪潮的一部分，一些幼教集团如沈阳市和平区南宁幼教集团已经走出了一条可供借鉴的道路，事实已经证明了幼儿园集团化发展的现实可行性与有效性。

可以说，完备的教育集团法律体系既可以确立教育集团的法律地位，为教育集团的法律属性作出明确的规定和诠释，又可以确立教育集团明确的法律权利与法律责任，明确规定集团应该做什么、可以做什么、不可以做什么、到底怎么做，为集团的现实决策与行为提供一个可以遵循的法律规范，还可以为教育集团取得法人资格提供法律依据。一方面，它能保证教育集团的质量与规模，消除不合格的教育集团产生的可能；另一方面，它能使具备资格的申请人顺利实现申请，消除教育集团成立的法律障碍或门槛。此外，还能对教育集团内部的法律关系作出明确规定，使幼教集团的内部运行有法可依，减少内耗成本。

（二）幼教集团的经济适用性

作为对幼儿实施保教并重服务的准公共产品的提供者，公办幼儿园与其他产权性质的幼儿园形成了激烈的竞争关系。在这场竞争中，到底谁会成为胜利者，并不是由历史的偶然性来决定的，而是通过科学分析准公共产品的性质与提供方式来得出的。

准公共产品提供方式的选择必须依据三个原则：效率原则、公平原则、能力原则。学前教育提供者的社会选择也将遵循上述三个原则。下面就这三个原则逐一分析社会对学前教育集团化改革的选择。

就效率原则而言，要降低幼儿园的管理成本，必须从两个方面入手：一是扩大办园规模，体现幼儿园的规模优势；二是建立新型的注重效率的内部管理机制。从上述两方面来看，“集团化”这一办园模式是不错的选择。首先，幼儿园集团化改革能够扩大幼儿园规模，具有规模效应。其次，幼儿园集团化改革是重建内部组织结构与管理模式的契机，以此能对幼儿园的内部管理机制进行全新的设计。

就公平原则而言，幼儿园集团化管理是保证社会公平的有效手段之一。在公办幼儿园与民办幼儿园并存的情况下，公办幼教集团或具有普惠性质的民办幼教集团能够凭借幼教市场的主流地位，在政府的指导下保证公平目标的实现。特有的产权关系决定了公办幼教集团与政府的密切关系，这种密切关系使幼教集团成为一种幼教资源再分配的调节者，在不影响幼教资源竞争性配置的同时体现社会对低收入弱势群体的关怀。可以说，幼教集团的出现为保证幼教资源分配的社会公平性提供了有效手段。

就能力原则而言，幼儿园的发展必须符合政府与个人的财力基础。特别对于公办幼儿园而言，由于其较多接受国家的财政支持，因此，无论是基本设施还是师资队伍方面都是民办幼儿园无法比拟的。但是由于政府对幼儿教育的投入有限，完全依赖政府的财政支持不足以发展幼儿教育，幼儿园必须依靠自身力量多渠道筹措资金。在这种情况下，一方面，政府会选择公办幼儿园作为幼教产品的提供主体；另一方面，政府要求幼儿园培养自身发展的能力，减轻政府的财政负担。两方面的要求催生了幼教集团这样一个新生事物，它在坚持公办幼儿园的地位与属性的同时能够增加自身的发展力量，这对于中国幼儿教育的发展来说是一种创举。

第二节　幼儿园集团化发展的背景

随着我国社会主义市场经济的发展和义务教育的普及，过去一直被忽视的非义务教育中的学前教育越来越受到人们的重视。由于社会竞争不断加剧，父母对于孩子“输在起跑线上”的忧虑使得家长对优质学前教育资源的追求热情不断高涨，许多地方出现了“择校热”“入园难”等问题。在学前教育市场需求不断提高而优质教育资源供给不足的背景下，学前教育集团化成为新的发展趋势。通过集团化的自主经营管理，运用品牌效应，扩大优质幼儿园教育的规模，正成为市场经济条件下办园体制改革的趋势[①]。众多幼教机构仿效企业集团，建立规范的管理机制，创造品牌文化，全面整合、扩大优质教育资源。集团化的统一管理，可以最大限度地节约成本、提高效率，在全社会共享优质教育资源。但从目前学前教育发展现状来看，学前教育虽然在政府扶持以及全社会的关注下步入了高速发展阶段，但师资力量匮乏、重规模轻质量等问题也使其发展遭遇了瓶颈。如何在理论层面解决好学前教育集团化发展中产生的矛盾，发挥其固有优势并在实践中得以实施成为未来学前教育集团化发展的重中之重。

调查发现，现阶段城区民办幼儿园占主体地位，公办学前教育资源稀缺，公办、民办幼儿园发展不均衡，城区“入公办园难，入好园难”的问题尤为

① 李卓.学前教育集团化发展的模式与经验浅析[J].课程教育研究,2013(30):14-15.

突出。随着国家“全面二孩”等政策的出台，“入园难”问题会进一步凸显。同时，社会资本瞄准幼教市场商机，快速、大规模涌入幼教领域，促使民办幼儿园的收费标准不断攀高，广大人民群众难以承受。因此，迫切需要政府加大对学前教育的投入，加大对公办幼儿园的规划和建设力度，扩大公办幼儿园的覆盖面，避免出现“公办园进不去，民办园上不起”的尴尬局面。

2020年5月，中共安徽省委、安徽省人民政府正式印发《安徽省深化基础教育改革全面提高育人质量行动计划》，在转变教育理念、完善教育体系、规范教育管理等方面作出明确要求。该计划明确指出，要制定应对学前教育需求高峰方案，确保到2020年安徽省学前三年毛入园率达到90%，普惠性幼儿园覆盖率达到80%，公办园在园幼儿占比达到50%，即安徽省学前教育“985”计划。

20世纪90年代以来，我国顺应国际发展潮流，大力发展连锁经营，不仅发展势头强劲，而且形式多样。与此同时，随着市场经济向各个领域的渗透，教育连锁也方兴未艾，涌现出一些较大规模的教育集团。其中，连锁举办分园模式在学前教育实践中已被不断探索并逐渐成为公众关注的热点，幼儿园加盟连锁已成为一种较普遍的办园模式。

一、集团化办学：在特定环境下推进教育公平的应时之作

名校集团化办学，有别于国内外的民办教育集团。本文对名校集团化办学的界定是：以名校领衔，通过名校输出品牌、办学理念、管理方式、干部和优秀教师、现代教育信息技术等，创新多种办学机制，进行集团化办学，扩大优质教育资源，推进优质教育向普及化、平民化发展，让更多的学生接受更好的教育。

（一）集团化办学是推进教育公平的有效途径

名校集团化办学是在社会经济快速发展，为解决人民群众日益增长的教育需求的背景下产生的。由于名校资源稀缺，老百姓面临着上好学校难的问题。尤其在经济发达地区，家长们深知教育对孩子发展的作用，因此每年许多家长都为孩子择名校而奔忙。尽管政府干预、媒体批评，但“择校热”不降反升。“择校热”意味着教育资源发展不平衡，即面对老百姓对孩子接受优质教育需求的日益强烈，优质教育供求关系失衡。办好每一所学校，实现教育均衡发展，是追求教育公平的有效途径。实现教育均衡发展的路径很多，

而名校集团化办学就是以名校为龙头，整合资源，走“电梯式”发展模式，让弱校、新校、民校搭乘名校这部“电梯”，走出一条成本最低、风险最小、成效最大的实现教育公平的有效途径。

（二）集团化办学是推进教育公平的有益探索

实行名校集团化办学，就是力求在较短时间内让更多老百姓享受到优质教育资源。名校是经数十年甚至上百年培育，由国家、社会特别是校长、教师、家长和学生共同创造的社会财富，是稀缺的公共资源。如何让这种宝贵的公共资源实现效益的最大化？集团化办学是一种有益的探索。比如一所新建学校，如果走单打独斗的“爬坡式”发展道路往往收效太慢，但如果将名校先进的管理经验、优秀的师资、优质的教育资源迁移进来进行整合共享，那么它的成长肯定会加快，发展周期会缩短，能成功实现优质教育资源的快速扩张，满足群众在家门口享受优质教育的需求。

二、“名园办分园”的缘起

随着我国社会经济建设飞速发展，家庭、社会对学前教育的期望越来越高，父母送子女进知名幼儿园的愿望也越来越强烈。但是政府投入幼儿教育的经费毕竟有限，不可能大量举办公办幼儿园。在民办教育大力发展的基础上，“名园办分园”模式应运而生。它顺应了优质教育资源继续扩张要求，并且借鉴了20世纪90年代以来“名校办民校”模式的经验。

“名园办分园”是指以优质幼儿园为总园，利用其教育资源开办分园，通常分园以名园的名称冠名，贯彻名园的办园理念，保持与名园一致的课程设置、管理制度和教育特色，实行集约化办学。“名园办分园”的体制大多是民办性质，只有少数延续公办性质，故学前教育领域的“名园办分园”有时也被称为“名园办民园”。2010年国务院提出十条意见破解学前教育“入园难”问题，其中提及“大力发展公办幼儿园”，“鼓励优质公办幼儿园举办分园或合作办园”。一时之间，“名园办分园”由个别案例迅速发展成为在全国很多城市“遍地开花”的现象。目前在很多城市，“名园办分园”被当作扩大幼儿教育规模、利用优质教育资源、解决教育经费不足的有效途径。

“名园办分园”的产生和快速发展既有宏观方面的原因也有微观方面的原因，具体来说有以下三个方面。

（一）解决优质学前教育资源的供需矛盾是“名园办分园”产生和快速发展的主要原因

近几年，国家大力发展学前教育，使得学前教育发展迅速。但是相较于基础教育、高等教育等其他教育的投入，国家对学前教育的投入还存在很大不足。在有限的财政投入中，政府又将主要经费用于公办幼儿园的发展。这种学前教育资源分配方式使得公办幼儿园在设施配备、保教师资等方面优于民办幼儿园。随着早期教育越来越受到重视，为了不让孩子“输在起跑线上”，师资好、设备全、教育质量高的优质幼儿园就成为家长们择园时的首选。现在存在的“入园难”“入园贵”问题，很大程度上是“入好园难”“入好园贵”问题，是优质学前教育资源无法满足适龄儿童需求的问题。“名园办分园”模式对于有效缓解优质学前教育资源的供需矛盾起到了积极作用。

（二）名园自身发展的策略抉择是“名园办分园”产生和快速发展的内在动因

公办幼儿园有着丰富的教育经验、优秀的师资队伍、成熟的管理体制，且具有较好的社会声誉和一定的品牌效应。于是近几年国内经常出现类似“家长昼夜排队，只为‘挤’进公办幼儿园”“幼儿园报名家长凌晨排长队，500人抢180名招生名额”的现象。优质公办幼儿园需要规模化扩张，但是这些优质园面临的办园经费来源单一、教师编制少、房屋租价高等问题，往往使得它们的扩张之路并不平坦。而社会上有较强资金实力的一些企业（集团）所办的幼儿园由于缺少办学经验和口碑，往往得不到家长的认可。名园需要资金，企业（集团）办的幼儿园需要经验和品牌，于是，名园与这些企业（集团）联合办园，实现了两者优势互补，能使优质公办幼儿园较快地扩大自身的教育资源，让更多幼儿受益。名园通过办分园增加了招生名额，扩大了品牌影响力，获得了发展的经费支持，这是“名园办分园”产生和快速发展的内在动因。

（三）国家政策法规的支持是“名园办分园”快速发展的外部动力

《规划纲要》明确提出：“大力发展公办幼儿园，积极扶持民办幼儿园。”2010年11月国务院发布的《若干意见》中提出：“积极发展学前教育，着力解决当前存在的‘入园难’问题，满足适龄儿童入园需求，促进学前教育事业科学发展”，并提出十条意见，其中包括“大力发展公办幼儿园，提供‘广覆盖、保基本’的学前教育公共服务”，“鼓励优质公办幼儿园举办分园或合作办园”。得到国家政策法规的支持，各地政府纷纷响应号召，大力倡导公办幼儿园举办分园或合作办园，将“名园办分园”作为缓解“入园难”的有效途径。

三、“名园办分园”的实践探索

“名园办分园”是20世纪90年代以来的一个流行话题。由于公办园和集体办园较少，优质公办园的数量有限，因此，办分园成了满足家长需求、扩大学前教育资源的途径之一。公办园办分园的积极性也很高，从一定意义上说，分园成了幼儿园创收的场所之一。

公办园办分园的模式多种多样，分园的性质、总园与分园的隶属关系和资金来往都各有不同。概括起来，公办园办分园大体有三种模式：一种是统一管理式，即分园与总园同属公办园，由同一套领导班子管理，人、财、物统一计划、统一安排、统一考核。一种是输出管理式，这类分园属于民营（包括集体办园）性质，即经济上要自负盈亏，总园和分园之间资金和人员是否流通取决于两者之间的合同。例如，有的分园是由总园教职工集资建成的，因此总园的管理层和教职工都参与到分园的建设中，并分享分园的办学收益。也有的总园不是分园的直接投资者，但为了办好分园，总园委派合适的人选担任分园园长，辅导分园组建和培训师资队伍，进行常规管理，输出课程模式和教育教学经验等。还有一种是冠名式。所谓冠名式是以“某某分园”的形式命名，总园和分园之间没有直接的内在联系。在冠名式分园中有一些分园能很好地接受总园的指导，总园也能根据需要定期选派相关人员前去分园指导园务管理、师资培养等各方面工作，这些分园办得好一些。但也有一些冠名式分园，办园者只求公办园的品牌，试图借品牌之名忽悠家长，但合格师资极少，师资队伍不稳定，急于追求经济回报。这样的幼儿园已不是名副其实的分园了。由于分园大多不是公办性质，因此和总园相比，分园在收费上受到的束缚较少，而总园多年积攒下来的品牌优势会使得分园在竞争中处于优势地位，能够给总园带来一定的收益。

学前教育集团化办学已经在我国各地得到了广泛推行与实践，比如无锡市滨湖实验幼儿园，创办于1987年，是无锡市滨湖区教育局直属公办幼儿园。自2002年起，该园通过直接创办分园和兼并办学状况不佳的弱园这两种途径，历经五六年时间，逐渐形成了一园五区、颇具规模的幼教集团。在不断探索、积极有效管理下，该集团这种“名园办分园”模式运作良好，各项工作领先，幼儿园的特色教育成果还曾荣登北京奥运会开幕式舞台。无锡市滨湖实验幼儿园用实践检验了“名园办分园”的可行性。天津市华夏未来幼教集团是另一个成功的集团化办园案例，它以自我管理和集团独特的文化模式为标志，摸索出了一套有自身特色的“实体园+网络园”一体化运营的集团化管理模式。而杭州市下城区则由教育局在整个区域内推动实行“名园集团化”战略，创立了名园引领、区域推进的模式。

案例2–1 安徽师范大学幼教集团简介

【基本情况】

安徽师范大学附属幼儿园（简称“附幼”）始建于1952年，是安徽省一类幼儿园、省外事项目学校，2014年6月，在安徽省率先成立了第一家公办幼教集团。截至2019年9月底，幼教集团以附幼总园为核心园，先后对左岸分园、碧桂园分园、文津分园、平湖秋月分园、伟星城分园、芳菲分园、金域蓝湾分园、城北分园、海上传奇分园、城北实验分园等10所分园采取紧密连锁管理，共有3 659名幼儿（大学校内子女共计269名），教职工484名，其中在编教职工36人，本科及以上学历者占比71.8%，研究生学历者占比3.3%；省特级教师4名，正高级教师1名，高级教师5名，安徽师范大学教科院兼职硕士生导师1名，全国优秀教育工作者1名，省“江淮好校长”1名，省、市级先进教师17名，省、市教坛新星2名，市级学科带头人、骨干教师6名；“芜湖市名园长工作室”2个。

【办园思想】

· 办园宗旨：以人为本，成就幸福人生。

· 办园目标：在园三载，受益终身，为幼儿幸福人生奠基。

· 培养目标：好身体、好习惯、好性格。

· 工作原则：促进幼儿的健康成长是一切工作的出发点和落脚点，即只要有利于幼儿成长的事，再难，我们也要去做；只要不利于幼儿成长的事，对我们再有利，都不去做。

· 教育理念：以幼儿为本，在生活中学、游戏中学、做中学，为幼儿后继学习和终身发展奠定良好的素质基础。

·管理理念：向善、包容，人尽其才；平等、尊重，人人为我，我为人人。

在国家、省、市高度重视学前教育的背景下，在芜湖市政府大力推进集团化办学的政策引领下，为让更多的幼儿享受优质教育资源，践行公办园的社会责任，进一步支撑安徽师范大学教师教育特色，在保证附幼办园质量的前提下，2014年6月安徽师范大学成立了幼教集团，加大了举办分园的力度和速度，同时拓展学前教育相关业务，以引领和带动安徽省学前教育的发展，把“安徽师范大学幼教集团”办成立足芜湖、辐射全省的安徽省最大的公办学前教育办学与研发基地。目前，安徽师范大学幼教集团已成为国内一流、省内领先的幼教师资培训和幼儿心理及体艺培训中心，成为办学理念科学、办学质量一流、管理水平先进的安徽省学前教育第一品牌。

【举办分园的历程】

自2009年9月举办第一所分园至今，多年的办园历程表明，附幼分园的办园质量已越来越为家长、社会及教育行政部门称道，产生了广泛的影响力，充分体现了附幼品牌的丰富内涵和连锁管理的成效。幼教集团以附幼总园为核心园，实行连锁管理的分园有10所（见图2-1、表2-1）。

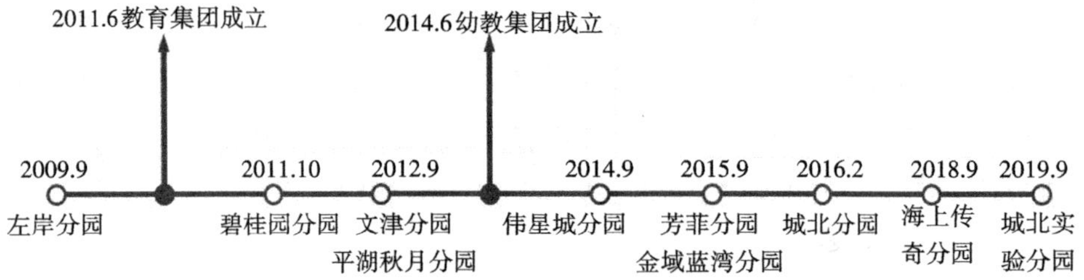

图2-1 安徽师范大学幼教集团分园举办时间图

表2-1 安徽师范大学幼教集团各园信息一览

序号	园名	所在区域	开办时间	规模					性质	备注
				建制班/个	占地面积/m²	建筑面积/m²	教职工人数/人	幼儿人数/人		
1	附幼总园	镜湖区	1952.9	18	7 500	3 360	95	591	公办	省一类园
2	左岸分园	镜湖区	2009.9	7	1 231	1 523	31	246	民办	市优秀园

续　表

序号	园名	所在区域	开办时间	规模					性质	备注
				建制班/个	占地面积/m²	建筑面积/m²	教职工人数/人	幼儿人数/人		
3	碧桂园分园	三山区	2011.10	12	6 990	4 437	36	233	民办	市优秀园
4	文津分园	弋江区	2012.9	6	2 329	1 500	26	219	民办	市优秀园
5	平湖秋月分园	镜湖区	2012.9	6	1 026	1 069	25	191	民办	市优秀园
6	伟星城分园	鸠江区	2014.9	12	5 227	3 180	49	436	民办	市优秀园
7	芳菲分园	镜湖区	2015.9	7	1 108	1 779	28	209	民办	市优秀园
8	金域蓝湾分园	弋江区	2015.9	12	2 218	3 024	51	435	民办	2019年参评市优秀园
9	城北分园	经开区	2016.2	12	5 271	3 361	57	443	公办	市一类园
10	海上传奇分园	弋江区	2018.9	10	1 111	2 575	39	352	公建民营	2019参评市优秀园
11	城北实验分园	经开区	2019.9	21	10 663	7 320	47	304	公办	—
合计				123	44 674	33 128	484	3 659	—	—

【举办分园的成效】

安徽师范大学幼教集团“优质公办园举办分园”的实践经验在安徽省起到了示范引领作用，有力地推动了安徽省学前教育集团化发展的步伐，在全国也产生了较大影响。芜湖《大江晚报》以“公办幼儿园如何向‘集团化’迈进?”为题，专题报道了安徽师范大学附属幼儿园集团化举办分园的经验，安徽师范大学附属幼儿园（总园）获批为“长三角中小学名校长联合培训基地”“中西部幼儿园园长国家级培训基地”，安徽省、芜湖市多次在安徽师范大学附属幼儿园举办集团化办园现场会和经验交流会。自2014年本课题立项以来，安徽师范大学幼教集团多次承担国培、省培任务，举办省幼儿园园长岗培班、高级研修班，开设公开观摩教学课，来自全国各地和日本、韩国的同仁来园观摩，充分显示了集团化办园的优势，发挥了公办园示范引领辐射作用。安徽省委书记、教育部发展规划司、芜湖市委书记、芜湖市市长等各级领导来园考察指导，并对安徽师范大学附幼集团化举办分园的举措给予了充分肯定。详见表2–2。

表2-2　2014—2018年安徽师范大学幼教集团接待参观来访单位（个人）一览

序号	来访单位(个人)	时间	来访人数	备注
1	国培计划(2013)——幼儿园转岗教师培训班	2014-01-02	21人	
2	安徽省教育厅“幼儿园游戏观摩活动”，接待全省各地公办园骨干园长	2014-04-17	41人	
3	第五期安徽省幼儿园园长提高班	2014-04-18	74人	
4	安徽省各地级市公办园园长、骨干教师	2014-05-08	105人	
5	安徽省国培项目幼儿园园长班	2014-10-16	71人	
6	全国边远地区农村园长助力工程培训班	2014-10-27	17人	
7	2014农村助力园长班	2014-11-04	135人	
8	安徽省幼儿园园长国培班	2014-11-13	82人	
9	安徽省骨干园长研修班	2014-11-21	62人	
10	蚌埠市公办园园长、骨干教师	2014-11-27	41人	
11	安徽省公办园园长	2014-12-11	185人	
12	安庆师范学院园长国培班	2014-12-16	49人	
13	安徽省国培宁国园长班	2015-04-10	50人	
14	芜湖市民办园园长、教师	2015-05-05	85人	
15	无为县幼儿园园长、教师	2015-05-09	106人	
16	安徽省第六期幼儿园园长提高班	2015-10-20	79人	
17	国培计划(2015)——边远贫困地区农村园长助力工程项目培训班	2015-10-23	60人	
18	安徽省阜阳市幼儿园园长班	2015-11-19	30人	
19	国培计划(2015)——幼儿园转岗教师培训班	2015-12-21	49人	
20	安徽师范大学国培“幼儿园教师培训团队置换脱产研修项目‘影子培训’”阶段人员	2016-04-05	35人	
21	深圳实验幼儿园、安庆墨子巷幼儿园园长、教研主任及骨干教师	2016-11-14	20人	
22	中欧学前教育领域专题交流活动，美国专家一行	2016-11-23	200余人	美国
23	安徽师范大学国培“幼儿园转岗教师短期集中培训项目”教师跟岗研修班	2016-12-07	38人	
24	香港幼儿园园长、骨干教师及香港教育发展中心总监一行	2016-12-28	6人	
25	苏州尔家幼教集团总经理、园长	2017-06-20	5人	
26	泰山职业技术学院副院长一行	2017-06-22	6人	

续　表

序号	来访单位(个人)	时间	来访人数	备注
27	安徽省委书记李锦斌、副省长谢广祥，芜湖市委书记潘朝晖一行	2017-09-10	20人	
28	马鞍山幼儿园园长高端深造研习班、余捷和陈海燕名园长工作室	2017-09-26	80人	
29	阜阳师范学院教育集团总经理、园长及主任	2017-10-18	4人	
30	安庆师范大学国培计划骨干教师班	2017-10-26	100余人	
31	山东泰安市英雄山第一幼儿园园长一行	2017-11-21	7人	
32	国培计划(2017)——幼师培训团队研修班	2017-11-22	100余人	
33	2017幼儿园早操创编实战培训暨体育课例交流培训活动(安徽站)园长、教师	2017-12-08	100余人	
34	国培计划(2017)——幼儿园教师培训团队研修班	2017-12-14	51人	
35	教育部发展规划司田福元副司长一行	2017-12-13	10人	
36	芜湖市教育局局长江汛、副局长刘育红一行	2018-01-04	20人	
37	镜湖区政府分管副区长杨燕一行	2018-01-16	6人	
38	国培计划(2017)——安徽省幼儿园转岗教师短期集中培训班	2018-03-28	51人	
39	合肥市琥珀山庄幼儿园园长、骨干教师	2018-04-03	23人	
40	滁州市南谯区幼儿园骨干教师国培班	2018-04-23	50人	
41	六安市金安区教育局局长一行	2018-05-03	7人	
42	六安市金安区学前管理人员研习班全体学员	2018-05-07	12人	
43	安徽省第二届“游戏活动周”对全省幼教同仁开放	2018-05-15	90人	
44	日本广岛大学七木田敦教授	2018-05-21	1人	
45	浙江师大美术学院李力加教授	2018-06-03	1人	
46	日本福山市立大学刘郷英教授	2018-08-25	1人	
47	芜湖市市长贺懋燮、副市长张志宏一行	2018-09-10	10人	
48	西藏山南市第三批骨干教师跟岗培训班	2018-09-10	4人	
49	“皖沪桂三地高水平幼儿园建设发展论坛”交流研讨活动，接待广西、上海荷花池学前教育专家，余捷&陈海燕名园长工作室	2018-10-10	26人	
50	安徽省2018年专题研修项目幼儿园教师培训班	2018-10-17	100人	
51	长三角名园长高级研修班	2018-10-22	40人	

续 表

序号	来访单位(个人)	时间	来访人数	备注
52	国培计划(2018)——安徽省幼儿园转岗教师短期集中培训班	2018-11-02	73人	
53	国培计划(2018)——安徽省幼儿园骨干教师培训班	2018-11-07	130人	
54	广西幼儿师范高等专科学校学前教育集团主任一行	2018-11-20	5人	
55	日本高知市日中友好都市委员会会长横田健一行	2018-11-22	7人	日本
56	国培计划(2018)——安徽省普惠性民办幼儿园教师短期集中培训班	2018-11-23	100人	
合计			3 000余人	

四、集团化办学：优质学前教育资源均衡发展的现实选择

（一）优质学前教育资源均衡发展的价值旨归

“均衡”，是肯定差距，并在差距中实现平衡的过程。优质学前教育资源均衡发展是指在一定范围内政府通过法律法规、政策制定，合理配置优质学前教育资源，以教师、学生的引进、输出等人力资源为主要合作形式，以教育理念方法、教学知识经验、课程文化建设等概念资源为主要合作内容，以教育制度建设、教学资产设施、教育品牌效应等管理技术为主要发展手段，使更多适龄幼儿享有相对平等的高质量的教育机会、教育过程与教育结果。它是对教育公平的一种追求，其对学前教育在改善办学条件、提高教育质量、保证教育品质等方面提出了要求。

“优质学前教育资源均衡发展”的提出，一方面反映了当前优质学前教育资源短缺匮乏、发展不平衡的现状，另一方面传达出社会对优质学前教育资源的渴望与需求，包括幼儿享有平等的入园机会、高水平的办学条件与师资队伍，能够通过教育促进身心健康发展，为终身教育打下良好的基础等。

（二）当前学前教育主要矛盾及现实诉求

1.幼儿入园矛盾由“入园难”逐渐转变为“入好园难”

近年来，我国幼教事业的发展主要解决了幼儿“入园难”的问题。通过

各级政府的努力，动员社会各方面力量举办幼儿园，大量民办幼儿园的出现大大缓解了我国幼儿“入园难”的问题。

但是随着社会的发展，家长逐渐认识到学前教育的重要作用，在为孩子选择幼儿园时“择园”行为突出，逐渐凸显出对优质教育资源的渴望，加之“二孩政策”的放开以及私立民办幼儿园在教育、管理和收费等方面存在的问题日益凸显，“入园难”问题逐渐转变为“入好园难”。

2. 政府投入不足，名园和民园双方发展受限

在我国，学前教育目前还未被纳入义务教育，在发展上良莠不齐。政府虽然加大了对学前教育的投入力度，但是还远远不够。

长此以往造成的结果是：有着丰富的教育经验、优秀的师资队伍、成熟的管理体制以及良好社会声誉和品牌效应的优质公办园由于办园经费来源单一、教师编制少等问题无法扩大优质教育资源，满足社会需求；而在社会上有较强资金实力的大企业、大集团所办的幼儿园由于缺少管理经验、优秀师资、先进理念等，达不到良好的品牌效应，得不到家长的认可。

3. 在办园数量、质量和地域上发展不均衡

在数量上，尽管幼儿园总量大幅度提升，但还不能满足群众的实际需求；在质量上，大部分幼儿园都为民办性质，发展难免参差不齐，优质公办园所占比重还有待提高；在地域分布上，好的幼儿园大多集中在发达城市，而广大乡镇得不到优质资源的支持与辐射。

（三）集团化办学对促进优质学前教育资源均衡发展的重大意义

1. 解决优质学前教育资源的供需矛盾

优质公办园集团化办学扩大了优质教育资源的覆盖面和辐射范围，在一定程度上缓解了“入好园难”的供需矛盾，也促进了教育公平。

分园通过对名园的历史传统特别是对其在发展历程中积淀的办园思想和办园理念的传承，对管理制度建设和师资培养经验的借鉴，可以少走很多弯路。

2. 名园和民办园双方发展共赢

名园需要资金，民办园需要经验和品牌。通过集团化办学，名园与这些民办园联合办园，实现两者优势互补，能使优质幼儿园较快扩大自身的教育资源，让更多的幼儿受益。

对于名园而言，通过举办分园扩充了招生名额，扩大了品牌影响力，获得了发展的经费支持，发挥了优质学前教育的特色优势，使更多幼儿能够就近享受优质学前教育。

分园一般经过3～5年的时间各方面就可以在名园的支持引导与示范引领下步入正轨，这比一所幼儿园完全靠自己摸索发展走上正轨要快很多。分园通过借鉴名园的教育管理经验和师资培训经验，并利用名园的品牌效应，可以大大提高教育教学质量，从而获得更好的发展。

集团化办学能让不平衡的学前教育资源平面延伸，促进教育公共服务均等化，打造学前教育发展共同体；能让不充分的学前教育发展纵向提升，使低端幼儿园规范化、普惠幼儿园优质化、高端幼儿园品牌化，全面提升区域学前教育质量。

3.推进教师队伍专业发展

管理的最高境界是文化管理，教师专业发展则是现代学校文化建设的重要组成部分。优质公办园集团化办学使原有的骨干教师队伍“稀释”，同时外聘新教师的大量进入带来教师队伍年龄结构显著变化。这就给集团化办学带来新的挑战与要求，必须促进教师专业成长、园所文化重塑，从而实现文化引领。

第三节　幼儿园集团化发展的特点与意义

幼儿园集团化发展模式在合理配置优质教育资源，实现学前教育公平规模扩张的同时又不“稀释”教育质量方面发挥了巨大的作用。幼儿园集团化发展可以实现学前教育事业的规范化管理，促进教育资源的合理配置和教育质量的稳步提高，同时可以降低办学成本，提高办园效益，既可以使教师合理流动、充分调动教师积极性，也可以通过传播优质课程理念、规范教育手段等方式，迅速建立一支教育技能丰富的教师梯队，是快速提高学前教育整体水平的有益实践和探索。幼儿园集团化发展将促进学前教育“规模与质量并重”发展目标的稳步实现。

一、公益普惠是当前学前教育发展的主旋律

近年来，公众“入园难”“入园贵”的抱怨声不绝于耳，不仅成为广大幼儿家长时刻萦绕心头的苦恼，也给政府造成了很大压力。如何突破在学前教育阶段“办人民满意的教育”理想这一瓶颈，成为政府和民众都在求解的棘

手问题。

“入园难”“入园贵”已经成为学前教育发展中的重要问题，《国务院关于当前发展学前教育的若干意见》明确强调我国在推动学前教育发展过程中，必须遵循普惠性原则。由此，学前教育普惠性的概念被正式提出，进入公众视野。顾名思义，“普惠性”表明学前教育应既是普及的又是优惠的，即扩大学前教育的普及面，提供价格低廉的学前教育服务，使所有幼儿都有机会接受学前教育，尤其是保障弱势群体幼儿的权利，做到所有幼儿起点公平。在此基础上，普惠性对学前教育的质量也有要求，以便为义务教育奠定良好的基础。

二、幼儿园集团化发展的理念与应然追求

名园集团化，作为学前教育组织形式的发展模式之一，之所以为教育行政部门与办园机构所践行，是因为这种途径能化解教育均衡与教育优质、教育公平与教育效率之间的冲突。推进名园集团化发展，从本质上说，就是要实现优质教育资源的扩张和品牌幼儿园的办园文化、办园宗旨等的迁移，最后整体促进教育公平、优质、均衡发展。因此，推进名园集团化发展既是战略，也是手段，其目的是让每一个适龄幼儿接受优质的学前教育。对这一现象的出现，我们应该科学、系统地思考，这样才能更好地促进其健康发展。

（一）理念——让更多的适龄幼儿接受公平、有质量的学前教育

如果用一句话来概括幼儿园集团化发展的理念，那就是“让更多的适龄幼儿接受公平、有质量的学前教育”，破解人民群众日益增长的入园需求与合格的、高质量的学前教育资源，包括公办幼儿园和普惠性民办幼儿园严重不足之间的矛盾。实施幼儿园集团化发展战略，应以扩大优质学前教育资源为手段，以提升区域学前教育整体办园水平为目标，有效推进学前教育的公平性与普惠性，发挥示范引领和辐射带动作用。

（二）应然追求——规模与质量并重

2011年，国务委员刘延东在全国学前教育三年行动计划现场推进会上强调：普及是基础，质量是核心，一定要普及与质量并重，二者缺一不可。追求教育公平是学前教育的核心目标，而创建规模与质量并重的学前教育公共服务体系既是实现这一目标的必由之路，又是集团化幼儿园健康、有序与可

持续发展的现实诉求。集团化幼儿园应避免以牺牲质量为代价而单纯增加园所数量的行为。“普及”与“优质”就如同学前教育的“一车之轮”“一鸟两翼”。创建集团化办园模式的初衷便是让普惠、优质、公平的学前教育惠及更多幼儿。因此，规模与质量并重是集团化幼儿园发展的应然追求。

案例2–2 公办幼儿园多种体制办分园引质疑：稀释还是燎原？

位于青岛市市南区天台一路的市南实验幼儿园是一所公办幼儿园。这所幼儿园在位于青岛市东部交运山庄旁办起了分园，眼下，分园正在进行内部装修。青岛市教育局基础教育处的李世霞告诉记者，目前确定分园与本园的收费相同。

这种公办幼儿园办分园的模式，让更多的幼儿享受到优质教育资源，在一定程度上解决了“入园难”问题。但是，却有家长为此质疑公办园建分园“稀释”了原有的优质教育资源。

一、多所公办园办起分园

青岛市教育局副局长周民书告诉记者，日益突出的“入园难”“入园贵”问题引起了党中央、国务院的高度关注。今年7月颁布的《规划纲要》明确提出，要“加大政府投入”“大力发展公办幼儿园，积极扶持民办幼儿园”。在目前学前教育资源普遍匮乏的情况下，应当鼓励支持优质公办幼儿园适当、合理、合法地开办分园。同时，政府相关部门和社会各界也应进一步加大对学前教育的扶持力度。

前不久面向社会征求意见的《山东省中长期教育改革和发展规划纲要（2011—2020年）》中也提到，到2020年，全省公办和公办性质的幼儿园数、在园幼儿数分别占幼儿园总数、在园幼儿总数的80%。

据了解，目前青岛市核定公办幼儿园托幼费最高为每月580元，私立幼儿园每月收费则要高出其2~3倍。青岛市倡导公办园办分园，在一定程度上缓解了百姓“入园难”的问题。

公办园办分园，市南实验幼儿园并不是青岛市第一家，青岛市教育局的直属幼儿园——青岛市实验幼儿园现在已有5所分园，青岛市政府机关幼儿园已有3所分园，青岛市市北区机关幼儿园已有2所分园。这些公办园都是青岛市市区热点幼儿园，各分园很受社会欢迎，招生火爆。

二、家长质疑多体制办分园

公办园是幼儿园招生的金字招牌，在大多数家长心目中，只要和“公”字挂钩，就意味着幼儿园师资强、收费低。但实际上，由于办园经费来源单一、教师编制少、房屋租价高等原因，公办幼儿园的扩张之路并不平坦，有的甚至不得不借助于社会力量办园，这些问题引发了部分家长的质疑。

记者了解到，从2010年7月1日开始实施的《青岛市中小学校规划建设和校舍场地管理办法》规定，“新区建设和旧城区改建中，按照规划配套建设的初中、小学，应当与建设项目同步设计、同步建设、同步交付使用。配套建设的公办初中、小学由政府投资并组织建设。”根据目前的政策，小区配套幼儿园，属于划拨地的，要无偿交给教育部门，但是对于出让地的小区配套幼儿园，却并无政府明令，而现在大部分的小区配套幼儿园都是建在出让地上。

青岛市实验幼儿园园长宁征告诉记者，目前该园的5所分园实现了“一园三制”：差额补助的事业性质，自收自支的事业性质，自收自支的民办非企业性质。但是，幼儿园在拓展优质教育资源的过程中也遇到不少问题：一是分园办园性质多样，致使教师多数无法享受公办事业教师编制身份，工资待遇、劳动保险等只有园所自筹，教师待遇实现不了同工同酬；二是由于所办分园用房属于承办的性质，每年要支付高额的租金，无形中增加了办园成本；三是办园体制影响了管理者办园的积极性，以宁征为例，她办1所幼儿园和办5所分园的工资是一样的，但她承受的职业压力和付出的精力却相差很大。

三、有效管理保办园质量

“优质公办园办分园对广大家长和幼儿来说，是个利好消息，而如何进行有效管理，是确保总园和分园持续发展的重要保障。”宁征说。据调查，目前青岛市公办园办分园在行政管理上按照办园的类别标准进行管理，一是做到每办一所幼儿园都要进行审批；二是根据地域和办园成本进行独立核算；三是对师资、教学资格、学历进行考核；四是动态监管，实行周期性的动态评定。

“不少家长担心公办园办分园，优质教育资源会被‘稀释’，其实，办分园后出现教师流动是很正常的事情，但并不意味着‘稀释’优质教育资源和降低办学质量。”宁征说，“总园的办园思想是10余年积淀而成的，对分园的内部管理实现了与总园的管理机制、课程实施、品牌标志、带量食谱、教职工待遇‘五统一’，再辅之以一整套教职工专业成长的培训体系，保证了5所分园的办园质量。”

周民书说，就现在全国的情况来看，让公办园扩大规模办分园是中国特色的办园之路，就像星火“燎原”，有利于缓解“入园难”“入园贵”的现状。

（《中国教育报》2010-10-13　孙军）

由此可见，随着“入园难”“入园贵”等问题的相继出现，公办、民办幼儿园发展不均衡，公办学前教育资源稀缺，城区“入公办园难，入好园难”的问题尤为突出。因此，迫切需要加大公办幼儿园的规划和建设力度，增加公办幼儿园的覆盖面。而集团化办学能极大地改善当前这一现状。实践证明，集团化办学是有其意义的。

三、幼儿园集团化发展的特点

（一）统一管理是幼教集团不断扩张的声誉和质量保障

集团化办园，无论是直营连锁发展模式还是加盟连锁发展模式，幼教集团在其发展规模扩大后，其分园及加盟商都需要有一个有力的管理体系来保障幼教集团的正常运营。没有一个高效的管理体系，幼教集团总部很难控制日益庞大的幼教集团，旗下加盟商和分园如果不能保证统一的办园水准，就会使幼教集团品牌及声誉受到影响，甚至可能危及整个幼教集团的发展。统一管理具体包括统一的规章制度、标准化玩教具配备、统一的课程设置、教学资源共享、定期的师资培训等方面。

（二）完善的规章制度是幼教集团发展的制度保障

幼教集团在举办分园前，都有比较完善的规章制度和办园准则。为保障教育教学质量，各个分园在规章制度和管理上与总园保持高度的一致性，节省了摸索、总结和修订的时间，落实了科学管理，提高了工作效率，各项管理制度科学严谨，基本涵盖了主要工作的各个方面。当前很多规范发展的幼教集团都有自己系统的管理制度，如《班级家园联系制度》《家委会制度》《幼儿卫生保健制度》《安全管理制度》《财产管理制度》《食品配送、验收卫生制度》《交接班制度》《外聘教师用工制度》《教师听课、评课制度》《外出培训学习制度》等。为了保证制度的执行，对各部门的管理严格要求和约束，幼教集团一般都会定期召开园务、教职工代表会议，研究工作并提出工作要求。在人员的管理上，有严格、详细的各部门人员岗位职责，有效地保障了幼教集团日常工作的正常、高效运转。

（三）深厚的园本文化是幼教集团发展的核心竞争力

优质园通过输出办学理念、文化和管理经验，指派优秀师资等方式对集团内各园所施加影响，园所之间可以进行部分“移植”。然而，在经过办园初期之后，不应简单地进行“复制”“粘贴”的标准化生产。各园所之间因时因地存在着客观差异性，全盘照搬照套会导致幼教集团各园所“千园一面”，同质化严重，缺乏特色。

不可否认的是，在幼教集团内新园创办之初，“移植”能够保证新园平稳过渡、稳步发展。但是，在长期发展过程中，各园应当在模仿的基础上创新，依据自身情况自由选择、多样化发展，在强化优质园榜样引领作用的同时，拓展个性化发展渠道，形成各具鲜明特色的办园风格。例如，就园区建筑风格而言，安徽师范大学幼教集团的伟星城分园为现代简约风格，金域蓝湾分园为欧式古朴风格，碧桂园分园为日式田园风格，且每所分园都有自己的特色课程和特色活动。

幼儿园文化的建立，是一种以人为中心，确立核心价值观的隐性管理。在管理日趋现代化的今天，越来越多的管理者认识到：谁拥有文化优势，谁就拥有竞争优势、效益优势和发展优势。调研中我们发现，品牌的建立与集团化发展是一个漫长而相扶相依的过程，是幼教集团发展的动力和源泉。其积累过程虽然漫长，但幼教集团一旦建立自己的核心文化理念，在其大规模扩张阶段将会受益匪浅，其品牌的号召力和影响力、其园所文化的魅力影响是十分巨大的，这也是各优质幼儿园不断“复制”成功的保障。

（四）资源共享是提高幼教集团保教质量的关键

集团化办园的有益之处在于，幼教集团各成员可共享精品课程。课程之于幼儿园，如房屋之脊梁，不可或缺。形成具有特色且成熟的课程体系需要长期的摸索与实践，不是一蹴而就的，需要幼教集团强大的师资与财力支持。

首先，集团化各园所可共享基础课程，保证幼儿在健康、语言、社会、科学、艺术五大领域不会偏废，集团内统一制订课程目标、活动方案，搭建集团课程体系的一级目标。其次，也可以根据各园所的不同特色及师资力量，设立特色园本课程，一园一特色，一园一风格，构成集团课程体系的二级目标。再次，还可以根据组别，设置教研核心组，选取成熟型教师和有潜力的青年教师入组，开发原创课程，磨课成熟后，入选幼教集团教材，在区域内共享，构成集团课程体系的三级目标。

幼教集团由于已经具有了深厚的园本文化和办园经验，其丰富的资源成果体现在教育教学和管理的方方面面，它们对一线教师的教育教学和分园的管理工作都有很大的帮助。幼教集团一般会不断总结、研发课程资料包和工作手册，这在分园的教育教学和管理工作中发挥了极大的作用。各分园在制订主题活动方案的时候，就能根据过去完善的课程资料包，结合实际情况修改转化成适合自己的主题实施方案，这不仅在很大程度上节省了人力、物力和时间，更重要的是保障了教育教学质量，保证了集团内部各园之间教育教学质量的均衡。

四、幼儿园集团化发展的意义

随着社会经济文化的发展，大众对学前教育的需求日益增长，但由于我国学前适龄幼儿基数庞大，加之学前教育底子薄，存在着普惠性教育资源短缺、运行保障机制滞后、专业师资匮乏、保教质量有待提高等一系列阻碍学前教育发展的障碍，“入园难”“入好园更难”成为社会普遍关注的民生问题。为此，各地政府积极探索，在对当地学前教育充分调研的基础上提出了有针对性的解决方案，幼儿园集团化发展就是在这一背景下应运而生的。那么，幼教集团的现实意义何在呢?

（一）促进区域内学前教育均衡发展

学前教育应该遵循公平、普惠、均衡发展和公益等特性，这也是学前教育发展的目标和重要属性。幼儿园集团化发展通过整合教育资源，在促进教育公平、促进教育均衡发展等方面具有显著优势，值得推广。地方政府最大限度在政策保障、财力、物力等方面支持保障幼儿园集团化发展，能够更好地促进学前教育事业良性发展，真正惠及于民。

在解决社会普遍存在的“入园难”“入好园更难”问题的过程中，国家、省、地方等各级政府分期推出了学前教育三年行动计划。随着一期期学前教育行动计划的推进落实，各地新建了大量公办、民办幼儿园，这些新建幼儿园与老牌公办园相比，在办园质量和水平上有较大的差距，如何引领这些新建幼儿园规范发展，使其上质量、上水平，确保当地幼儿能“上好园”，成为亟待解决的问题。幼儿园集团化发展模式可以形成以强带弱、资源共享、优势互补、共同发展的良好格局，逐步缩小区域内幼儿园之间办园质量和水平的差距，促进区域内学前教育均衡发展。

（二）实现市场和教育资源共享

高校举办的幼教集团在地方政府与高校的共同管理下，通过多样化办园形式和高效的管理，真正实现了幼教集团一体化运转模式，实现了资源共享、优势互补、相互促进、共同发展，迈入良性共赢的发展轨道，共同促进了幼教人才培养质量和水平的提升。

通过多年的实践探索，我们尝试了多种集团化办园模式，探索了适合当前学前教育发展状况的新策略和新途径。以总园为基地，通过“名园长工作室”，培养一批优秀园长，通过“创办、托管、加盟、帮扶、共建”等方式，带动一批潜力园作为分园，形成“资源共享、优势互补、以强带弱、共同发展”的学前教育一体化发展格局，逐步提升办园整体水平，力争扩大学前教育优质资源的覆盖面，催化产生一批优秀园长和骨干教师队伍，盘活和优化优质资源，推动学前教育办学体制的创新性变革，形成园所之间的良性互动，实现共建共用、共赢共享，以更广泛的资源带动区域学前教育均衡发展。

（三）形成统一高效的管理体系

幼教集团在管理上实行统筹安排，优化部门功能，减少人力浪费，实现资源共享。集团实行分层管理，总部设园长和三名副园长分管业务、安全卫生和后勤，下设办公室和财务室；各分园配一名执行园长和副园长，分管分园各项工作。就这样从上到下，形成了科学系统的管理体系。决策由总部发出，各园按计划统一执行。各园在执行总部的决策时，也可以根据自身的特点做适当调整，做到决策“定而不死、活而不乱”。在账务管理上，各园统一由总部财务部门管理。各园所需物品的采买由总部统一核算定点购买，这种人事、财务的统一管理模式有效促进了各园人力、物力资源的优化重组与合理利用，有效调集和使用资金，减少了管理成本。

（四）加强顶层设计，精心制定幼儿园规划

面对学前教育快速发展的形式，我们遵循创新、协调、绿色发展，开放共享理念，明确优质均衡、差异发展集团化办学方向，实践以特色为品牌、以内涵促发展的工作目标，求真务实，积极进取，团结协作，追求卓越。在幼教集团发展愿景的引领，班子成员通过与教职工座谈、专题问卷、个别交流等形式，唤醒每一位团队成员的责任意识与集体荣誉感，征求对幼儿管理工作的意见和建议，综合运用环境熏陶、思想宣传、制度规范、活动渗透的方式，构建育人文化，营造精神家园。在民主、自主、开放的管理理念下，将教师以个体为起“点”、以领跑队伍为“线”、以全体提升为“面”组成三级推动模式，形成螺旋推进器；依据教师专业发展的基本规律以及不同水平教师专业发展的需求，搭建阶梯式成长平台，通过分层定位、确定方向、分别展示、确定起点、分层参与，并建立相应的激励机制等策略，有效促进教师的专业化发展。

实施幼儿园集团化发展战略，有利于整合、优化优质教育资源，推进学前教育均衡发展；有利于充分调动更多的个人和社会力量办园的积极性、主动性，从而有效缓解学前教育财政投入不足的矛盾；有利于加快推进办园体制改革，提高幼儿园整体办园效益和水平；有利于促进各级教师的职业发展，加快提高师资队伍的整体素养；有利于满足人民群众“入好园”“就近入园”的强烈需求，实现优质教育公平化、普惠化的发展目标。实施幼儿园集团化发展战略作为今后一个时期深化学前教育改革、全面提升学前教育机构办园水平的重要举措，应切实加以推进，为学前教育事业的长足发展做出贡献。

第三章　优质公办园举办分园的模式和类型

根据《规划纲要》和《若干意见》的精神，为实现到2020年基本普及学前教育的目标，解决当前“入园难”“入园贵”问题，应在扩大学前教育资源的过程中采取多种形式。这让我们意识到，“名园办分园”作为扩大学前教育资源的形式之一，它的科学有序创建与发展，是解决目前优质学前教育资源稀缺的重要途径。在明确公办园举办分园的本质内涵、发展现状、优势与作用的基础上，分析公办园举办分园的问题并提出公办园举办分园可持续发展的策略，从而探索公办园举办分园的模式，对推动学前教育的发展具有深远影响。

第一节　优质公办园举办分园的理论概述

公办园是指由国家机构、国有单位或集体组织设立的，直接或间接接受国家财政性经费支持的幼儿园，包括教育部门办园、党政机关办园、部队办园、全民所有制企事业单位办园、集体所有制单位（如街道、乡村集体）办园等。其核心要素：一是举办主体为国家机构、国有单位或集体组织；二是举办幼儿园的资产属于国家或集体所有，而非私有；三是经费来源以国家财政性经费为主，或多或少得到了政府预算内外财政性经费的支持，至少在土地、房屋、税收减免等方面得到了政府的资产援助，因此被要求按照政府核定的收费项目和标准收费，而不能像民办园那样按照办园成本自定收费标准，通常收费相对较低，具有公益性和普惠性的特点。即公办园是面向大众、收费低廉、有质量保证的幼儿园[①]。

---

① 王海英.公益性、普惠性、科学性——新政策背景下的幼儿园新文化建设[J].幼儿教育:教育科学,2011(7):1-4,19.

一、优质公办园举办分园的本质内涵

经过近十年举办分园的实践探索，我们总结了“优质公办园举办分园”的本质内涵，并将其概括为“六统一独”。

（一）统一的办园理念

幼儿园是让幼儿健康快乐成长的地方，是让幼儿全面发展的地方，是让幼儿锻炼人际交往的地方。在孩子幼儿阶段的教学，我们要时刻坚定不移秉着“一切为了孩子，为了孩子的一切的教学宗旨；坚持科学化、制度化、人性化的管理；坚持与家庭和社区紧密配合，培养德智美劳综合素养全面发展幼儿的教育目标”，让幼儿健康快乐全面地发展。幼儿园是幼儿进入小学之前重要的过渡期，是幼儿探索世界、增强学习兴趣的重要阶段，我们不能用小学的知识点来取代幼儿的游戏活动，剥夺他们快乐的时光。公办园在举办分园时，分园的办园理念、园所文化和价值观念要和公办园相统一、相一致。办园理念是公办园办分园的最终目标和归宿，只有核心价值统一，各幼儿园才能持久、永续发展。

（二）统一的师资队伍

教师是幼儿园发展的核心因素，教师的专业发展是幼儿园可持续发展的动力。因此，任何幼儿园都需要一支品德高尚，理论知识深厚，教育技能优异，富有爱心、耐心、责任心，勇于创新的教师队伍，这样才能培养出德智体美劳全面发展的幸福快乐的幼儿。分园要严格按照教师招聘标准招聘教师，让每位教师都拥有同等的培训机会、被指导权利、评优晋级权利，实现教师同工同酬，严格管理教师队伍，确保分园教师的地位、待遇与总园教师的地位、待遇一致。

（三）统一的课程设置

在课程设置上，分园和总园都要以科学的理念为指导，更要侧重为幼儿提供让他去看、去听、去动手、去思考的课程。当幼儿身处此课程环境中，他们更能展现自己的智能，发展自己的智力。幼儿园课程一般分为健康、语言、社会、科学、艺术五个领域。高度重视幼儿的身体和心理健康是教师的首要工作，要传授幼儿基本的生活自理能力、安全知识等；语言能力是在运用中逐渐发展起来的，因此，教师要为幼儿创造一个愿意说、想要说、喜欢说的课堂环境，如与同伴分享有趣的小故事，倾听他人说话，理解日常用语等；社会领域的教育对幼儿具有潜移默化的影响，培养幼儿社会的态度和情感应渗透到各个活动中，尤其是一日活动，让幼儿在晨间锻炼、进餐、教学、睡眠、离园的每一环节都能很好地接受社会规范、态度、情感的培养；科学领域的教育能够激发幼儿的探究兴趣和认识兴趣，让幼儿在生活和游戏中感受数量之间的关系，从而热爱数学、热爱探究；幼儿园还可以举办大型的幼儿喜爱的艺术活动，让他们能大胆地表达自己的情感和体验。这五大领域并不是相互独立的，而是相互融合的，从而促进幼儿知识、技能、情感、态度、价值观等方面的发展。无论是总园还是分园，都应该在课程设置上保持一致，使这五大课程领域有机地结合。

（四）统一的饮食计划

幼儿的膳食是幼儿健康成长的重要保证，总园和分园要有统一的饮食计划，它的统一性主要体现在统一的食材、统一的食谱、统一的采购配送。选择的食材要新鲜、卫生、种类多样、营养均衡。幼儿正处于生长发育阶段，因此，要合理搭配食谱，为幼儿的成长提供足够的营养。首先，要根据幼儿对营养的需求结构合理科学地制订幼儿的食谱；其次，在食物的烹饪上，要避免食物营养大量流失并保证膳食质量，以有利于幼儿对食物的消化和吸收；再次，要根据幼儿的心理特点来制订食谱，幼儿更喜欢色香味形俱佳的食物，因此，在制作食物时可以让食物呈现的样子更加美观、可爱，以增加幼儿的食欲。食材的供应商需依据公平、公正原则进行筛选，由经过考察并且签过协议后的供应商供应食材。每次送来的食材都必须经过幼儿园后勤部门严格检查，以保证食材新鲜、无污染、无变质。

（五）统一的物资配备

为了提高公办园举办分园的办园条件、教学条件、教学水平，以满足广大人民群众对优质学前教育“高质量、高水平、低收费”的要求并促进幼儿德智体美劳全面发展，分园对于办公用品、教学设备、教学用具、仪器设备、装修材料等物资的配备要与总园一致，让幼儿在公用设备较为完善、环境优良的环境中自由快乐地健康成长。

（六）统一的形象标识

标识对于幼儿的形象思维发展和幼儿园品牌形象的发展与推广具有重要作用。统一的形象标识是连锁幼儿园的外在表现形式，如连锁管理的幼儿园园名字体、标识、园门设计等。统一的形象标识不仅有利于连锁幼儿园对外宣传与推广，而且有利于家长对连锁幼儿园的识别，形成标准化、规范化的良好印象。同时，可以提升幼儿园的形象和定位，有利于幼儿园内部规范和管理。

（七）独立的财务核算

总园与分园的财务需要独立核算，独立核算才能使责任明确，充分调动每个人的主观能动性。通过量化经营指标，可以充分调动工作人员的积极性、主动性，形成具有自身独特的运营机制，使分园具有一定的自主权和经营权，进一步扩大分园的经营空间，提高全员经营分园的意识，使每位幼儿园成员的综合能力不断提高。

二、优质公办园举办分园的优势与作用

“公办园举办分园”在我国学前教育体系中占有重要地位，具有不可替代的优势和作用，具体体现在如下几个方面。

（一）丰富幼儿园集团化发展的理论研究

幼儿园集团化发展模式在合理配置优质教育资源、实现学前教育公平规模扩张的同时又不“稀释”教育质量方面发挥了巨大作用。在幼儿园集团化发展越来越普遍的趋势下，对其管理模式进行深入系统的理论研究尤为重要。根据《规划纲要》和《若干意见》的精神，为实现到2020年基本普及学前教育的目标，解决当前“入园难”“入园贵”问题，应在扩大学前教育资源的过程中采取多种形式。这让我们意识到，“公办园举办分园”作为扩大学前教育资源的形式之一，它的科学有序创建与发展，是解决目前优质教育资源稀缺的重要途径，是值得深入研究的课题。据此，本研究着重从丰富和完善“公办园举办分园”的内涵、归纳其发展模式的类型入手，为幼儿园集团化的科学有序发展提供有力的理论支撑，弥补相关方面的空白。

（二）推动国家学前教育文件精神的落地实施

党的十九大报告首次增加了“幼有所育”一词，将学前教育放在了前所未有的重要位置。随着连续三期学前教育三年行动计划的实施，学前教育迎来了跨越式发展。然而，“入园难”“入园贵”问题在一定程度上依旧存在，广大人民群众对普惠而有质量的学前教育的需求日益强烈。“入园难”“入园贵”，根源在于优质学前教育资源供给不足。

“公办园举办分园”作为一种提高幼儿园办园规模和质量的有效模式，在全国各地得到了迅速推广，研究集团化办园的模式和机制能促进对国家有关学前教育文件的落地实施。

（三）促进区域学前教育的均衡发展

学前教育应该遵循公平、普惠、均衡发展和公益等特性，这也是学前教育发展的目标和重要属性。幼儿园集团化发展通过整合教育资源，在促进教育公平、促进教育均衡发展等方面具有显著优势，值得推广。当地政府最大限度在政策保障、财力、物力等方面支持保障幼儿园集团化发展，能够更好地促进学前教育事业的良性发展，真正惠及于民。

在解决社会普遍存在的“入园难”“入好园更难”问题的过程中，国家、省、地方等各级政府分期推出了学前教育三年行动计划。随着一期期学前教育行动计划的推进落实，各地新建了大量公办、民办幼儿园。这些新建幼儿园与老牌公办园相比，在办园质量和水平上有较大的差距，如何引领这些新建幼儿园规范发展，使其上质量、上水平，确保当地幼儿能“上好园”，成为亟待解决的问题。幼儿园集团化发展模式可以形成以强带弱、资源共享、优势互补、共同发展的良好格局，逐步缩小区域内幼儿园之间办园质量和水平的差距，促进区域内学前教育均衡发展。

案例3-1　“少花钱，上优质幼儿园”离我们多远?

又到一年开学季，很多适龄宝宝要上幼儿园了，“上公办幼儿园难，上优质民办幼儿园贵”的难题又一次摆在了很多家长的面前。虽说人生是一场马拉松，可是哪位家长都不愿自己的孩子输在幼儿园这条人生起跑线上。普惠性“质优价廉”幼儿教育离我们还有多远？记者从芜湖市教育局了解到，芜湖市正在探索通过大力发展“公建民营”“民办公助”幼儿园来破解目前“入园难”“入园贵”的困境。

过去，在市民理解中，幼儿园一般仅分为公办幼儿园和民办幼儿园两种。近些年，随着政府加大对学前教育的投入，将“政府花钱购买服务”的扶持方式融入学前教育领域，原本意义上的幼儿园分类又有了新的分支。公办幼儿园目前可分为传统公办幼儿园和公建民营幼儿园两种，民办幼儿园又可分为普惠性民办幼儿园和普通民办幼儿园。

公建民营：公办收费　百姓受益

究竟什么是“公建民营”幼儿园？简单说来就是“政府建园、委托管理”，“财政投入、民办运行、公办收费、百姓受益”，幼儿园的属性仍是公办。

为什么要采取这样的方式，优势在哪？芜湖市教育局基教科孙科长解释说，2011年以来，芜湖市通过新建和改扩建的方式新增了89所公办幼儿园。一些幼儿园建好以后，因没有会管理的优秀园长和优质的保教队伍，而不能及时投入使用或低质量地投入使用，制约了学前教育的快速优质发展。要使这些幼儿园高起点地投入使用，就必须有一个有管理经验的优秀园长和一批优秀的保教人员。“公建民营”其实是“筑巢引凤”，吸引更多富有经验的优秀民营幼儿园经营人才加入。2011年，镜湖区棠梅幼儿园尝试公建民营模式。目前，芜湖市共有10所幼儿园开始试点公建民营模式。未来新建的公办幼儿园，公建民营模式将成为主流。

8月21日，幼儿园开学报名前夕，记者走进了芜湖市首座公建民营幼儿园棠梅幼儿园，园长郑燕雯有着近20年的经营民办幼儿园的经验。她说：“由于是政府建园，园舍和大型玩教具、基本的教学桌面玩具、生活设施等保育教育设施设备都由政府提供，设备所有权归政府，我们享有使用管理权。幼儿园的经费也实行‘收支两条线’，所收的保教费和伙食费上交区财政统一管理；公用经费、人员工资费用等由区财政承担，我们享有自主招生和自主招聘的权力。”她表示，公建民营幼儿园让她“抛弃”了盈利的包袱，全身心投入实现教育梦想的事业中去。

她认为，公建民营幼儿园集合了公办园硬件设施高标准和民办园教师员工竞争机制的双重优势。她说：“我们教师的工资40%为固定工资，60%为绩效工资，工资不是‘一碗水端平’，而是根据实际的教学水平和能力来分配。”据她介绍，在棠梅幼儿园，教师能否让孩子学得快乐、乐意学习，也是考核的组成部分，这就避免了一些教师在“旱涝保收收入机制”下的消极懈怠。

公建民营幼儿园的办学模式虽然起步不久，但这种让“政府花钱买服务”，让群众享受到“物美价廉”的学前教育，也让政府监管和社会力量更加充分地参与到办学环节之中的模式，她认为“是一种解决‘入公办园难’问题的有益探索”。

民办公助：政府补差价　百姓享实惠

普惠性民办幼儿园指的是政府通过购买服务、减免租金、以奖代补、派驻公办教师等方式予以资金、人员和政策支持的，具备办园资质、收费较低、质量稳定、面向公众服务的民办幼儿园。普惠性民办幼儿园和普通民办幼儿园有什么区别呢？孙科长表示，主要体现在“降低收费，政府买单”上，“普惠性民办幼儿园实行政府指导价收费标准，应相当或略高于本区域内同类型、同等级公办幼儿园收费标准，其高出部分原则上控制在同类型、同等级公办幼儿园收费标准25%限额内，且须低于同类型、同等级非普惠性民办幼儿园收费标准。”

沿河小区幼儿园是全市首批被纳入普惠性幼儿园的民办幼儿园之一，园长白雪介绍说，与之前相比，成为普惠性幼儿园最大的改变是“学费降了，教学设施提升了”。她向记者介绍：“2010年还是民办园的时候，每学期的保教费为1 500元，2011年成为普惠性幼儿园后，保教费每学期降到了1 300元，差价由政府补贴。目前，经物价部门根据运营成本核算的保教费每学期为2 400元，但是实际向家长收取的只有1 500元，老百姓享受的实惠达到900元每学期。

“不仅有补贴，还有专项教育设备资金来帮助我们提升教学设备。2013年，在政府资金的扶持下，我们完善了‘班班通’，每班都有55寸LED电视和电脑等教学设备，还加装了安防监控设施。几年来，不仅幼儿园硬件设备有所提升，而且教师有更多机会参加业务培训，提升了教学水平，家长对于我们民办幼儿园也更有信心了。”

（《大江晚报》2014-08-22　顾娅）

（四）引领新建幼儿园的规范发展

学前教育短时间内在办园数量和规模上的急剧增长，造成了优质学前教育资源尤其是专业管理人员和师资队伍的极度紧缺，大部分新建园不仅“校舍新”“设备新”，更主要的还表现为“园长新”“教师新”。不少新建园的园长、中层管理干部和教师多为刚刚接触岗位的新手，缺乏新岗位的工作历练和将专业理论与实践相结合的经验，他们大多有着献身幼教事业的强烈愿望和工作热情，但面对工作中的现实困难却往往感到束手无策。以地方优质幼儿园为龙头的集团化办园，能通过对办园资源的统筹管理、派驻执行园长、师资双向流动、成功经验互享等方式，解决新建园工作千头万绪难以理顺的现实问题。

此外，“公办园举办分园”的集团化办园模式，对于提高幼教集团领导的管理水平、提高幼儿园管理的工作效率、协调各组织部门的运作方式、节约管理成本、保证质量、提升效益等也具有现实意义。对“公办园举办分园”这一新型组织形式在运行中的隐患和不足进行探索，并提出建设性意见，可为政府或相关教育部门提供有益的咨政信息，从而促进幼儿园集团化在良好的政策环境下实现长足发展。

第二节　优质公办园举办分园的模式

在当前学前教育资源供给不充分的背景下，通过优质教育资源的辐射和引领，可扩大学前幼儿受教育机会，解决困扰我国多年的“入园难”问题。同时通过优质公办园在办园理念、管理方式、师资培养等方面的输出和示范，可促进学前教育有质量地均衡发展。可以说，鼓励优质公办园扩大规模办分园是中国特色的办园之路。

随着政策的支持与驱动，实践中各地优质公办园举办分园或合作办园方兴未艾，也探索出不同的实践模式。近年来，学界对这些模式进行了相关的研究与总结。侯雨彤依据伯顿·R.克拉克提出的“三角协调模式”，将集团化幼儿园发展模式按产生形式划分为品牌复制型、积累拓展型、投资连锁型及多元混合型四种形式，按成员特征划分为“名园+新园”“名园+乡园”“名园+名企”“品牌+地产”四种形式。涂冠妃按幼儿园的连锁经营模式将其划分为特许经营、自愿加盟和直营加盟三种形式。李建梅立足示范性幼儿园办园模式改革的途径，指出了开办分园和联合办园模式。李卓认为学前教育集团化发展的模式可分为优质幼儿园以直营方式举办分园、优质幼儿园与企业联合办园、优质幼儿园以连锁方式扩大规模、优质幼教机构在农村举办分园等。武亚娟提出基础教育集团的发展运行模式主要囊括实体式教育集团运行模式、联盟式教育集团运行模式和品牌式教育集团运行模式，实体式和联盟式教育集团运行模式在实践中应用比较多，品牌式教育集团运行模式易受地域差异、行政管理差异等的影响，应用则相对较少。孙卫丽指出“名园办分园”的类型主要有统一管理式、输出管理式和冠名式三种。

综上所述，已有研究关于“公办园举办分园”的模式探讨重点不尽相同：侯雨彤是从产生形式和成员特征的视角进行模式划分；涂冠妃、李卓讨论的是名园与分园的经营模式；李建梅则是从办学主体的角度进行划分；武亚娟则从法人资格和产权关系的角度进行划分，其本质上也是办学主体的维度；孙卫丽更倾向于从管理模式进行研究。以上相关划分的不同恰恰反映了“公办园举办分园”模式的多样性，为我们研究“公办园举办分园”的模式打下了很好的基础。现有研究对于“公办园举办分园”模式的划分或基于表面的外在形式、不够深入，或混淆了办园、管理、经营之间的概念，使得分类之间互相交叉，不能全面准确地反映实践探索的模式，从而难以推广有效的实践模式。

本研究所指“公办园举办分园”模式是以优质公办幼儿园为办园主体，若干所幼儿园以一定的联结纽带组合成一个联合体，在整体规划下实施教育活动，按一定的权责划分和运行机制运作的，具有相对稳定的幼儿园结构形态和特定的权力架构及关系的办园式样。按照这样的理解，要系统地梳理和总结优质公办园举办分园的模式，则必须直面两个最核心的问题：一是总园与分园的办园体制问题，如总园与分园的产权关系是什么？分园投资主体是政府还是社会力量？总园与分园的法人是独立的还是统一的？二是总园与分园的集团化内部管理体制问题，即总园与分园之间的运行方式是什么？名称、理念、课程、管理制度是否统一？本研究所指是由优质公办幼儿园作为总园，并利用自身的资源举办分园，通常分园以总园的名称冠名，贯彻总园的办园理念，保持与总园一致的课程设置、管理制度和办学特色，实行集约化办学的幼儿园，故而也称“总园办分园”。简言之，其在内部管理体制上是实行统一品牌、统一课程、统一运行、统一考核、统一评价，实现规模、质量和效益的同步提升。本研究所要解决的问题并非总园与各分园间的内部管理体制问题，而是办园体制问题。

综上所述，我们以办园体制作为切入点，构建了投资主体、产权关系、法人形式三维度的优质公办园举办分园模式分析框架，如图3-1所示：

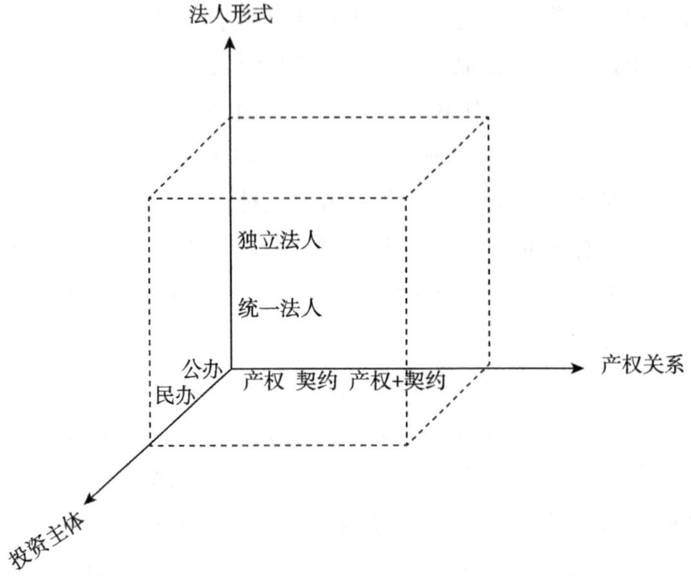

图3-1 优质公办园举办分园模式的三维分析框架

第一，投资主体回应的是谁来办分园的问题。公办是指利用公共资源或国有资产举办的分园，其主体一般是政府、国有企业、事业单位等。政府作为举办者，可以是直接举办分园，也可以是通过公办优质总园来间接举办分园。民办是指依靠社会力量举办的分园，包括房地产开发商、各类民营企业、个人等。第二，产权关系回应的是总园与分园的联结纽带问题，具体可分为三类：分园隶属总园，分园和总园是契约合同关系而非产权关系，一部分分园隶属总园、另一部分分园仅与总园有契约关系。一般来说，由总园直接举办的分园与总园是隶属关系，但民办的分园与总园并不一定是非隶属关系。因为产权除了原始的财产所有权之外，还包括民办园举办者授予总园对其经营的资产享有占有、使用、收益与处置的权利；同时作为教育产权，幼儿园不仅包含场地等有形资产产权，还包括优质幼儿园的品牌、师资、管理等无形资产产权。例如，公建民营分园的产权在法理上就不全属于民办主体。第三，法人形式回应的是分园是否独立享有民事权利和承担民事义务的资格。具体又可以分为统一法人（总园、分园为同一法人）和独立法人（总园、分园是独立法人）两种形式。

从三维分析框架出发，现实中各类优质公办园举办的分园可以总结概括为如下几种：

（1）总园直接举办、产权关系隶属总园的分园，既可以是独立法人，也可以是统一法人，如有学者总结的“实体式教育集团”。

（2）非总园举办的公办分园，但总园享有部分产权的分园，既可以是独立法人，也可以是统一法人，如政府和事业单位举办的分园。

（3）非总园举办的公办分园，分园以契约合同关系与总园合作，分园一般是独立法人，如集团化办园。

（4）民办分园，但总园享有经营权、使用权、收益权的分园，既可以是独立法人，也可以是统一法人，如民建公营幼儿园及有学者所总结的“名园+民企”“品牌+地产”等模式。

（5）民办公园，分园以契约合同关系与总园合作，分园一般是独立法人，如民办公助园及有学者总结的“特许经营模式”。

另外，从布局的视角来看，分园还可以分为城市分园和乡村分园；从是否具有公益性的视角来看，分园还可以分为普惠性幼儿园和非普惠性幼儿园。

依据优质公办园举办分园模式的三维分析框架，我们把优质公办园举办分园的模式归纳为三种类型。

一、统一管理模式：“公—公”型

公办园无论是政府主办，还是高等院校或国有企事业单位主办，其业务管理主体均为属地教育行政管理部门。因此，地方教育行政管理部门主导着“总园办分园”的管理模式。这种举办分园模式是指在政府主导下，地方教育行政管理部门要求优质公办园开展集团化办学，从总园委派管理团队举办“新园”或接管“弱园”，并实行人、财、物统一的委托式管理，实现总园、分园共同发展，扩大优质教育资源供给的目标。此种模式的特点是：总园是优质公办园，分园也是由政府投入的公办园，如安徽师范大学幼教集团城北分园、湾沚分园。

二、连锁管理模式：“公—民”型

除地方教育行政管理部门要求外，一些由高等院校和国有企事业单位主办的优质公办园，也会应入园适龄幼儿家长的强烈需求，主动作为，积极开拓幼教市场，直接投资或合作主办民办性质的分园。这种举办分园模式是指优质公办园直接投资或利用第三方投资直接举办分园，从总园委派管理团队，统一配备师资，实行“六统一独”的连锁管理模式，既能保证分园教育教学质量，又能扩大优质学前教育资源的供给。这种模式举办的分园多为民办性质的幼儿园，可以是民办高端园，也可以是民办普惠园，如安徽师范大学幼教集团左岸分园、平湖秋月分园、文津分园、芳菲分园、碧桂园分园、金域蓝湾分园、海上传奇分园。

案例3–2　为何公办幼儿园要办民办分园？

昨日，南海机幼怡翠实验幼儿园在挂牌成立后迎来了新生入园的首日。作为南海首个由知名公办幼儿园开办的民办性质分园，有家长反映，其收费与此前原址办学的民办幼儿园相比，每月上涨了200多元。园方解释称，作为民办性质幼儿园，采取的是备案制收费，因多项硬件及办学质量都有提升，因此收费也有相应增加。南海区教育部门相关负责人也对此表示认同。未来公办幼儿园的民办分园是否会重走目前公办背景的民办中小学的“高价路”备受家长关注。

家长：冠个公办名园前缀收费就涨了

南海机幼怡翠实验幼儿园此前是桂城信孚怡翠幼儿园。去年12月，原幼儿园场地租约期满后不再续约，当时桂城信孚怡翠幼儿园已经透露，会有新的幼儿园进驻。上周，新的幼儿园正式挂牌，怡翠花园小区的居民发现，幼儿园的名称前冠上了“南海机关幼儿园”的简称。南海机关幼儿园是南海知名的省一级幼儿园，已有60年历史。

作为公办幼儿园的分园，这所重新开张的幼儿园是否为公办普惠性质？记者从桂城教育局获悉，该幼儿园由南海区机关幼儿园与英国维斯曼教育集团合作，走“公办+民办”的道路，其性质是民办。这也是南海机关幼儿园开办的首个民办性质分园。

有家长抱怨称，“幼儿园重开之后，每个月保教费900元，加上其他费用，每个月要1 200多元。相比之前，每个月贵了200多元，还多了如空调费20元一类的收费。”

解释：多项硬件提升，收费不算贵

“新的收费标准其实是针对入学的新生。”南海机幼怡翠实验幼儿园负责人称，“实际上在机关幼儿园和新老板接手后，幼儿园做了很多修缮升级工作。例如，之前没有功能室，但新的幼儿园功能室齐全，室外跑道都铺了全新的塑胶，还添置了一批新玩具、电视机等。该幼儿园负责人坦言，因为新成立的幼儿园属民办性质，因此和此前公办总园的收费有所不同。”

“民办幼儿园采用的是备案制，上报后只要通过成本核算，物价部门批准后就可以了。”负责人透露。实际上，物价部门给幼儿园批准的保教费上限是1 500元每月，目前的收费远低于这一标准。该负责人称，幼儿园在制定收费标准时，已经考虑到此前的幼儿园收费情况和家长的接受程度。“如果按照总园的标准收费，幼儿园是亏本经营的。民办性质的幼儿园考虑到合作方的利益，肯定要有部分盈利。”该负责人透露。

部门：办园质量提高，允许相应提升收费

“实际上，怡翠分园并非仅仅是挂个牌这么简单。”南海机关幼儿园相关负责人解释，“此次创新的‘公办+民办’改革，规定分园的管理全部由总园派驻的管理团队负责。所有幼师、保育员要经过总园培训，课程培养模式也全部按照总园的规范进行。”

南海区教育局基础教育科关科长表示，“公办幼儿园办分园的出发点是以公办带动民办发展，同时减轻总园的招生压力。民办幼儿园没有政府补贴，应允许其有一定合理的回报。只要办园质量确实有所提高，收费上允许有相应的提升，这样才符合价优质高的市场规律。”

三问公办幼儿园办分园

一问：如何确保分园收费合理？

实际上公办小学、初中办分校的发展模式早前就有了，如石门实验学校打破了公办、民办学校的界限，在开办初期利用公办学校的力量带动民办学校的发展。南海区教育局相关负责人称，今后以南海机关幼儿园为龙头，幼儿园也将走上集团化办学之路。

至于有家长担心随着办学质量提升、名额紧缺，未来公办幼儿园的分园会走上高收费的道路，南海机关幼儿园李园长坦言：“新挂牌的分园的收费备案是由合作方英国维斯曼教育集团负责，总园无权干涉。但我们会对收费进行监管，将分园的收益维持在合理的回报范围。这也是在洽谈时双方达成的共识。”

分园的负责人也告诉记者，民办性质幼儿园将根据自己的定位，由物价部门及学校进行监控，收费将由政府把关。

二问：是否会有公办普惠性质分园？

为何公办幼儿园的分园不能维持公办性质？如果多一些公办性质的分园，收费的普惠性岂非能使更多家庭受益？

南海机关幼儿园李园长表示，如果教育部门有安排，且家长有需求，开办更多公办性质分园是有可能的。但有的幼儿园园长则表示，开公办分园困难重重：很多小区幼儿园的场地属于开发商，要通过竞标价高者得，除非是政府部门也参与竞标，否则开发商肯定把场地给开价高的民办幼儿园，这部分费用也将转嫁到家长头上。

三问：为何公办幼儿园要办民办分园？

为何要采取公办幼儿园办分园的办学形式？南海区教育局基础教育科关科长称，其目的是打破公办和民办幼儿园间的体制限制。目前的民办幼儿园有钱有场地，但缺乏管理经验，不一定能办好；公办幼儿园有管理经验，但是没有场地，通过向民办幼儿园派驻管理团队这一模式可以取长补短。该负责人称，近年来公办幼儿园的名额紧缺，通过举办分园，既可以减轻总园的招生压力，同时小区幼儿园的办学水平也得到了提高，对家长而言，在选择优质幼儿园时也多了一个选择。

（《广州日报》2011-08-04　陈昕宇）

三、品牌输出模式：“公—民”型

这一模式是指优质公办园输出品牌给由第三方投资的“新园”，分园以加盟连锁管理的方式，有偿使用总园名称，与总园开设相同课程，管理团队、师资配备、后勤保障等独立运行的办园模式。这种模式举办的分园均为民办性质的幼儿园，分园加盟的目的多为招生收益考量，提升经济效益，如管理不善，有可能损害优质公办园的声誉和形象。

此外，还有一种政府主导的合作共建模式，是指地方教育行政管理部门要求优质公办园开展集团化办学，从总园抽调管理人员和骨干教师定期或不定期到“新园”或“乡园”指导、培训、帮扶、督查，以“合作共建”的方式实现总园、分园共同发展，目的是提高分园办学水平，促进区域学前教育均衡发展。此种模式由于不是总园实质性举办分园，只是一种“大手拉小手”的松散型合作关系，因此未被纳入“优质公办园举办分园”的模式。民办幼教集团连锁加盟模式“民—民”型，与研究主题不同，也不列入本课题研究内容。

四、不同模式“总园办分园”的优缺点

（一）统一管理模式的“总园办分园”

优点：统一管理模式的“总园办分园”无论对总园还是对分园都会带来一定的经济效益。从生源来看，由于总园具有很好的声誉，新建的分园在当地的知名度迅速提高，会吸引很多家长慕名而来，从而提高分园的招生率；从教学质量来看，总园可以给分园输送教学人才，使总园的教育思想、教学理念得到完全的贯彻和实施，培养一批批优秀的教师，保证了教学质量；从教师队伍来看，“总园办分园”教师待遇好，按时发工资，保障了教师的权益，因此教师队伍十分稳定，同时创办分园可以分流出总园多余的教师去发展分园，让总园的教育理念落实到位，促进教师的专业化发展；从经济方面看，总园对分园有资金投入，可以保障分园正常运行，同时总园可以直接调整分园的收费水平，很好地控制了分园的收费标准，使分园收费相对较低，做让人民群众更满意的教育；从蝴蝶效应来看，分园教学质量好会进一步扩大总园的名声，由其品牌形成的无形资产可以扩大教育经费的来源，为总园的发展提供了更多的物质条件。总的来说，就是分园教学质量有保证，教师队伍稳定，经费投入有保障，收费相对较低。

缺点：统一管理模式的“总园办分园”是一种新型的学前教育体制，但性质各异，有的是“公办民助”，有的是“民办公助”，性质的不同，导致分园与总园、分园与分园的发展差异很大，总园很难进行管理。一些较小的总园园长的工资与其举办的分园数量和教学质量没有关系，也就是园长办一所幼儿园和办6所幼儿园的工资相差不大，但是却承受了不同的压力和责任，这极大地打击了园长工作的积极性。总的来说，就是体制限制，分园办园自主性较小；总园园长等管理者工资待遇与举办分园的数量、质量关系不大；分园教师工作压力小，不利于教师的专业化发展。

（二）连锁管理模式的“总园办分园”

优点：连锁管理模式的“总园办分园”在园所办学、教学管理上具有更大的自主性，可以更好地发展分园；在教学质量上，可以通过依靠总园对师

资的输出和借鉴总园培训教师的经验，培养出一批批优秀的教师，保证了分园的教学质量；总园园长的工资待遇与其举办的分园数量和教学质量有密切关系，大大调动了管理者工作的积极性，同时也提高了总园园长对分园园长的要求，加大了监督力度，提高了分园的教学质量，以此促进了分园教师队伍的专业化发展，即站在总园的肩膀上加速发展。总的来说，就是办园自主性较大，分园办园质量有保证；总园能获得一定的经济收益；总园园长等管理者工资待遇与举办分园的数量、质量关系密切；分园教师工作压力较大，有利于教师的专业化发展。

缺点：连锁管理模式的总园和分园性质不同，导致分园与总园的发展差异很大，对总园来说管理也是一个很大的挑战。由于分园性质不同，导致很多教师都无法与事业编制教师享受同等待遇，同工不同酬，进而导致教师队伍不稳定；分园属于承租性质，每年都要交大量的租金，会加大分园的压力。总的来说，就是总园、分园性质不同，体制机制冲突，不利于管理；分园教师队伍不够稳定；分园经费投入没有保障；分园收费较高，招生压力较大。

（三）品牌输出模式的“总园办分园”

优点：品牌输出模式的“总园办分园”由于分园冠上了总园的品牌，从而使其知名度在社区里迅速扩大，吸引了更多的生源，扩大了招生的范围；对于总园而言，由其品牌形成的无形资产，成为在保教费用之外向家长收取赞助费的合理而充分的理由，从而为总园获得一定的经济效益；该模式分园有更大的经营权、管理权、自主权，总园几乎不参与对分园的管理，投入精力较少，对总园的办学影响也较少。总的来说，就是“挂名牌”能迅速扩大分园的知名度；有利于分园招生；通过品牌输出，总园能获得一定的经济收益；总园投入精力较少，对总园办学影响较小。

缺点：有些家长对品牌输出模式的分园的认可度并不高，他们认为品牌输出的分园只是“挂名牌”，变的是品牌，不变的是质量。即使有些家长一开始由于总园的品牌效应而送自己的孩子进入分园上学，可是，由于分园缺乏“内涵建设”只是“徒有虚表”，导致分园只是教学设备跟得上总园，教学质量和教师的专业化发展却远远跟不上总园，长此以往，使家长对分园的认可度降低，同时影响了总园的口碑。此外，总园对分园很少进行管理控制，有些分园在教育功利心的驱使下更注重眼前利益，忽视了园所长远的发展，盲目提高收费，增加教职工的工作任务，剥夺教职工的利益，使教职工对总园的认可度不高，对总园的管理存在质疑。总的来说，就是幼儿家长对品牌输出的分园认可度不高，品牌输出对总园品牌有“稀释”性，分园办园质量没有保证，分园教职工对总园的认同度较低。

综上所述，任何一种“总园办分园”模式都有其优缺点，我们在举办分园时一定要扬长避短，更大程度地发挥它的优势。

第三节　幼儿园集团化发展的类型

幼教集团即幼儿教育集团的简称，也称作“学前教育集团”。它是指为了促进现有幼儿教育资源的整合及优化配置，通过以一个或若干个发展较好的幼儿园（名园）为核心，利用相互联合和共建等形式，把两个或两个以上的独立幼儿园法人主体，以产权或契约为纽带的方式组合起来，建立一个优势互补、规模较大、多层次、多形式的幼儿教育经济联合体。幼教集团里的各幼儿园组织一般都具有相对的独立性，如每个成员都有独立的法人来管理学校等，但同时它又有一个总的管理机构，并且有一个比较统一的办园理念和园所文化。在对优质公办园举办分园模式分析和探究后，下面对幼儿园集团化发展的类型从投资主体、经营方式、产生形式这三个角度进行分类。

一、按投资主体分：“公办—民办”型

公办幼儿园是指由国家机构、国有单位或集体组织设立的，直接或间接接受国家财政性经费支持的幼儿园，包括教育部门办园、党政机关办园、部队办园、全民所有制企事业单位办园、集体所有制单位（如街道、乡村集体）办园等。其核心要素：一是举办主体为国家机构、国有单位或集体组织；二是举办幼儿园的资产属于国家或集体所有，而非私有；三是经费来源以国家财政性经费为主，或多或少得到了政府预算内外财政性经费的支持，至少在土地、房屋、税收减免等方面得到了政府的资产援助，因此被要求按照政府核定的收费项目和标准收费，而不能像民办园那样按照办园成本自定收费标准，通常收费相对较低，具有公益性和普惠性的特点。即公办幼儿园是面向大众、收费低廉、有质量保证的幼儿园。

民办幼教集团通常是从经营一所民办园为起点，在这所幼儿园比较成熟、有一定知名度后，以此为主体，通过不断举办分园、直营连锁或加盟其他民办园，逐步形成幼教集团。民办学前教育是我国扩充学前教育资源、满足广

大人民群众学前教育需求的重要力量。在政府财政投入不足、公办园资源相对匮乏、人民群众对学前教育需求不断提升且多样化的社会背景下，民办幼教集团逐步发展壮大[①]。

二、按经营方式分："直营—加盟"型

无论是公办园办分园还是民办园办分园，其经营方式无外乎两种：直营连锁型和加盟连锁型。

直营连锁幼教集团是指总园直接经营分园，即总园直接经营、管理、投资分园，采取纵深式的管理方式，直接下令掌管所有分园，具有很大的管理权和决策权；分园必须完全接受总园的命令和指挥，缺乏自主权。尽管这样的经营模式会限制分园发展速度，使分园缺乏管理性和自主性，但是很好地保障了办园的质量和总园的掌控权。

加盟连锁幼教集团是指总园将自己的教育理念、教育标识、教育配资以批量复制的形式产出，以合同的形式授予加盟分园，从而不断扩大市场幼教份额，获取更多的利润。加盟连锁幼教集团最初来源于企业连锁经营，多数是民办幼教集团的发展方式。民办园在有一定名气和足量资金后，会大量投入资金，仿照企业连锁经营的方式，吸引有一定资本的幼儿园加盟，不断扩展经营范围，形成加盟连锁幼教集团。加盟连锁幼教集团最大的优势在于可在短时间内迅速发展，覆盖面广，每个加盟的分园具有更大的自主性，但是每一个被加盟的幼儿园教学质量、教学水平、教学设备参差不齐，一旦总园管理不当，会导致加盟分园管理混乱，教学质量低下，影响总园的名誉。

三、按产生形式分："复制—拓展"型

品牌复制型：顾名思义，是依靠加盟总园的教育品牌举办分园的发展模式，大多是以兼并薄弱幼儿园或与地产商合作创办新园，通过管理经验和师资资源的输出，实现品牌复制、优质教育资源扩张，形成具有品牌幼儿园特色的集团化学前教育机构。

积累拓展型：这类集团化幼儿园通常是由单一园所经过自身的良好发展与不断壮大，根据市场需要以"滚雪球"的方式相继举办多所分园。

---

① 但非，侯雨彤．规模与质量：集团化幼儿园发展的现实诉求[J]．教育研究．2013(9)：84-88．

第四章　公办幼教集团的管理

对于有着多所幼儿园协同运作的幼教集团来说，创建适合自身实际情况的组织结构至关重要。组织结构是否科学合理，直接影响到组织能否高效运转。因此，剖析幼儿园集团化的组织机构，具有重要的现实意义。

第一节　公办幼教集团的组织结构

一、组织结构的内涵

美国著名管理学家费里蒙特·E.卡斯特在其著作《组织与管理》中指出，组织结构可以被看作一个组织内的各构成部分或各部分之间所确立的关系形式。明茨伯格认为，组织结构可以定义为劳动被划分为任务，以及任务之间获得协调方式的总和。

综合分析相关学者对于组织结构的研究，可总结出组织结构主要有静态和动态两层含义。静态含义指的是组织结构的框架体系，它可以用组织结构图、职位说明书和组织手册等来表示；动态含义指的是组织各要素之间的相互关系，及组织的责、权、利的分配关系，这一关系是由组织的分工协作引起的。

幼儿园集团化的组织管理有助于优质品牌构建和深化园所品牌的内涵。在集团化办园过程中，如果幼教集团仍然沿袭原来单一园所的管理方式，将导致机构繁杂、管理效率低下等不良现象。显而易见，幼儿园集团化是从组织结构上进行重构，这意味着每个幼教集团均应立足于原有园所的组织管理体系进行改革或改良，即必须从内部推动幼教集团自身的发展。将其他幼教集团行之有效的内容作为经验直接照搬有可能是低效甚至是无效的。每个幼教集团均应遵循自身的发展过程与实际情况前进，并逐步使之规范化、制度化，最终成为幼儿园集团化发展的行之有效的经验①。

二、组织结构的创建

当前，幼儿园间的竞争越来越激烈，受教育者（有时表现为家长）的要求越来越高，技术更新越来越快，政府监管越来越到位，其他行业（包括企业和社区）的管理水平越来越高，对幼儿园的影响和挑战也会越来越大。在一个动态变化的环境中，固守原有的管理方式，只能是幼儿园发展的下下之策，不可能做到可持续发展。在集团化办园的组织系统中，只有协调好、综合好目标、组织结构、质量保障、园所文化等管理要素，幼教集团才能得以规范运行。

（一）组织结构创建的原则

1.效率原则

机构的设置首先要重视效率原则，一方面，要避免机构不全、人员不足的现象；另一方面，也要避免机构重叠、人浮于事的现象。要在充分重视管理效率的基础上，合理设置组织机构，减少不必要的部门、人员，加强统筹协调。

2.层次性原则

层次性原则是机构设置的重要依据，要很好地发挥集团化组织机构的组织职能，就必须实施分层管理，一方面，做到层次分明，明确规定每一管理层次和各个部门的职责范围；另一方面，各层次应制定相应的管理制度，赋予完成其职责所必需的管理权限，职责和职权必须协调一致。应建立组织权力与职责相对应的关系，职位、职权、职责三者一致。这种权责对应性应当以科学、严格的规章制度加以确定。在权力和职责相统一的基础上，使各层次做到各司其职，各尽其责，通过逐段授权、组织和协调保证各层次的任务能够顺利完成，使整个集团的管理渠道顺畅，指挥灵活，信息畅通，发挥出更好的管理效率。

3.全面性原则

全面性原则，既指各种行为所拥有的权力在其职责范围内完整，也指组织的结构整齐划一。组织所有的层级制组织关系，应当事权确定、上下贯通、

① 周浩波，罗英智.区域学前教育多元化发展模式研究[M].沈阳：辽宁人民出版社，2015：237-240.

政令归一。同时按照各自的职守和功能实行有效的协作和配合，共同实现组织的大目标。幼教集团是一个较大的幼儿园系统，在合理设置组织机构的同时，还应遵循全面性原则，即树立整体观念和全局思想，处理好各方面的关系，在合理授权的基础上，实现决策、行为的一致性。

（二）影响幼儿园组织机构创建的要素

正所谓“任何一项改革，结果都是未来的，成本却是现在的”，分析幼儿园集团化组织结构与管理要素，将有助于推动幼教集团的改革与发展。

1.教育行政机构

政府是公办幼儿园的办园主体，对本区域内的教育事务具有传统及法定的话语权和控制权。教育行政部门作为政府的职能部门，通过文件、政策制定和行政手段对幼儿园行使管理权。然而，文件、政策的制定有一定的时效性和范围性。因此，从一定程度上来说，某些领域的教育改革实际上是教育现实与教育行政管理体系博弈的过程。如“择园”问题，是由受教育者享受优质教育资源的愿望与所在区域内所能提供教育资源的不一致所导致的。

2.教育市场的发展

学前教育作为一项公共服务，其提供者既包括政府，也包括其他社会力量，如私人企业、非营利机构或公民个人。而教育资源的均衡分配，则是政府利用公共开支开办公办教育的重要特征。随着社会的发展，受教育者的需求（幼儿的需求往往由家长决定）多样化必将导致各级各类教育形式和种类的多样化，幼儿园间（包括公立幼儿园）竞争加剧，对教师的要求也随之提高。在信息传递和交流充分的情况下，势必会形成新的教育发展格局，教育市场将得到进一步培育，公立幼儿园将与其他类型办园机构一样面临对社会资源的争夺。

3.幼儿园

科恩等认为，幼儿园是个“松散结合”组织，幼儿园教育的技术手段模糊不清，参与幼儿园决策与行动的人员具有流动性。这就决定了幼儿园的组织结构和管理体制非常关键，对幼儿园的管理和发展都起着决定性的作用。其中，园长作为一园之长，是幼儿园利益的代言人和政府指令的执行者。在社会转型和教育竞争日趋激烈的今天，园长不仅要是教学领域的专家，而且更要是管理方面的专家，只有这样的园长，才能在办园过程中兼顾幼儿园、政府与社区（家长）多方的利益，才能引导幼儿园不断发展。当然，除了教育管理的刚性架构外，其他行业发展（如房地产业）、基金会等也会对集团化幼儿园产生影响。

（三）创建组织机构应考虑的核心因素

1. 领导

领导水平与能力的高低，决定了一个群体达到目标的程度。对于集团化办园，更需要领导在诸多不确定的甚至是有风险的信息中，把握改革方向与事态的发展，成为决策力量。只有给教职工塑造出一个从单一幼儿园走向幼教集团的美好愿景，并使其成为教职工心中的愿景，才能激励和感召教职工为之奋斗。在西方管理学中，影响力是领导的核心品质，其中愿景、激情和权威是领导魅力的三要素。领导可以通过其个人魅力及制度、规范、文化、氛围的设定，激发员工的事业激情，找出改革的节点和方向。可以说，领导在管理转型间发挥着“外部适应，内部整合”作用，对幼教集团的发展至关重要。

2. 管理

任何改革都会面临内部整合的问题。一个幼教集团建立后，如何开展集团化办园是其必须考虑的问题。通过组织学习的方式，将集团的愿景和行为实现制度化，可以减少改革过程中不必要的阻碍。其中组织结构是尤为重要的一个方面，它直接关系到管理的执行力和效果。组织结构的核心在于部门设计，部门设计的核心在于拟定其中每个人的责、权、利，并对工作进行分解。

案例4–1　安徽师范大学成立幼教集团

2014年6月28日上午，安徽师范大学幼教集团成立大会暨揭牌仪式在安徽师范大学田家炳教学楼报告厅隆重举行。芜湖市教育局、安徽师范大学教育集团、安徽师范大学相关处室负责同志，镜湖区、弋江区、三山区、鸠江区教育局负责同志，以及省一类园园长、余捷名园长工作室研修成员、安徽师范大学附属幼儿园部分教职工代表共200余人出席大会。

安徽师范大学幼教集团以安徽省一类幼儿园——安徽师范大学附属幼儿园为龙头园，现已拥有左岸分园、碧桂园分园、文津分园、平湖秋月分园等4所分园。集团现有53个班级，1 750名在园幼儿，239名教职工。

安徽师范大学幼教集团的成立，响应了芜湖市大力推进集团化办学的号召。集团将在保证办学质量的前提下，尽力扩大优质学前教育资源，引领和带动安徽省学前教育的发展，进一步支撑安徽师范大学教师教育特色。集团的成立对促进安徽省区域学前教育的均衡协调发展，提高学前教育的社会效益，将起到积极的影响和促进作用。集团将以安徽省学前教育第一品牌为奋斗目标，努力成为全省学前教育的办学与研发基地。

（资料来源：http://jyt.ah.gov.cn/28/view/251787.shtml）

2014年6月，安徽师范大学在附属幼儿园“一所总园四所分园”的基础上，组建了安徽省第一家公办幼教集团，加大了举办分园的力度和速度，同时拓展学前教育相关业务，以引领和带动安徽省学前教育的发展，努力把“安徽师范大学幼教集团”办成立足芜湖、辐射全省的安徽省最大的公办学前教育办学与研发基地，成为国内一流、省内领先的幼教师资培训和幼儿心理及体艺培训中心，成为办学理念新颖、办学质量一流、管理水平先进的安徽省学前教育第一品牌。集团凝练先进的办园理念，持续开展课程改革，深入探索实践连锁管理模式，办优质学前教育，示范引领，践行公办园的社会责任和担当。

管理模式是指管理者为了确保管理的效率和质量而提出的一整套管理理念、管理方式、管理程序、管理制度、管理原则和管理方法论体系。管理模式因环境的不同而呈现出差异性。幼儿园管理模式是幼儿园为了保障和提高其教育质量而采取的一系列管理理念、管理方法和管理制度等，旨在通过科学的方法，将幼儿园的人、财、物等各要素合理组织起来，发挥其整体效能①。

3. 文化

厘清和发扬原有幼儿园文化中的优秀传统，加强文化更新，加强制度建设，增强制度的公正性，减少人际冲突，将集团化发展的战略目标和愿景内化为幼教集团的价值，是值得每一个幼教集团思考与探索的重要议题。其中，“文化”包含的不仅是幼儿园文化，还有管理文化、教师文化、幼儿文化等。

---

① 曹莎. 幼儿园集团化管理模式研究[D]. 金华：浙江师范大学，2016：9.

在集团化办园中，不仅应该有文化的建设，还应该有文化的整合。集团化办园的实践证明，观念的融合比技术层面的改进更加重要，打造开放与兼容的集团文化是集团化办园的重中之重。

第二节 幼儿园集团化连锁管理

幼儿园集团化连锁管理是指由总部领导下的若干分园构成的联合体，为实现规模效益所进行的统一的商业经营活动，求同存异，在集团化框架下，允许一定的个性化经营。

一、幼儿园集团化连锁管理内容

连锁管理的幼儿园要实行“6个统一”，即统一的办园理念、统一的师资队伍、统一的课程设置、统一的饮食计划、统一的物资配备、统一的形象标识。

总园、分园要具有统一的办园理念。办园理念决定价值观导向，连锁管理的幼儿园的办园理念、园所文化和价值观念的统一，是连锁管理幼儿园的最终目标和归宿。只有核心价值统一，连锁管理的幼儿园才能持久、永续发展。

幼儿园作为面向学前教育领域的服务性行业和民生工程，连锁管理的商业运营模式可以部分迁移到“总园办分园”的管理上来。总园、分园要具有统一的形象标识。连锁管理的幼儿园园名字体、标识、园门设计等要尽量保持一致。统一的形象标识不仅有利于连锁幼儿园对外宣传与推广，而且有利于家长对连锁幼儿园的识别，有利于提升幼儿园的形象和定位。

总园、分园要具有统一的经营管理。连锁管理的幼儿园需要有统一的招生收费标准、统一的教师招聘与培训、统一的课程设置、统一的后勤保障等。幼教集团总园与分园之间的连锁管理模式主要有两种：

（1）直营连锁。直营连锁是连锁管理最早出现的最基本的模式，是由连锁管理总部直接投资、连锁管理的运营形式。连锁管理的所有分园均由总园全资、控股或兼并的形式开设，在招生、教学、管理、财务、人事等方面均由幼教集团总部统一运营管理。

直营连锁凭借统一的运营管理、统一的资金调动、统一的核算制度，具有巨大优势，有利于连锁管理幼儿园标准化制度的推广，有利于与其他幼儿园的竞争，有利于幼教集团制定整体发展战略、开发人力资源、研发新课程、实行信息化管理，有利于发挥幼教集团规模优势和整体优势。但是直营连锁模式也同样面临着单一资本辐射范围小，连锁管理的分园发展规模和速度有限，分园办学的主动性和积极性不高的困境，它们制约了直营连锁管理分园规模的进一步扩大。目前，我国由政府或国有企事业单位主导的公办性质的幼教集团多采用此种模式。

（2）加盟连锁。加盟连锁是幼教集团总部以合同约定形式，允许加盟幼儿园有偿使用其总园（名园）品牌进行招生、组织教育教学活动的运营模式。

加盟连锁的幼教集团总部以特许权转让形式经营，可以凭借较少投资、较低的资金风险，实现快速扩张，扩大品牌幼儿园的知名度，较快速地占领幼教市场份额。对于各加盟幼儿园而言，特许权转让模式有助于加盟幼儿园快速获得知名幼儿园品牌、优质学前教育资源、成功的管理和运营经验，得到一种成熟有效的运营方法，降低了办园风险和投资风险。但是加盟连锁管理的幼儿园由于是独立运作的，给幼儿家长带来不少困惑，存在信任风险，甚至有可能损坏总园（名园）的品牌形象。目前，我国大多民办性质的幼教集团多为此种模式。

幼教集团运营毕竟不完全等同于商业运营。不同的幼儿园由于所处区域和环境不同，生源构成不同，在大前提统一的办园模式下，分园不能完全照搬照抄总园的做法，还应有所改进和创新，努力打造分园各自的特色，即倡导统一连锁管理模式下的“一园一品”，包括装修设计风格的差异性。例如，安徽师范大学幼教集团的伟星城分园为现代简约风格，金域蓝湾分园为欧式古朴风格，碧桂园分园为日式田园风格，且每所分园都有自己的特色课程和特色活动。

案例4-2　安徽师范大学幼教集团打造“一园一品”

公办园举办分园不仅要追求规模，还要施行统一管理。在规范标准的基础上，要定期检查，建立档案并形成动态监管系统，对管理不规范行为进行跟踪指导和监督。只有形成标准及动态监管系统，才能使其有章可循、有条不紊地发展。

总园领导层既要注重培养分园管理者，也要加强管理人员梯队建设，储备管理人才，同时还需要在一定程度上给予分园办学的自主权，包括财务、人事、课程和活动等方面。每一所分园在总园的统一管理和领导下要根据分园自身实际情况，发展园本课程。在园所设计中，虽然开办一系列分园，但并不等同于市场上肯德基、麦当劳式的简单“复制”，而应该因地制宜，在内化园所文化的同时，让每一所分园都有自己的园所设计特色。

安徽师范大学幼教集团打造“一园一品”园所文化，使身处异地的附幼人办相同质量的教育。经过附幼人的共同努力，所举办分园在开评时间内均取得“芜湖市优秀民办园”等级，办园水平和办园质量在每个区域均名列前茅，满足了各区域大众子女有学上、上好学的美好愿望。

连锁管理与单个幼儿园管理不一样，总园园长的工作内容不能与分园园长重叠，在做更高层面工作时一定要学会抓大放小。那么幼教集团总部应该做哪些事情呢？在一个良好的连锁幼儿园运营体系中，幼教集团总部至少应该做到：财务管理规范，品牌营销良好，信息化服务及时，监督指导有力，培训服务高效，课程研发独特。

从以上六点可以看出，幼教集团总部只需要做好三大工作：运营监督、资源支持和品牌运营。一些具体事务性的工作交由分园园长、主任及教师完成即可。幼教集团总部只需定期下到园所当中进行督导，给幼儿园一些自主空间，一个健康的运营机制远远优于集权化控制。

二、幼儿园集团化连锁管理步骤

（一）第一步，财务数据管理

所有幼儿园运营都离不开财务，所以财务标准化是基础中的基础，如统一的收费表格、现金流量表、退费表格、考勤表格、采购表格、工资表、库存表等。总部能通过这些数据间接了解各个幼儿园的运营情况，而不用每天去幼儿园查看。不论幼儿园大小、收费高低，其基本的财务表格必须统一化。

（二）第二步，品牌形象管理

现阶段，一些民办幼儿园依旧不注重品牌形象。但作为连锁幼儿园，一定要重视品牌形象。改善连锁幼儿园最立竿见影的方式就是环境。幼儿园的品牌、理念等都可以通过标识、颜色、形象等设计展示给家长和社会。

（三）第三步，深入数据化分析

当财务数据管理和品牌形象管理到位后，集团化连锁管理最基本的两件事已经完成，接下来要做的是进一步深化财务分析，通过财务数据分析出幼儿园财务状况、幼儿园盈亏平衡点、采购支出等。只有深入分析数据才能制定更加接地气的绩效激励措施，而不是拍脑门子或心血来潮想出临时举措。

（四）第四步，信息化管理

随着智能时代的到来，一个部门如果不重视数据分析，那必将被淘汰。因此，用互联网技术管理幼儿园成为必然趋势。信息化技术大大降低了重复性工作以及人为篡改数据的可能。标准化的运营管理系统，让总部与旗下幼儿园产生的数据信息实时、可靠，数据之间有关联，数据可以积累，通过有效分析数据，为幼儿园未来发展提供战略指导意见。

（五）第五步，运营监督、资源支持、品牌运营

前面提到的步骤都是集团化连锁管理的基础设施搭建，而要让这个幼教生态系统真正具有生命力，就要不断在督导、培训、研发、营销等方面进一步投入，根据幼儿及家长的需求变化，推陈出新，让幼儿园始终保持活力、提升竞争力。

（1）总部要设计或引进一套幼儿园测评系统，尽可能要量化评价，减少过多的主观评价，降低模糊的“好”与“不好”。很多幼儿园喜欢用自评表，但真正能讲清楚1～10分区别的人几乎没有，这种自评体系没有任何指导意义。

（2）一个幼儿园的好坏很大程度上取决于其园长的能力。总部管理连锁幼儿园时需要对园长进行绩效考核，最好将园长的收入与业绩挂钩。总部不用事无巨细，只需做好园长KPI考核，做好园所服务支持和品牌运营，给园长多一些空间和自主权，激发园所活力。

（3）连锁幼儿园必须走品牌化道路，在品牌战略上一定要高度统一。集团的所有行为都要围绕品牌建设开展，树立品牌形象，建立品牌影响力，总园品牌能否对分园的形象、招生、宣传起到积极作用，是衡量品牌价值的唯一标准。有些幼儿园在当地已经小有名气，集团的品牌要作为幼儿园发展的“二级火箭”，帮助幼儿园突破发展瓶颈，达到更高的水准。

（六）第六步，整合、共享、生态

共享的时代，闭门造车只会限制我们的发展空间。现在各行各业都在通过互联网技术进行同业融合、跨界整合，我们需要的不仅是向幼教同行学习，更需要向海底捞、万达、阿里巴巴、华为等公司学习，通过跨界激发不同的思考方式。当幼儿园整套系统运行磨合完善后，一个完整的大幼教生态系统自然而然就呈现在我们面前。未来的业务模式，绝对不是实体幼儿园的小本经营，而是大幼教联盟生态系统的学前教育产业。

案例4-3　安徽师范大学幼教集团连锁管理的核心内涵

安徽师范大学附属幼儿园经过近些年“总园办分园”的实践探索，总结了“优质公办园举办分园”连锁管理的核心内涵——“六统一独”，即

六大统一——
- 办园理念:教育理念、管理理念、办园宗旨和目标
- 师资队伍:招聘、培训、调配、考核、薪酬
- 课程设置:一日活动计划、课程领域、大型活动
- 饮食计划:统一食材、食谱及采购配送
- 物资配备:办公用品、装修材料、家具采购、教仪教具
- 形象标识:园名、徽章标识、园服、建筑风格与颜色

一个独立:总园及各分园财务均独立核算。

第三节　幼儿园集团化管理策略

一、人事管理

人力资源是幼教集团发展之本，人力资源管理与开发是幼教集团成功发展的关键因素之一。人力资源管理的目的就是要有效地管理，激励教职工最大限度地发挥自己的潜能，在幼教集团实现整体发展目标的同时，也使教职工个人价值能够得到体现，教职工的职业生涯得到发展。“只有无能的管理，没有无用的人才”，掌握了科学的用人艺术，就如同一个拥有精湛技艺的乐队指挥，能使乐队保持一致的节奏，奏出和谐而美妙的音乐。

一段时间以来，部分园所内传统的人事制度在管理方面存在一定的问题。

一方面，人员大量积压，另一方面又缺乏优秀人才，劳逸不均，多余的人出不去，短缺的人又补不进来；另一方面，分配上的平均主义，形成内无心理动力，外无心理压力，干多干少一个样，干和不干一个样的局面，严重挫伤了教职工的积极性，影响了办园质量的提高，严重阻碍了学前教育事业的改革和发展。

因此，要改变园所存在的弊端，最根本的方法是进行人事制度改革，使园所有择师的自由，教师有择业的自由，干部能上能下，教师能进能出。在聘任制方面，要建立严格的责任制、考绩制、奖惩制，建立起适合调动园所干部、职工积极性的新的人事制度，为进一步深化教育改革、提高教育质量提供人才保证。

现代人事制度的动态管理，实际上是由三个机制共同完成的，一是更新机制，二是激励机制，三是行为调控机制。

（一）人力资源中的更新机制

更新是人力资源队伍建设的基本问题之一。更新问题的产生，是自然规律，也是现任工作人员的“新陈代谢”问题。随着社会发展变化的节奏明显加快，社会问题的复杂性日益增加，幼教集团一方面需要不断提高现任教师及管理人员的知识水平、技能水平和管理能力，另一方面需要不断补充“新鲜血液”，吸纳那些了解、掌握最新知识和技术，又有强烈责任心的新人为幼教集团服务。

幼教集团人力资源的更新包括两方面含义：一是工作人员的更新，二是人员素质的更新。人员的聘任制和退休制分别管理着人员在集团人事系统中的“进”和“出”，履行着人员新老交替、人员更新的功能；而幼教集团的培训制，目的是为了提高教职工的业务知识水平、增强其实际工作能力，履行着教职工自身素质更新的功能。此外，人力资源的合理配置也非常重要，可以达到人员的优化。聘任合同制、退休制、培训制和人员配置的优化共同构成了幼教集团人事的更新机制。

1. 实施聘任合同制

（1）聘任合同制。

面对目前幼儿教师编制严重匮乏的现实困境，无论是公办幼教集团，还是民办幼教集团，均选择了实施聘任制度来解决用人需求。在实施聘任制的过程中，幼教集团首先把内部设立的若干工作岗位的聘任条件、工作职责、考核办法、工资待遇向全集团和外界公布。应聘人员不受原有岗位、原有待遇、编制约束限制，可根据自身条件自由选择。凡应聘上岗人员，均根据聘用合同制方案中关于工资及奖励的条款，享受平等的待遇。在聘用与审核过程中，严格坚持公平、公正的原则，应聘者在应聘过程中，填写意向表并在考试、考核基础上，参加幼教集团的公开答辩，由专家组进行投票选举。聘任的程序实行分层聘任，总园园长聘任分园园长和各岗位主管，各主管聘任各责任人，各分园园长聘任各园教职工。

人事聘任制度改革是幼教集团在进一步探索幼教集团体制改革过程中的重要举措。在人才聘用过程中，幼教集团一贯坚持依法聘用、公开平等、竞争上岗、双向选择、分层聘任的原则，在对应聘者的思想、品德、业务水平、工作能力、健康状况进行全面考察后，择优聘用，从而在幼教集团内部各岗位形成良性竞争。

受聘人员在接受聘用后必须与幼教集团签订《××幼教集团××岗位人员聘用合同》。这种聘任合同制的实施，其核心是将录用制固定用工制度改为合同制动态用工制度，由身份管理转为岗位管理，按需要设岗，双向选择，契约管理。通过聘任合同制，把竞争机制和激励机制引入集团的人事管理中，使之走向规范化、法制化，充分调动集团教职工工作的主动性、积极性和创造性，全面提高集团的办园质量、管理层次和科研水平。

（2）大胆起用年轻干部。

幼教集团在聘用干部过程中，要打破论资排辈的观念，解放思想，大胆起用和培养年轻干部。集团领导要通过深入调查了解，将事业心强、有业务专长和组织管理能力强的年轻教师安置在重要岗位上，使年轻干部在岗位上进一步得到锻炼，逐渐成熟，为幼教集团的持续发展奠定基础。

2. 集团管理团队的选拔与培训

幼教集团管理团队的素质直接关系到幼教集团自身的发展水平，决定着幼儿园的管理水平和教育质量。为此，幼教集团需采取多种形式，加强园长等核心领导层的建设和培训工作。例如，在坚持充分信任、严格要求、耐心指导、长期考察、奖惩分明、择优录取的原则基础上，分期选送园长等骨干参加外地幼儿园考察，国家级、省级骨干培训和各级学术研讨会，或邀请国内外知名专家来幼教集团做学术报告。被选派的园长等经过培训，理论水平和文化素质会比过去有很大程度的提高。学成之后，他们能自觉地把所学的理论与管理实践相结合，使园所管理逐步迈向“自我调控、自我发展、自我约束、自我完善”的健康轨道。

此外，幼教集团还要注重采取多种形式培训、选拔干部，主要有以下措施：

其一，把握总部宏观人力管理和分园微观人力管理的正确渠道，是保证管理渠道畅通的重要因素。集团注重把宏观、微观管理相结合，确定整体发展目标，为各园的管理导航引路。各部部长直接与相应的园所挂钩，分头把关，发挥传帮带作用，使一批年轻干部边工作、边实践、边接受部长的工作指导，在各自岗位上逐渐成长起来，避免了干部队伍断层或青黄不接的现象，使幼教集团的发展有一支年轻的、有开拓创新精神的核心队伍，促进了各园管理水平和工作质量的进一步提高。

其二，在教师中挖掘优秀人才，建立集团内部的人才库，为集团管理岗位提供人才储备，促进岗位竞争和人才流动，激发教职工的危机感和竞争意识，并分期、分批、有步骤地对优秀人才进行培养，使其成为集团的后备干部力量。

其三，为提高集团管理团队、骨干教师的管理水平和业务能力，建立园长联席会议制度和中心组理论学习制度。

3. 优化人力资源配置

在实施人事制度的改革过程中，集团还应确立人岗适当的原则，根据职工个人能力、特长及存在的困难，适当调整岗位，使各类人才得以合理流动，余缺互补，进一步理顺人事管理关系。

（1）合理组合教职工队伍。

要进一步优化教职工队伍，还需进行合理组合，优化人员配置。幼教集团根据干部和教职工的管理能力、教学水平、年龄、学历、个性特点、兴趣特长等进行合理搭配，可在很大程度上发挥个人优势，使干部、教师，中年、青年，能力强、能力弱的教职工之间互相学习，补充协调，形成合理组合的整体优势。

（2）采取低职高聘、高职低聘的管理手段。

为了使教职工最大限度地发挥个人潜能，发挥工作的积极性、主动性、创造性，增强责任感和危机感，集团打破论资排辈的思想，在教职工中采取低职高聘、高职低聘的人事管理办法，在用人方面不论职称、身份，充分注重每位教职工的实际工作能力和业绩。在建立考核评估项目的基础上，对教职工进行考核，并采取相应的奖励措施。对于在考核中或实际工作中能力较强但职称较低的教师，根据其实际水平进行高级的职称聘任。这种新的管理方式使更多的人才脱颖而出，并在各自的岗位上充分展示出自己的管理才能或教育、科研才能。

（二）人事管理中的激励机制

现代行为科学的研究表明，与人的工作有关的因素有两类。一类是激励因素，如晋升、赏识、责任、工作成就、荣誉等，这些因素可以激发人的工作动机，使人产生一种内在的工作动力；另一类是保障因素，如工资福利、安全保障、管理监督等。这两种因素在人事系统的实际运行过程中，共同构成了集团人事制度的激励—保障机制。

制度是机制的载体，竞争激励机制是活力的源泉。集团实施人事制度改革的目的，就是要通过改革形成有效的激励机制——人才竞争机制，最大限度地调动每一名教职工的工作积极性和主动性。建立岗位责任制、考核制度、奖惩制度是人事制度改革的重要保障。

1.岗位责任制

岗位责任制建立的目的是尽量使集团组织目标与个人的要求相统一，充分调动教职工自主创造的精神，实现教职工的自我控制和自我管理，最大限度地激发个人潜能。为此，集团要建立完善的岗位责任制，园长、教师等均实行定岗、定责，确定工作任务、目标和质量标准。每位教职工都明确自身具体的岗位责任，既避免了过去因人设事、因人设岗的现象，也避免了教职工之间因岗位职责不清，在工作中互相扯皮、推诿拖延的情况发生。

（1）幼教集团主任（总园园长）负责制。

幼教集团主任（总园园长）负责制的核心内容是指总园园长是集团的第一负责人，对上级主管部门承担集团管理的全部责任，对外代表集团，对内全面负责，统一领导集团的教育教学和行政工作。幼教集团主任（总园园长）对集团工作拥有最高行政权，在工作中有决策指挥权，即在国家和上级教育部门有关法律、法规、政策允许的范围内，有权对集团的教育教学、行政工作进行统一决策和指挥，具有人员聘用、干部任免、教育教学管理及奖惩等方面的职权，以及行使国家和主管部门授予的其他权力，并承担相应的责任。

（2）分园园长管理责任制。

分园园长管理责任制是指各分园园长由总园园长根据科学考核结果进行任命，分园园长上要对总园园长负责，下要对分园的教职工负责。分园园长的职责在于贯彻党和国家的教育方针政策，深入实际，组织和领导幼儿园教育教学、卫生保健工作，严格执行集团各项规章制度，坚持办园方针。分园园长的职权在于对本园人员有任免、调动、奖惩、调资等建议权，对违反劳动纪律、发生各种事故的责任者有追究和处理权，对全园各项工作有检查、监督和奖惩的权力，以及根据集团机构工资标准和本园教职工工作实际制订本园教职工结构工资方案的权力。

幼教集团主任（总园园长）负责制和分园园长管理责任制的建立，解决了过去“权责分离，效率不高”的问题，使权力与责任有机地统一起来，职责分明，任务统一，从而使内耗减小，管理更加深入。

2. 考核制度

（1）不断完善教职工考核制度。

考核是集团人事制度的重要组成部分，其功用在于可以了解和分析教职工，为奖惩和晋升提供客观依据；可以发现和选拔优秀教师骨干，合理配置人才；可以激励奋发向上的工作精神，调动教职工的积极性，促进教学及管理工作效率的提高，增强人事体系的生机和活力。

对教师的评估是按照一定的管理目标，运用科学的手段对教职工进行评价的过程，为此，集团制定了教职工质量评价考核制度，每月、每学期、每学年都根据评价考核标准，确定教职工工作质量的好坏，以此作为奖惩和晋升的依据，实施科学评估，极大地调动了教职工的积极性。

此外，集团还坚持周有记录、月有点评、年度有总结，以量化记分的形式使各项制度更加标准化、科学化，提高了工作效率和质量。集团将日常工作与重点工作相结合，随机考核与定期考核相结合，既看平时的常规工作，也看公开评比的成绩，增强了大家比、学、赶、帮、超的透明度。

建立考核制度，有利于集团对教师实行职责奖惩、优质优酬、多劳多得、奖勤罚懒，并以此作为人员聘任、工作调动的重要依据，对调动教职工积极性和提高其工作水平有极大的推动作用。

（2）奖惩与晋升。

严格实行制度化管理是调动教职工积极性、明确行为规范、提高队伍素质的有效途径。集团先后建立健全了各项规章制度和各类人员的岗位职责，并设立了出勤奖、全勤奖及晋升制度，有效地激发了教职工的工作热情。

为奖励在集团发展过程中有突出贡献的教师和管理干部，集团可设立总园园长奖励基金和基层奖励基金，由总园园长或园长对取得科研成绩、业绩突出、贡献突出的教职工进行奖励，有效地调动各类人员的工作积极性。

3.奖惩制度

广义的人事制度改革包含与之相应的关于工资与奖励的条款，目的是拉大关键岗位与一般岗位的分配差距，充分体现岗位与责任、收入与风险、激励与制约并存的正比关系。具体可以实施“年薪工资制”与“岗薪工资制”相结合的方式，实行从活化结构工资过渡到工资总额包干的工资管理办法，进行全面工资制度改革。

集团通过创新分配激励机制和内在激励机制，建立起新的薪酬福利体系，包括集团档案工资和集团活化工资，其中集团活化工资包括集团效益工资、工龄工资、行政职务工资、岗位等级工资和其他福利五个部分。集团活化工资与教职工的工作岗位、工作量和考核指标紧密结合。

（三）人事制度中的行为调控机制

现代人事系统的动态运作，正如任何有机系统的运作一样，都是由其内部一系列各自履行其功能的运作机制来完成的。更新机制履行着人员与素质更新的功能，激励机制和保健机制则从心理方面调控着职工的工作情绪、工作热情和工作动机。但是在现代幼教集团人事系统中，仅有这两种运作机制远远不够，因为这一系统的主体是教职工，教职工不仅有内在的心理动机，还有外在的行为表现，种种行为势必与整个系统良性运作有极大关系。因而在现代人事系统中，还必须建立起行为调控机制。它能够从宏观和微观上调控教职工的行为，规定“必须做什么”“应该做什么”“可以做什么”和“不能做什么”，这样才能够保障整个人事系统有条不紊地运行。

1.道德规范

幼儿教师作为一种职业，正如其他职业一样，也有其从业人员应当遵守的职业道德。对幼儿教师来说，职业道德是一种行为自我调控机制，它能够使教师对其不适当的行为做出一种自觉调整，虽然不具有法定的强制性，但是它是一种潜在的行业制约力量，调控着教师应当做什么和不应当做什么。

随着学前教育事业的不断发展，必须加强幼儿教师的师德师风建设，确保幼儿教师职业道德水平不断提高。

2.监督机制

从调控教师行为这一目的来看，仅仅规定教师的行为规范，是不能达到这一目的的。在现代人事系统中，还必须建立起一种能够监督教师是否遵守了这些行为规范的机制。监督机制就是对教师的行为是否遵守了法律法规和道德规范而实施监督和检查的一系列规定。

二、教师队伍建设与管理

（一）集团化幼儿园教师队伍建设的原则

1.选人的基本原则

（1）严把选人关原则。教师招聘是确保集团化幼儿园生存与发展的一项重要的人力资源管理活动，在制订招聘计划时，必须保证招聘条件和招聘过程的合法性。由于集团化幼儿园教师队伍建设的首要职能是确保幼儿园及时得到所需的教师，因此选人从某种意义上可以说是集团化幼儿园人力资源管理的起点。只有选了人，才能用人；只有选好了人，才能育好人；只有选对了人，才能留住人。所以集团化幼儿园必须严把选人关。

（2）以工作和岗位需要为原则。随着集团化幼儿园规模逐渐扩大、工作任务不断增加，幼儿园需要不断招聘新人，以承担新增加的工作量。因此，集团化幼儿园在选人时，要尽可能减少盲目性、主观性和随意性，必须提前做好所需岗位分析，以工作和岗位需要为原则，通过定编、定岗，来确定需要招聘的人数、岗位及其职能、要求等，从而使选人更有针对性。

（3）坚持匹配原则。人的能力有大小，本领有高低，工作有难易，要求有区别。因此，选对人、用好人的一个重要标准是人尽其才，适才适用，而不是一味盲目地追求高学历、高技能、高层次和“最优人才”。这样不仅是对招人用人成本的浪费，也是对人才资源的浪费。集团化幼儿园的教师招聘工作，要遵循能力和职位相匹配的原则，量才录用，做到人尽其才、用其所长，从而持久、高效地发挥教师队伍建设的作用。

（4）客观公正原则。要尽可能避免招聘者个人主观偏好因素的干扰。招聘者既要有广纳贤才的胸襟，又要有识才、辨才的能力，还要有衡量、评价人才的知识和方法，以公平、公正、科学的标准去衡量和评价人。集团化幼儿园在教师招聘工作中，要对所有应聘者一视同仁，平等对待，不得人为制造各种不平等的限制条件；也不能提供各种不平等的优先、优惠政策，要努力为社会上的有志之士提供平等竞争的机会，不拘一格地选拔、录用优秀人才。

（5）用人单位或部门参与原则。一个人能否胜任某项工作或者其发展前途如何，是由多方面因素决定的，特别是非智力因素起着决定性作用。集团化幼儿园在招聘教师的过程中，要遵循用人单位或部门参与原则，一方面，可以保证所选之人更加符合岗位要求；另一方面，有助于对候选人员的品德、知识、能力、心理、工作经验等方面进行全面考核，通过对其智力因素和非智力因素的全面了解，来选择合适的人选。同时，用人单位或部门参与还有利于单位或部门关系的融洽。

2. 用人的基本原则

（1）“擅用人长”原则。社会分工越来越细，术业有专攻、能力有大小、兴趣有差异，科学用人就是要将人放到组织真正需要且适合他的位置上，让他承担适合他的责任，避免大材小用和小材大用，甚至是误用。集团化幼儿园管理者应根据每个人的能力大小和能力方面的不同，将其安置到最能发挥其特长的岗位上，使其优势得到充分发挥和利用，从而提高工作效率。

（2）挑战性工作原则。枯燥、呆板和简单重复的工作索然无味，会消磨人的工作兴趣，毫无挑战性的工作同样无法激起人的斗志和热情，不能发挥人的创造力和潜能，不能使人体验到成功感和成就感。因此，集团化幼儿园在人力资源开发与使用的过程中，应遵循挑战性工作原则，使工作设计、工作内容、工作形式和工作结果运用等富有挑战性。

（3）公平合理的报酬原则。这里强调的“公平”，是指效率优先的公平，是对才能、绩效的公平，能者多劳，但多劳者一定多得；这里强调的“合理”，是指报酬应该基于绩效或者贡献。因此，集团化幼儿园实施激励时要实事求是，以客观事实为依据，恰如其分地进行激励。首先，应进行严格而认真的测评与考核，保证激励的科学合理性。其次，必须反对奖励中的平均主义。公平理论表明，平均分配并不能消除教师间的不公平感，反而会挫伤绩优教师的工作积极性。再次，激励要对所有教师一视同仁，不能按职位高低来激励，不能以感情代替政策、以偏见代替标准。

（4）物质激励与精神激励相结合原则。物质激励与精神激励分别满足教师的生理需求和心理需求。按照马斯洛的需要层次理论，生理的、物质的需要虽然是基础，但属于低层次的，教师应有更高的需要层次。因此，用人并不是把人当作机器和实现目标的工具，用好人必须关心人、尊重人，对工作的反馈尤其是肯定、表扬、称赞、提拔可以让人充分感受成就感和成功感。集团化幼儿园在对教师激励时要考虑教师需要的实际特点，把物质激励与精神激励有机地结合起来。过分依赖物质激励，会使不少教师觉得“太俗”而失去激励作用；同样，一味强调精神激励，会导致精神万能论，使教师觉得过于缥缈虚幻，也不能持久地激励广大教师。

3. 育人的基本原则

（1）长期原则。知识经济时代，无论组织发展需要，还是教师个人成长需要，不断进行知识的更新都是必不可少的。因此，集团化幼儿园必须坚持长期原则。持续、有计划、分步骤地对教师进行教育和培训，是当今世界科学技术迅猛发展形势提出的客观要求。集团化幼儿园必须根据其长期的发展战略要求和教师培训需求，确定长期的培训计划及其实施方案，使培训切实成为实现其发展战略的重要途径和保证，从而满足其长远发展的需要。

（2）实用原则。集团化幼儿园教师培训的目的在于改善和提升个人和组织的工作绩效，因此必须讲求实用，使之满足或符合工作需要。这就要求培训的内容与设置的课程必须满足集团化幼儿园教师的实际需要，同时还要考虑到受训教师的接受能力。培训的方式方法要因人而异，因内容而异，要合理适用、灵活多样，要特别注意培训成果的转化。应尽可能提供各种有利条件，激励受训者应用所学的知识和技能。只有这样，才能实现培训的良好效果，更好地改善和提高工作绩效。

（3）因材施教原则。这是教育和培训共同的要求，因为每个教师的个性、基础、经历、经验、接受能力、兴趣、爱好等都存在差异，集团化幼儿园培训教师的方式、方法和途径都应该视具体对象的具体情况而定。集团化幼儿园培训的目的是改善教师的工作业绩，因此，培训时应当根据教师的实际水平及所处岗位确定不同的培训内容，进行个性化的培训，这样的培训才更有针对性。

（4）学以致用原则。学以致用是指学了要运用。如果学了不用、不能用或用不上，就是浪费。所以育人需要机制和文化的配合，要提供或创造条件让教师所学的知识有用武之地，鼓励、支持、配合和奖励教师将所学的知识转化到工作实际中去。同时，集团化幼儿园培训教师不是公益事业，而是一项有成本的投入，因此，集团化幼儿园培训教师必须是“出自我需”并“为我所用”，必须以工作需要为前提，并强调学以致用。

（5）资源共享原则。资源共享是指充分利用集团化幼儿园的各种人力、物力、财力资源，发挥规模优势，高效利用培训资源，降低培训成本。集团化幼儿园教师培训与开发要坚持资源共享的效益最大化原则，不仅要考虑投入多少，更重要的是要考虑投资收益问题。一是要提高培训和开发的效率，二是要进行适度与恰当的培训，三是要做好培训和开发的预决算及评估工作，实现在培训费用一定的情况下，培训效果最大化，或在培训效果一定的情况下，培训费用最小化。

案例4–4　安徽师范大学幼教集团师资队伍建设经验

人品是立身之本，我们的人生有三个角色：为人子女、为人父母和做自己。生活中要处理好三种关系，即人与物的关系、人与人的关系、人与自己内心的关系。我们认为工作是为了更好地享受生活，我们努力使附幼成为教师充分发挥潜能、实现自我价值的平台，创造幸福人生的源泉；成为学前教育领域优秀人才的向往地、聚集地。

一、依据附幼师资队伍特点，促进教师专业化发展，提升师资队伍的内涵

集团师资队伍特点是在编、人事代理、自聘三种性质并存，教师队伍平均年龄31岁。我们以“逐步建设一支师德高尚、热爱儿童、业务精良、结构合理的教师队伍”为师资队伍建设目标，扬长避短，充分发挥机制的优势，制定有针对性的规划和策略，确保师资队伍的专业水平不断提升。

（1）制定师资队伍建设规划，通过分析现状，结合未来规划，制定进人计划，开展科学考核，优化师资队伍结构。采取向社会公开招聘优秀在职教师、遴选优秀应届本（专）科毕业生、考核淘汰不合格的师资等形式迅速提升教师队伍的质量，补充教师队伍的数量。在招聘教师的考核中，更加注重教师的人文素养。

（2）通过开展多种形式的在职培训，提升师资队伍内涵。实施有针对性的学习和教研，每学期由集团开展的园本培训不少于8场，年级组、教研组的教研常规化、园本化，确保绝大多数教师过好教学关。通过“请进来、走出去”的方式拓宽教师视野，促进教师的专业成长。激励教师积极开展课题研究，创设良好的教学、科研环境，并制定相应的考核评价制度及奖惩措施。课题的有序开展，以研代训，使教师提升了专业理论素养，加强了开展科学研究的能力，优化了思维方式，为提高教学质量奠定了坚实的基础。充分发挥大学办园优势，大学教师参与课改和教研，目前有1个国家级课题即将结题，2个省级课题已结题。

（3）对年轻教师、骨干教师等进行分层培养。加强对新进教师、初任教师的管理，为新教师开设系列专门培训课程。实行导师制，使新教师在导师的帮助下尽快融入附幼，了解并践行附幼文化，而且指导一个人可以促使指导者更深入地思考和反思，这是一个对专业成长十分有效的策略，从而使每个人都能从这些经验中成长起来。支持教师提高学历层次，参加各种进修、学习，不断更新知识，提升专业化水平。探索优秀教师成长模式，鼓励教师逐步形成自己的教学特色和风格，并在各级各类教学评优中崭露头角。

（4）进一步加大对师德高尚和教书育人成效显著教师的表彰力度，调整各级各类比赛、论文发表等活动的奖励额度；有计划地培养选送教师参评高级教师职称；积极解决聘用教师的职称评聘工作，与市教育局相关部门协调，深入了解聘用教师职称评定细则与程序；及时组织教师申报，做好推荐工作。

（5）制定、修改和完善分配制度，通过制度进行日常管理，建立契合附幼实际且能促进师资队伍建设的人事和分配制度。切实提高教师待遇，探索建立长效的激励机制。集团自聘教师的比例高达91.5%，自聘教师队伍的稳定与否事关集团的生存和发展。为此，我们经过多方调研和财务测算，依照“有劳有得，多劳多得，优劳优酬”的原则，不断修订完善自聘教师管理条例、薪酬体系，建立契合集团实际且能促进教师队伍建设的分配制度，关心教师的工作和生活，努力做到人性化管理，提高教师待遇。

二、共同价值观背景下的职业成就与幸福

教育的终极目标是成就幸福的人生，教育的相关人员也应是且生活且幸福，且工作且感悟。价值观影响着我们做的每件事，秉承共同的价值观，人们便会实现一种心灵上的契约。共同的价值观可以使教职工心往一块儿想、劲往一处使，使校园文化得以传承，使幼儿园具备可持续发展的潜质。我们依据附幼特点和发展现状，确立核心价值观和办园思想，并始终如一地践行在办园的全过程中。如：只要有利于幼儿健康成长的事，再难我们也要做；只要不利于幼儿健康成长的事，对我们再有利，我们都坚决不做。建设“团结、进取、创新、博爱”的团队文化，增强教职工的归属感和合作精神，认同团队的力量，即团队对某一目标的贡献大于团队任何一个人的贡献。团队中的成员能彼此激励，及时与团队成员分享自己的思考及学到的创新性观点。践行以人为本、向善的管理理念，对待教职工的方式与建议教职工对待幼儿的方式保持一致，关注教师的优点和积极的行为而不是消极方面，允许其在不触及底线的前提下犯错误。包容、等待成长，成就人，人尽其才，使教师更加独立、更加负责任、更加成熟，注重每个个体的幸福。对同事，宽以待人；对家长，包容、理解；对幼儿，尊重接纳，等待幼儿成长；对同行，敞开胸怀，分享专业经验。追求卓越，细节决定成败，没有最好只有更好。奉行家庭第一，建和睦家庭，育优秀儿女；工作第二，工作要为幸福家庭奠定基础。

经过多年的发展，集团逐渐形成了一支敬业爱生，业务精良，结构合理，责任心强，深受社会、同行肯定和家长推崇的教师队伍。多年来，附幼教师在《学前教育研究》《中国美术教育》等国内教育核心期刊上发表论文、教学设计等100多篇，在各级各类论文比赛中有110多篇论文获奖，辅导幼儿绘画获奖作品1 000余幅，编写出版了《娃娃学电脑》《儿童美术教程》两本园本教材，取得省市级各类荣誉称号、重要奖项达20多项。我们还注重建立一支学习型管理团队。领导应该是学习的领袖，管理者要遵循科学规律，注重调研。管理者必须是反思型专业人员，乐于分享自身的长处和短处，并且对新观点持开放态度，能激发教师的自信心并对他们的工作给予支持。经过多年的锤炼，集团现有一支团结协作、致力于学前教育事业、专业素质高、积极进取、年富力强的管理团队。几年来，集团的主要管理者为国培计划、部分地市的继续教育学员及本园教职工6 500余人次开设专业讲座60余场。

我们坚信，不论集团在何处，只要我们坚持正确的教育理念，秉承共同的价值观，我们就一定能做最好的教育。

（二）集团化幼儿园教师聘用管理措施

伴随着学前教育课程改革的不断深入，人们对幼儿教师的知识结构、教学技能等方面的要求也不断提高。是否拥有一支职业道德高尚、教学经验丰富、业务技能精深、教学特长全面、年龄结构合理的教师队伍，成为衡量幼儿园办园水平高低和能否得到广大家长及幼儿认可的关键因素。

我国《教师法》第十七条规定："学校和其他教育机构应当逐步实行教师聘任制。"实行教师聘任制能不断地激励教师提高素质，提升学前教育机构整体办园水平，使“在改革中求发展”的办园理念得以落实。集团化幼儿园更应紧密结合自身情况和区域学前教育发展需求，创新教师聘用管理机制，把好人力资源“入口关”，保持教师队伍的生机和活力。

1.开展人力资源预测和调研，建立学前教育集团框架下的人力资源库

教师队伍预测就是对未来一定时期内学前教育机构所需的教师队伍的数量、质量与结构进行估计，对可能影响教师队伍变化的各种相关因素进行综合分析，从而为教师的聘用、教师队伍结构调整提供重要依据。有计划、有组织地开展人力资源预测，在充分调研的基础上，明确达成集团层面及所属学前教育机构的发展规划、教学目标需要配备什么样的师资力量，搭建什么样的教师队伍结构，从而为制定短、中、长期人力资源发展规划提供可靠的保证。

集团化幼儿园下设多家园所，教师队伍庞大，更要借助科学的教师队伍发展预测不断优化教师队伍结构，并在此基础上建立集团人力资源库，为学前教育事业的发展提供人力资源特别是核心人才保障。

首先，要全面分析现有教师队伍。通过调查教师队伍的年龄及教龄结构，知识、文化及学历结构，能力倾向、具备各种专业技能和特长的教师资源结构，教师队伍人员流动情况，教师队伍中骨干力量个人发展意愿等一系列要素，从而明确现有教师资源配置中存在的问题、教师队伍结构中需要强化及调整的方向，为进行人力资源需求调研打下基础。同时，还要了解和预测内部不同园所中可能引起教师岗位流动的相关因素，如教师继续教育专业学习的完成情况，教师个人在工作中表现出的专业兴趣和特长，教师科研能力、组织能力、表达能力等不同的能力倾向，甚至教师家庭住址的搬迁、身体健康的变化、个人心理情感、个人生育哺乳等因素。为集团内教师供给和需求的预测提供重要的参考依据。

其次，作为集团化学前教育机构，在了解掌握内部教师队伍情况的同时，还要准确把握外部生存环境，把握周边社区规划给学前教育市场带来的变化，把握周边服务半径内人口出生率的变化和周边社区居民文化、经济结构的变化，并充分考虑到这些变化对教师技能和特长方面需求的影响，以及对教师队伍素质完善和提高方面的需求等诸多相关因素。此外，还要充分了解当地人才市场上未来特定时期内教师队伍供给情况的相关信息。要根据内外两方面教师队伍的供需情况进行预测和分析，制定教师队伍发展规划，从而建立起信息完备、内容丰富、层次清晰、结构合理的人力资源库，在教师队伍中发现人才、定向培养、择优选拔、合理任用，带动教师队伍整体素质的提升。要规范聘任管理流程，加强过程控制，保障教师的合法权益。教师聘任制关键在于过程控制，要通过建立科学合理的聘任制度，明确规范有序的聘任流程，严格做好聘任过程监督，确保公开、公平、公正。只有保障教师的合法权益，才能将最合适的教师聘任到最适合的岗位。可引入竞争机制，实行公开招聘；发挥职代会和纪检监察的监督作用，实行劳动合同制，保障教师的权利；整合内部教育需求，实行长期聘用与短期聘用相结合的方式；发挥集团化幼儿园的宏观调控作用，优化教师资源配置。

2.集团化幼儿园教师绩效管理措施

教师考核和教育评价，作为教师工作绩效和教育价值判断的手段，不仅具备鉴定功能、诊断功能、反馈功能、改进功能，还具有不可替代的激励和导向功能。对教师工作绩效的考核与评价是否科学、公正，将直接影响教师工作的积极性，进而影响到整个管理行为的效率。要设计科学的教师绩效考核与评价结构，实行多元化评价，通过职位分析制定科学的绩效考评体系，通过分层考核、多角度评价，寻求更真实客观的考评结果。

3.集团化幼儿园教师激励管理措施

教师激励是教师队伍建设的重要环节，对教师个体及群体，对教育组织的形成、发展以及组织目标的实现等都会产生重大影响。教师是幼儿园的主力军，对幼儿园的发展和保教质量的提高起着非常重要的作用。因此，管理者必须树立“以人为本”的现代管理理念，以教师的主体性发展作为教师管理工作的核心目标。对于教师群体而言，他们需要一种内在的动力，作为激发积极性的原动力。因此，集团化幼儿园每一级管理者的每一项管理措施都应在充分尊重、充分了解管理对象——广大教师需求的前提下实施。要尊重教师的需求，通过有效的激励管理手段满足他们的需求，创设一个能充分调动教师群体积极性的环境和氛围，以唤起幼儿园每位教师的内驱力，激发他们工作的主动性和创造性，更好地促进学前教育工作质量的提高。

案例4-5　幼教集团教师人力资源的管理策略

一、教师的聘任管理

（一）人才招聘

在招聘人才过程中，幼儿园根据园所的发展需要面向社会公开招聘人才，使得招聘的过程公平、公正、公开，也利于幼儿园人才的储备和调用。

（二）岗位聘任

为了使教师队伍更加符合示范园发展的要求，幼儿园每学年都要开展各岗公开聘任工作。一是教职工个人填写聘任意向，了解各岗位的需求，按岗定编。二是聘选班长，凡是认为自己有能力胜任班长工作的保教人员都可以自荐竞岗，谈规划，讲思路，经过大家投票选举，最后经过行政部门、工会和教代会（即教职工代表大会）民主评议，推荐出思想上进、有教学能力、大家认可的人为班长。三是班长聘任班组人员组成班级，未被聘任的为落聘人员。

二、教师的培训管理

在实践工作中，幼儿园分梯次制订教师培养计划，尊重差异，分层培养，错位发展。在对新教师、基础合格型教师、成熟探索型教师、反思创新型教师的培养中，针对他们的个人特长、个性能力、发展水平等方面的不同，尊重差异，帮助其形成独特的教育教学风格。采取分层培养，让不同能力的教师错位发展，并给予一定空间和时间，从而达到共同提高的目的。同时，在实践中给予充分信任和机会，通过锻炼、打造和其自身的努力，让有为的教师在原有水平上获得最大限度的提高。

（一）实现学历达标

对于那些学历尚未达标的教师，针对每个人的特点和需要，选择适当的内容和方式，持续学习深造。

（二）加大对骨干教师的培养力度

建立骨干教师档案，从专业理论、专业技能、参加对外观摩与研讨的成效等方面，记录骨干教师的进步与成长过程，鼓励骨干教师在实践中形成自己的教学风格。充分发挥骨干教师的优势作用，提升施教者的群体素质，为品牌教师的成熟与发展创造良好的外部环境。

（三）关注新教师的“精神成长”

从园长到骨干教师都担当起培训教师的重任，通过采取多种形式的园本培训，如基础入门培训、选择菜单培训、理论知识培训等，及时突破薄弱环节，帮助教师提高教育技能，丰富教育策略。在幼儿园之间开展异地教学研究、一课三研，召开“提问答疑”研讨会，以“我的关注”“我的困惑”“我的要求”等实质问题引发讨论，并对关注、困惑和要求加以分析，提出研究重点。注重贴近需求进行研究实践，通过共同建构新经验，取得有针对性的教育效果。为了促进青年教师健康成长，在师傅的选用上重品德、道德和才德，保证从各个方面督促徒弟掌握日常教学工作，提高实践能力，即保教常规多关注，活动设计多指导，家长工作多探讨，工作进展多沟通，疑难困惑多解读，生活情况多关心，学习资料多推荐，以师徒捆绑发展的方式促进德能并进、共同发展。

（四）读书促成长

通过读书与考核全方位捆绑，让读书成为工作和生活中不可缺少的内容。园所定期为教师提供读书“福利”，免费为他们提供“精神食粮”，开展了《论语》选读、《老子》选读、中华民俗专题、礼仪修养专题等活动，强调阅读经典和优秀诗文。鼓励教师坚持读、写、做相结合，在“读中做，做中读，读中写”，建立公共交流平台，在博客和QQ群里，让教师充分展现自己的思想、观点，分享经验，在与同伴交流和分享中充实自己。园所网站设计文化板块，链接“国学网”“中华古籍网”“百家讲坛”等经典文化网站，在弘扬优秀传统文化的同时，陶冶教职工的性情，以此来影响幼儿对传统经典文化的认识和感受。这样的理念和做法使我园成为“以读书长知识，以读书增智慧，以读书促养成，以读书树理想，以读书塑人格”的书香园所。

（五）外出参观访学

组织教师走出去，开阔他们的视野，与不同区域、不同环境条件的专业同行进行思想交流和观念的碰撞，让他们除了直观感受其他幼儿园的环境和硬件设施，更要观察思考别人先进的教育理念和教育行为，并从中获得启示，内化为自己的教学理念。2008年、2010年，我园分别与韩国、美国的学前教育机构建立了友好姊妹园关系，并带骨干教师参观访学开阔眼界，了解国外学前教育发展状况，同时把中华传统文化教育活动带到他们的课堂中，介绍中国文化，传递教育信息，深受当地教师及幼儿的欢迎和喜爱。

三、教师的评价管理

绩效考评是指考评主体对照工作目标或绩效标准，采用科学的定性和定量的考评方法，评定组织成员的工作任务完成情况、工作职责履行程度和成员的发展情况，并反馈评定结果的过程，它是人力资源管理系统的重要组成部分。本园教师绩效考评制度把促进教师的持续发展和自我实现作为考评的最终目的，在评价过程中和绩效反馈阶段都把尊重教师人格、增进情感沟通与交流、帮助教师进步和激发教师的工作热情放在首要位置，使绩效考评的目的不仅是为教师的薪酬和晋升提供科学依据，更是教师完善自我、提升潜力的重要途径。下面举两个例子加以说明。

（一）优秀教师的评选

公开、公正、公平的评优过程是本园提升教师队伍素质的又一个成功经验。本园把每次的评优工作都作为鼓励教职工上进、激励教职工奋进的措施。园领导带领大家分析评优条件，深刻领会评优实质，组织教职工总结一年工作绩效，并结合月工作考核、家长问卷调查、评优量化标准等，进行无记名选举。本园的评优政策倾向一线教职工，在提出候选人名单后，经评审小组、行政部门、教代会、工会、团支部讨论审议，在公开、公正、公平原则的基础上体现民意，确立最后评优的人选,并进行一周园内公示，既宣传优秀教师的事迹，又向家长展示幼儿园的师资水平。这样的举措极大地调动了一线教职工的工作热情，使他们感受到只要努力付出、有所成效，自身价值就会得到认可。近两年，幼儿园成绩显著的教师被评为天津市劳动模范、市级优秀教师、市级“十一五”立功先进个人、区级先进教师、区级名师，入选天津市“未来教育家奠基工程”首批学员等。有些教师非常激动地表示要更加勤奋地钻研业务，回报领导和同事们的信任与支持。

（二）职称的评定

本园在职称评定工作中坚持公开原则，满足条件的教师都可以申报中高级职称。由于本园中青年教师较多，按照实际基数职称评定名额有限，但为了鼓励教师积极上进、多创业绩，园领导到教育局人事科争取指标，申述本园在学前教育改革中做出的成绩，为教师的成长和提高铺路搭桥。依据申报程序，申报中级职称教师公开进行业绩宣读，大家听取业绩后结合职称评定要求，根据申报人业绩的情况进行人选排序。职称评审小组结合教职工的评议，依据评审条件进行全面公正的审定。在民主的基础上，公布评审结果，并报上级部门审批，在园内公示一周。整个评审工作透明度极高，使未能晋升者都能心悦诚服地接受事实，都能从不同角度查找自身的不足。可见，职称的评定过程是教师自我反思、查找不足、调整心态、不断提高的过程。

四、教师的激励管理

激励理论认为，人的工作绩效取决于他的工作能力和工作积极性。当一个人的工作能力一定时，其工作绩效的大小取决于其工作积极性的高低，而工作积极性的高低又取决于激励水平的高低。从个性心理发展的角度分析，人的积极性不是凭空产生的，它来源于人的三种不同层次的动机——个体动机、团体动机和社会动机。本园的激励管理基本上是基于对这三种动机的理解和分析来进行的。

（一）实行岗位贡献工资制度

个体动机是由于对个人所需要的物质利益和精神生活的追求而产生的积极性。个体动机不稳定，很容易发生变化。因此，幼儿园首先要满足教师个人所需要的物质利益，按时兑现员工工资。而教师个人是否努力工作以及努力程度不仅取决于奖酬对个人的价值，而且还受到教师对达到既定绩效的期望值的影响。工资主要由基本工资和奖金两部分构成。不同的岗位承担不同的职责，享受不同的待遇，教师工资与个人的绩效挂钩，这种工资制度较为有效地激发了本园教师的工作积极性。

（二）积极鼓励教师参与决策

团体动机是由于人际关系的影响，在团体或组织中得到互相尊重、支持、谅解，获得情感和道义上的满足而产生的积极性。教师参与决策能发扬民主、参加决策、发表意见，从而满足人们受尊重和信任的需要。现代管理心理学的调查表明，在一个团体中，通过民主的方法讨论解决问题，总比少数人无视团体的存在，独断专行地做决定能更多地获得该团体成员的关心和支持。教师参与决策，说明他们不仅是幼儿园任务的执行者，而且也可以是影响幼儿园全局的主人，从而更能激发他们的工作热情。本园教师参与决策的方法有：(1) 教代会形式，参与幼儿园大政方针的制定；(2) 征求意见，在幼儿园重要问题做出决策前，广泛听取教师的意见；(3) 直接对话，在对话中释疑、沟通。让教师真正参与幼儿园管理，参与重大决策，不仅能发挥教师的智力资源，更能让教师感到幼儿园的利益和自己的事业息息相关，更有利于调动教师的积极性，激发教师的潜能。

（三）加强物理、精神环境建设

环境建设包括物理环境建设和精神环境建设。本园四所幼儿园都非常重视园舍建设，将园区打造得整洁、优雅。在园所建设上体现文化品位、人文精神，精心设计了代表园所标识的“大拇指”拟人形象，这种第一、最棒的激励、教育方式潜移默化地树立起教职工和幼儿的自信心。标识在园所的设施中以不同的姿态表现，统一的标识时刻传达着本园的精神，让努力创建“一流的环境、一流的教育、一流的园所”的观念深入每一位教职工的心中，使教职工形成忠于学前教育事业的社会动机，从而使教职工能对学前教育工作投入更大热情。

本园还注重园所团队文化建设，将“儒雅、和谐、大气、开放”主题文化深入每个教师的心中，放大每个人的优点，鼓励教职工之间互助、合作和共享，形成相互激励、相互帮助和共同提高的积极依赖的团队关系。教职工都视本园为快乐的大家庭，因为每位教职工在这里都有存在的价值，都有尽其所能、展示才智的舞台。

（天津市河东区第一幼儿园　高歌今）

三、财务管理

集团财务管理的主要任务是：依法多渠道筹集事业资金，合理编制预算，并对预算执行全过程进行控制和管理；努力节约支出，提高资金使用效益，加强资产管理；建立健全财务规章制度，规范集团内经济秩序；如实反映集团财务状况，对经济活动的合法性、合理性进行监督。依据这个任务，集团建立了具有集团特色的财务管理工作体系。

（一）建立集团财务管理体系的三个阶段

第一阶段：统一核算、分别管理财务制度的建立。

在幼教集团成立初期，集团以整体发展为目标，实行统一核算、分别管理的方式。

首先，制定财务部门的各项规章制度，明确财务部门的职能、职责、职权以及各类人员的量化和考核标准，做到行动有标准，责任到人，专人管理，各尽其责。财务部门负责人：坚决执行财经法规。上对总园园长负责，下对各办事员及基层事务员负责，全面协调、检查、指导各项工作，起到宏观调控、微观协调的作用。出纳员：坚决执行会计法规，指导、检查、督促各项收缴工作等，做好详细记录，不断清理与各开户银行的往来账户，逐步对原各账户进行清理、撤销、合并。

其次，把其他几所分园的账务进行合账，归类汇总各类账目，相应建立起各科目的总账、明细账，并对账户进行结转，然后对分园每位职工的工资、档次、教龄和各种补贴、津贴进行摸底统计，建立起行政项目。对于幼儿伙食费进行合账，统一管理，统一核算。对各园的经济，采取领取备用金、按时报账的方法管理。

第二阶段：园长负责制下的财务管理。

集团化财务管理并没有一个固定的模式可寻，这就需要随着集团深化改革，在分园园长全面负责、部分经费承包的管理上不断探索如何适应市场经济形势。集团在幼儿伙食管理、教职工的结构工资和公用经费的使用管理上进行重点调整。对幼儿园伙食管理的调整，是为了合理地支配和使用有限资金，让幼儿吃好，让家长放心。为此，集团从各园的实际出发，把原来的统一核算改为各园单独核算，仍由财务部门幼儿伙食会计全面负责。对教职工结构工资和公用经费的改革，则是为了使集团适应市场经济形势，实现自我生存、自我发展、自我调节，引进竞争机制，调动和激发广大职工的积极性。为此，集团将原来结构工资的统一管理改为园长负责制。部分公用经费进行包干制调整。调整后，财务部门在核算方式和管理方式上也发生了变化，在原有基础上，建立各分园明细账，同时完善新的报销制度。在保证资金合理使用的前提下，做到日清月结，账实相符，账款相符，并按税务机关要求，进行成本核算，照章纳税。

第三阶段：科学规范的财务管理制度的建立。

第三阶段的工作主要是在前两个阶段的基础上，严格执行和遵守财经法规的前提下，进一步理顺各种关系，规范集团财务工作，逐步向现代化、科学化管理迈进，并为集团领导的决策提供可靠的信息。

(1) 实现资产科学化管理。集团继职工工资计算机管理后，又相继实现了固定资产报表的电算化管理、幼儿伙食账目的计算机管理、行政财务的计算机管理，从每一张原始凭证到记账、算账，从总账到明细账及报表，都纳入计算机管理系统，从而减轻了工作强度，提高了工作效率，保证了工作质量，使集团财务管理向科学化、规范化迈进一步。

(2) 在日常财务管理工作中，注重宏观调控与微观调节的作用。集团化财务管理实现了资金的宏观调控和微观管理，在财务管理上坚决执行收支两条线原则，重点加强资金支出的管理。在管理中坚持总园园长一支笔的原则，把握住资金的投入导向，保证各项资金正常运转。

(3) 加强对事务员工作的规范性管理。事务员工作质量的好坏，直接影响着集团财务部门的工作和园长的工作。为了规范对事务员的管理，集团先后建立了事务员学习制度、例会制度、管理制度、报销制度和培训制度。年初下达指标，月终结账，并随时下园检查，指导事务员工作。通过培训、指导，事务员工作逐步走向规范化轨道，他们不仅能很好地掌握公用经费的开支情况，进行合理调剂，妥善管理幼儿伙食，确保不出现超标现象，而且对固定资产的管理也更为合理，为园长的工作提供了良好的后勤保障，减轻了园长的负担。

（4）对幼教集团财务的管理逐步实现规范化。对幼教集团财务的管理，主要从购、销、存三个环节上进行调整，尽量减少不必要的开支，降低成本。

通过三个阶段的不断完善和发展，幼教集团逐步建立起符合集团发展特色的财务管理体制。这一集团化财务管理体制在多年的改革实践中，发挥出巨大作用，保证了各方面资金的正常运行和统筹规划，发展了再生产，支持了教育教学及各项重大活动的开展，保证了园长经济承包责任制的顺利实施。

（二）集团的财务管理制度

集团化财务管理的实质是：一方面，不断拓宽资金来源渠道，依法多渠道筹集资金，努力增加教育投入；另一方面，将教育资金管好用好，合理编制预算，并对预算执行全过程进行控制和管理，努力节约支出，提高资金的使用效益。

1.集团资金管理的原则

（1）处理好长远与当前的关系。学前教育事业是长期的，对这一事业的投入也应与之相适应，既要重视当前，又要着眼未来，坚持实事求是，量力而行，统筹规划，合理实施。

（2）处理好需要与可能的关系。集团在多渠道筹措教育经费、改善办园条件中，始终存在着矛盾。一方面，学前教育教育规模大，园所发展参差不齐，需要办的事情很多；另一方面，教育经费有限。因此，在资金使用时，要区分轻重缓急，以免急于求成，欲速则不达。

（3）处理好原则性与灵活性的关系。由于园所发展不平衡，在实际工作中，要区别对待，分类指导，实事求是，因地制宜，而不能搞绝对化、“一刀切”。

（4）处理好投入与产出的关系。在集团资金管理中，要处理好投入与产出的关系，即投资与效益的关系。处理好两者的关系，目的在于少花钱、多办事，提高教育经费的社会效益和经济效益。

2.加强对资金的管理

加强对资金的统一规划、统筹管理，把握资金的投入导向，也是缓解教育经费不足的有力措施。幼教集团的资金管理措施主要有以下几点：

(1) 加强对资金的统一管理。幼教集团成立后，把各分园的资金进行统筹规划，统一管理，减少分散办园重复投资和资金浪费的现象，使有限的资金发挥最大效益。同时把握资金的投入方向，根据园所的物质条件和发展水平，进行分期、分批、有重点地投入，解决薄弱园、新建园资金不足、难以发展的矛盾，加速各园硬件建设的发展进程。

(2) 实行适度规模办园。幼教集团成立前各园所房舍、设备陈旧、老化，师资水平、教学质量较低，再加上无资金进行重建、改造和发展，造成生源较少、班额不足等问题，存在人力、物力和财力的浪费现象。幼教集团成立后，对其进行布局调整，实行适度规模办园，对班额不足、幼儿人数不足的园和班进行调整，将教职工和幼儿向其他园分流，节约了经费，减少了开支。

(3) 教育资源共享，实现物尽其用。挖掘集团内部的潜力，实行教育资源共享，物资统一调配，余额调剂使用，发挥资源效益，做到物尽其用，节约了开支，激活了存量资源，减少了浪费和重复投入。

(4) 加强财务监督和管理。虽然采取了多渠道筹措资金，但对于规模较大的集团来说，要发展幼教事业，资金供需矛盾仍然十分突出。因此，在资金管理上，集团要坚持勤俭节约、精打细算的作风，严格资金的使用和管理，通过加强管理、健全制度、严格监督等措施保障资金安排合理，使用有效。

四、物资管理

幼教集团的物资管理，主要指对集团物资（如器材、设备、办公用品等）的购买、管理与分配。物资管理不仅是物资的购买、管理、分配问题，更要重视研究如何“买、管、分”。比如，该不该买，买什么类型，指派哪类人员去购买等，均需要仔细思索、总结经验、探求规律。因此，幼教集团的物资管理要有严格的规章制度，并配备责任心强、勤俭节约的工作人员。

集团物资主要包括办公用具、办公设备等，是满足办公需要不可缺少的物品。集团物资的采购、保管、使用及其科学化、规范化管理，与杜绝腐败行为的发生、节约开支、减少物资私有和浪费、提高办公效率等一系列问题息息相关。

（一）物资采购

任何组织都应有自己的物资，以满足办公的需要。这些物资有办公用具、办公设备和办公耗材等。幼教集团后勤采购人员要配合集团管理的需要，在选择各类物资时遵循一定的原则，使采购的物资达到标准、经济实惠。这些原则包括：

（1）市场摸底，即了解各类物资的基本形态、样式和功能，比较各厂商的价格、质量及信誉。

（2）满足需要，即分析各类物资在本集团的用途，决定哪些物资为真正所需。

（3）合乎规格，即样式应与集团环境相协调；性能合乎标准，性价比高；质料符合要求；厂商能提供培训和维护服务。

（4）及时供应，即一经采购，厂商能在要求的时间、地点等及时供应。

（5）经济合理，包括价格适当，大量采购可以优惠，采购、租赁更方便经济等。

（6）方式适当，即尽可能地设置集中购置部门，实行公开定价，以免发生拿回扣和掺假等弊端，影响集团经济支出和办公效率。

（二）物资保管

集团物资的保管，主要是指物资的登记、收藏、分配、使用费用的签认以及物资的盘点、交换和养护等，目的是保持物资的效能。对于备用物资，集团要做到以下几点：

（1）集中保管，即集团的所有物资由专设的部门集中保管，以便取得事权统一、责有专属的效果。

（2）分类管理，即把物资分门别类，分别采用不同的方法保管，以便收到各得其所的保管效果。

（3）妥善保管，即主管部门和保管人员应尽最大可能做好保管工作，保证物资安全整洁和账、物等一致，以避免物资遭到不应有的损坏或丢失。

（4）监督保管，即按照物资的分类编号登记立册，按时稽查，遇有散失、错误、变动，随时处理或纠正。

（三）物资使用

物资在使用中容易出现问题，为克服物资使用中的种种弊端，提高物资的使用效果，有必要制定物资使用的规定。

幼教集团物资的上述原则，体现在集团人员领用物品的过程中。属于集团工作人员按惯例需要的物资，如文具等，实行定期定量分配，各使用人员自行领用并实施登记。属于机关工作人员非惯例使用的物品，应填报领物表或借用单，经主管人员审核批准后，由保管人员发放。领物表或借用单中应包括物品名称、预发数量、实发数量、用途、批准者、审核者、领物者等项目。保管人员发放时，应备簿登记，每月统计一次，送主管人员查阅，使之了解集团物资消费情况，以便改进工作。

幼教集团所需的物资品种繁多，用量较大，对其管理是一项较为复杂的工作，要注意协调采购、保管和使用的关系。采购要保证及时供应，同时又不能积压浪费，为此，购置前要了解物资使用情况，同时检查库存，找出各种物资的最佳库存量。使用时，要对库存情况、集团经费实力以及市场供应情况心中有数，以免物资使用中出现浪费或中断供应的现象。所以，采购部门、保管部门和使用部门要紧密联系，互通信息，共同做好集团物资的管理工作。

五、课程研发与管理

幼儿园课程包括所有能使幼儿获得有益经验的活动。它是符合幼儿需要，适应幼儿天性，是幼儿力所能及，能感受到挑战和趣味，有思维参与的活动。课程的质量决定着办园的质量，只有源于幼儿生活经验的，能体现和契合幼儿认知特点的课程内容才易为幼儿理解，引发幼儿的探究欲望和学习兴趣。优质的幼儿园课程将极大地促进幼儿发展。依据附幼的教育理念，我们已初步建构起支持幼儿终身可持续发展的课程体系。

（一）践行杜威的“儿童中心论”

“以幼儿为本”是附幼课程建设的价值取向。附幼通过改革一日活动安排，减少集体教学，增加区域游戏和个别化学习时间，顺应幼儿个体发展差异，保障每个幼儿在原有基础上得到适宜发展。

（二）构建三大课程板块

附幼在主题背景下实施三大课程，即基础课程、园本课程、特色课程，通过游戏、个别化学习、小组教学、集体教学等形式来实施课程。基础课程包括五大领域及运动、生活；园本课程是我们根据幼儿特点、附幼的办园目标等确立的，如实践活动、亲子阅读、日期墙、折纸、爬山等；特色课程是指附幼长期以来积淀的，有着优质、独特的师资和优势的领域，如美术创意工作室、男教师体能活动等，将区域游戏、个别化学习、小组活动及集体活动有效结合起来，为幼儿创造多种学习和表达途径。即以主题为中心，实现三大课程、区域游戏、环境创设的联通和融合，促进幼儿健康成长。

在幼教集团课程研发过程中，我们发现，目前幼儿园课程设置最为薄弱的是“科学领域”课程。2001年7月出台的《幼儿园教育指导纲要（试行）》和2012年10月出台的《3—6岁儿童学习与发展指南》中，已经明确地表明科学领域是幼儿园课程的领域之一。通过分析这两份文件，可以看出如下转变：第一，科学教育不再将科学知识放在首位，注重的是培养儿童对科学的兴趣、情感和态度，以及儿童的科学素养。第二，重视儿童的自主探究。第三，数学被纳入科学领域，是因为它也可以发展幼儿的逻辑智能、提高他们的科学素质，其与科学可以说是殊途同归。

但目前幼儿园的科学课程开展的情况并不如人意，可以说，远没有达到预期的目标。幼儿园科学课程是短腿项目，大多数公办幼儿园的美术、音乐课程都十分有特色，然而科学课程方面却少有着墨，甚至可以说科学课程是幼儿园的冷门。有些私立幼儿园甚至不开设科学课程。可见，科学教育是幼儿园的薄弱环节，科学课程在幼儿园的实施情况令人担忧。

究其原因是多方面的：第一，幼儿园本身对科学课程的重视程度不够。第二，家长更重视孩子其他技能的学习，导致幼儿园的教育重心偏移严重。第三，对幼儿进行科学启蒙比较困难。第四，幼儿园没有专业的科学教育专业出身的科班教师，所以教师的科学素养普遍不高，教师对科学课程的把握程度不够，即在科学教育这方面的知识储备不够，教师不能胜任。第五，没有具体的科学教育内容，教师也不知道该教什么、怎么教。

为此，我们强化了科学领域幼儿课程的开发，在教师招聘时也侧重于教师的学科专业因素，有目标地吸纳热爱幼儿教育工作的理科专业背景的本科生甚至研究生加入幼教集团的教师团队。以下为我们开发的一个科学领域教学案例。

案例4-6　科学领域课程单元：水

设定单元理由：2001年7月出台的《幼儿园教育指导纲要（试行）》和2012年10月出台的《3—6岁儿童学习与发展指南》中，已经明确地表明科学领域是幼儿园课程的领域之一。在日常生活中，幼儿每天都要喝水、用水，而且幼儿也有玩水的经验，水是幼儿最熟悉的物质之一。本单元就是从幼儿最熟悉的水入手，学习与水有关的一些知识，认识水的不同形态，了解淡水对人类的作用，树立幼儿爱护水资源，节约用水的观念。

单元目标：

（1）认识水的外部特征和不同形态。

（2）了解淡水的用途。

（3）学会热爱水资源，养成节约用水的习惯。

“水”的教学活动

活动主题	活动目标	活动内容及过程	教学准备
活动一：认识水	1.观察并说出水的外部特征 2.知道水有不同的形态 3.能仔细观察事物	引起动机：以“拯救小鱼”的故事引起动机，展开认识水的活动。 ↓ 认识水：幼儿结合自己的经验，说说对水的认识。 ↓ 户外游戏：用水玩各种游戏，如用不同的容器装水，倒来倒去；在水盆中找东西等。 ↓ 团体讨论水的特征：幼儿结合体验，说出水的特征。教师适当引导。 ↓ 小组活动教唱儿歌：教唱关于水的儿歌。	1.故事图片 2.水盆、各种装水的容器，以及一些小玩具等

续　表

活动主题	活动目标	活动内容及过程	教学准备
活动二：水的用途大	1. 知道人们的生活和动植物的生长都离不开水 2. 了解水是有限的，懂得保护水资源和节约用水 3. 认识节约用水标识	了解水的用途：幼儿结合自己的经验，说说水的用途。 ↓ 设置情境：展示花草枯萎、土地干涸的图片。 ↓ 团体讨论及交流：为什么会出现这样的景象？如果我们生活的地方没有水，会怎么样呢？ ↓ 点题：幼儿知道水的重要性。 ↓ 团体讨论与交流：讨论保护水资源，我们该怎么做？重点讨论如何在幼儿园和家里节约水。 ↓ 认识节水标识：学习“节约用水”的标记。 ↓ 发散思维：对于视频中“浪费水”的行为，小朋友们应该怎么做呢？知道不仅自己要节约水，也应该让他人节约水。	图片、视频
活动三：神奇的水	1. 知道水有不同的形态 2. 知道温度对水形态的影响 3. 能仔细观察事物	演示实验：教师演示加热水的实验，引发幼儿的好奇心。 ↓ 团体讨论及交流：加热水的实验现象会有一团白色的雾。幼儿讨论交流，这团白色的雾是什么？ ↓ 交流与收获：知道水加热会变成水蒸气。水的一种形态是水蒸气。 ↓ 小组活动：展示冰。幼儿观察冰的特点，并讨论与交流。 ↓ 观看视频：播放冰与水相互转化的视频。 ↓ 团体讨论与交流：知道水的另一种形态：冰。 ↓ 教师引导主题升华：让幼儿知道物质是可以发生变化的，掌握变化规律。	1. 烧杯、石棉网、泥三角、漏斗、酒精灯 2. 视频

续 表

活动主题	活动目标	活动内容及过程	教学准备
活动四：有魔力的水	1. 知道水可以溶解一些物质，不能溶解所有物质 2. 锻炼幼儿的操作能力 3. 激发幼儿探究的欲望和对化学的兴趣	小组游戏：准备用木头、泡沫、冰糖制成的小动物玩具，让幼儿给这些小动物洗澡。 ↓ 团体讨论及交流：幼儿表达与交流游戏过程中碰到的现象或问题。 ↓ 总结与收获：联系实际，知道水可以溶解糖，这是制作平时喝的糖水的一种方法。知道水不能溶解所有物质。 ↓ 分组实验：幼儿在教师指导下做实验："美丽的雪花"实验和"变色的油墨"实验。 ↓ 讨论与交流：锻炼幼儿的语言表达能力，感知水的神奇魔力，体验化学的神奇，激发对科学的兴趣。 ↓ 生活观察：让幼儿在课下观察身边其他水魔力的现象，记录下来，共同交流。	1. 用木头、泡沫、冰糖制成的小动物玩具 2. 吸水人造雪材料、遇水变色的油墨、透明塑料杯

附：

活动一：认识水

1. 故事

某天，小明和小红去乡下的奶奶家度周末。奶奶家的附近有绿绿的田野、高高的树、黄黄的油菜花，可美丽了。小明和小红一下就被吸引了，一路闻着花香玩着……

小明："小红，快看，那里是不是有条鱼？"

小红："是呀。它是活的吗？"

小明："我们去看看。它好像还没有死。"

小红："是的，它还在动呢。它好可怜啊，我们救救它吧。"

小明："好的，我们把它送到小河里吧。"

2. 儿歌

清清水，小小个。
作用多，本领大。
草儿喝它穿绿衣，
树儿喝它长大个，
花儿喝它乐开花！
土地庄稼都需要，
我们人类也靠它，
万物都要感谢它！

六、文化建设与管理

（一）幼教集团文化的概念与内涵

当今社会，组织文化作为新的管理理论受到了我国管理理论界、政治界、企业界和教育界的广泛关注，国际教育管理的发展趋势呼唤新的幼教管理模式。所谓幼教集团文化，是指在幼教集团长期的管理探索过程中，在教育教学管理和经营管理中形成的，为集团成员所认可、接受、传播和遵从的基本信念、共同价值观、道德规范、行为准则、社会角色和人文模式等的总称。集团文化还包括由上述内容形成的以集团整体的发展追求为目标，以文化观念、价值观念、精神风貌、道德规范、行为准则、规章制度、文化环境、教育产品等为内容的组织管理氛围和集团基本价值标准，以行为标准、思维方式、人际关系、道德规范和教职工责任感、荣誉感为核心的行为模式。

集团文化是集团经营管理过程中的精神凝聚力，是集团组织行为的社会形式、群体心理层面和战略性运作方式，是集团人力资源整合管理的精神实质和灵魂。它由内隐的精神层、中间的制度层和外显的器物层组成，如同三层同心圆。

（1）最内层是精神层，即集团的精神实质，它是集团文化的核心和灵魂，包括幼教集团全体教职工共同拥有的理想信念、伦理道德、精神风貌、思维方式、经营哲学、科技水平、团队意识及社会责任等。

（2）中间层是制度层，即约束幼教集团教职工行为、规范经营管理运作的规章制度体系，包括集团章程、组织结构、管理制度、各种操作规范、特殊礼仪习俗等。

（3）最外层是物质层，即集团文化在物质层次上的体现，包括集团的总部办公设施建筑风格、园所建设、大型玩具、生活环境、教职工着装规范、教职工业余活动作品等一切反映集团文化特点和社会形象的物质载体。

（二）幼教集团文化建设的目的和意义

幼教集团文化具有目标导向、行为规范、精神凝聚和内在激励等多重功能，在集团的整合管理中发挥着重要作用。

幼教集团文化是一种无形的、隐含的、似乎不可捉摸而又理所当然或让人习以为常的东西，是集团中一套规范教职工日常行为的核心理念和隐含规则，其导向、规范、凝聚和激励功能是潜移默化的、内在的、自然的。

1.强化文化意识，提高教职工队伍素质

进行集团文化建设，就是借助文化的力量强化集团管理运营过程中各种因素的协调、组织和管理，目的是运用文化理念凝聚教职工的思想，激发教职工的积极性和创造性，营造有利于集团内部管理的环境和人际关系氛围，以此来促进集团获得更大的发展，实现集团管理效益的最大化。如果没有一支过硬的教职工队伍，幼教集团的生存和发展就是一句空话。因此，幼教集团在整个发展过程中要始终从战略的眼光出发，营造和培养集团文化氛围，借以提高教职工的思想道德水平和科学文化素质，以适应国际竞争的需要。

2.营造良好的管理氛围

管理是一个不断调整和改进的过程，营造浓厚的幼教集团管理文化，就是要总结宣传推广集团的管理理念，挖掘教职工的闪光点，使其升华，并渗透于集团教育教学管理和幼儿园运营的全过程。构筑思想文化，增强了集团教职工的紧迫感，提高了其承受改革的能力；构筑质量文化，以幼儿的健康成长、家长的满意度作为严格管理的基本标准，将提高保教质量，树立环境意识、安全意识、降低消耗作为永恒的主题；构筑成本文化，自觉寻找管理粗放点，堵塞漏洞，实现集团效益的最大化；构筑安全文化，努力发现危险源，实行危险源的高度控制管理，并强化园所安全意识；构筑制度文化，构筑程序化、系统化、标准化的管理体系，从理性的角度加强管理；构筑科技文化，开展科技教育，营造尊重知识、尊重人才、尊重科学，从小培养幼儿科技意识的氛围；构筑环境文化，建立有利于人才成长的人文环境和整洁、优美、舒适、和谐的工作环境。只有营造良好的管理氛围，集团才能真正实现“文化驱动管理，管理催化文化”的良性循环。

3.增强集团意识，培育集团精神

优良的精神文化是组织发展的灵魂，是教职工共同拥有的精神支柱。因此，只有提炼和弘扬催人奋进的集团精神，从集团的历史和现实出发，总结能代表和反映集团精神风貌、凝聚人心、催人奋进的精神源泉，提炼出简洁明了的警句格言并进行广泛宣传，才能使教职工懂得集团精神的内涵和意义，才能鼓励全体教职工奋发向上，团结进取，努力奋斗，真正实现集团“涂人生最佳底色，创一流名园”的梦想。

4.塑造集团形象，创品牌效应

幼教集团的整体形象是集团内部教职工和外部公众对集团的认识、感受和评价，是集团无形资产的重要组成部分。因此，在集团的总体布局、园所环境和设施、名称、园歌、园徽以及集团教职工的服装、仪表、言谈等方面都要精心设计、构建和规范。这样不仅能对内凝聚教职工，而且对外也会给公众特别是家长、幼儿留下美好的印象。同时，在文化建设中，只有以“四新”精神育人，用先进的思想教育人，用健全的制度规范人，用良好的机制监督人，才能塑造集团教职工在市场竞争中的完美形象，从而创造出集团的品牌效应，获得更高层次、更完善的集团形象。

5.丰富文化生活，陶冶教职工情操

一个组织的文化建设离不开文化活动，组织开展健康有益的文化活动是陶冶教职工情操、提高队伍素质、保持队伍稳定的一项有效措施。在开展文化活动时，只有坚持以集团教育的改革、发展为主线，坚持以保教管理质量的提高为中心，把文化活动、演讲比赛、技能比武、文艺表演、周年庆祝、毕业义演等文化载体合理结合起来，坚持寓教于乐，从教职工的爱好和需求出发，才能在文化活动中促进教职工教育技能、师德水平的不断提高，从而在教职员工心中形成集团的向心力和凝聚力。

（三）幼教集团文化的建设与实施

1.幼教集团文化建设的组织

（1）建立集团文化建设的领导机制和工作网络。

幼教集团文化建设，不是几个人或一个部门在短期内完成的某件具体工作，而是一项需要各方面共同做出长期努力，党政工团组织齐抓共管的系统工程。因此，在文化建设中，幼教集团建立了由人力资源部门负责人牵头，总园园长、部门主管、分园园长、党、团、工会等各个方面负责人组成的领导小组或联席会议制度，对集团文化建设实施有效的领导和协调，包括确定集团文化建设的中长期规划和年度工作计划，研究解决集团文化建设中的重大问题，协调部门与部门之间、部门与园所之间在集团文化建设中的工作关系，对集团文化建设的某些重要活动作出整体部署等。在集团文化建设上，党支部、集团办公室、人力资源部门分工到位，互相协调。

（2）全员参与的组织机制。

人是文化的主体，幼教集团文化建设要以人为中心。成功的集团文化无不是“以人为本”的文化，尊重人、关心人、理解人、爱护人是创立集团文化的核心。集团文化是集团全体教职工的文化，需要所有教职工共同努力才能形成保证全员民主参与的组织机制。

(3) 培养教职工的群体行为。

幼教集团教职工是集团发展的主体，教职工的群体行为决定着集团整体的精神风貌和文明程度，因此，集团教职工群体行为的塑造是集团文化建设的重要组成部分。培育集团教职工群体行为除了组织教职工开展政治学习，规章制度学习，业务培训，文化、体育以及各种文艺活动外，还应包括如下一些内容。

第一，挖掘全体教职工的智力、向心力和勇往直前的精神，为集团的发展与创新做出实际贡献。第二，把教职工个人的工作和人生目标同集团的发展目标联系起来。这是每个人工作主动性、创造性的源泉，能够使集团发挥集体的协同作用，唤起集团教职工的热情和团队精神，使其形成事业心和责任感。第三，每个教职工必须认识到集团文化是最宝贵的资源，它是个人和集团成长必不可少的精神财富，要以积极的人生态度去从事集团的各项工作，以勤劳、敬业、守时、惜时的行为规范指导自己的行为。

(4) 开展精神文明创建活动。

开展精神文明创建活动，使“爱国守法，明礼诚信，团结友善，勤俭自强，敬业奉献”基本道德规范成为集团教职工自觉遵守的行为规范。各级领导在精神文明建设方面要做到率先垂范，廉洁勤政，纪律严明，牢固树立讲文明、讲礼貌的意识，尊师重教，在工作中走群众路线，多听取广大教职工的意见，工作起模范带头作用。精神文明建设能指明集团教职工奋斗目标，规范教职工行为，振奋教职工精神，凝聚教职工力量，使广大教职工爱岗敬业，忠于职守，自觉遵循职业道德和行为规范，激发教职工主人翁责任感，发挥更大的积极性、主动性和创造性，在集团和教职工中形成一个由共同价值观、道德信念和行为准则构成的文化氛围，进而将教职工凝聚成一个坚强的整体。

(5) 发挥集团领导在文化建设中的作用。

现代管理制度的效率能否发挥的一个重要条件，就是能否在组织中形成积极进取的组织文化。在集团文化建设中，集团最高领导扮演着创造者、培育者、倡导者、组织者、示范者、激励者的角色。集团领导在倡导和推行新观念和行为方式时，不是单纯凭借自己作为领导者所拥有的法定权和强制权，而是靠自身的影响力和自己的人格力量、知识专长、经营能力、优良作风、领导艺术以及对新观念和行为方式的身体力行、躬身垂范，去持久地影响和带动教职工，使教职工看到这种新观念和行为方式能给集团带来发展，给教职工带来更大的利益。

2.幼教集团文化建设的实施

（1）园所室内外环境建设。

①园所设施建设。经过整合资源、扩大规模，幼教集团的总部应承袭现代办公的文化气息，从外部景观、办公场所、园标、办公用品到家具的摆放都要秉承集团的教育理念，进行统一设计，既要关联各部门集团办公的形式，又要提升原有的信息网络化管理系统水平，在内部局域网中实现网络打印、网络传真、网上公文传送等资源共享。教师办公室内温馨的咖啡角、午间休息时悠扬的音乐、一楼大厅郁郁葱葱的盆景植物等，都能使教职工徜徉在优雅的文化氛围中，体现集团管理中的人文关怀。

②园所环境建设。在组织文化建设中，幼教集团要注重各个幼儿园统一形象的建立，营造集团特有的文化氛围，并在装修风格、色调方面力求突出各个幼儿园的教育特色。走进各所幼儿园，庭院式绿化、童话色彩的娃娃城堡、精美的装饰等，都能巧妙地体现建设文化艺术与幼儿教育的完美结合。园内四季常青的植物、绿色的草坪等，都能让人感受到鲜活的生命力。绿色环境的构建，能使人与环境和谐统一，在教育幼儿热爱自然、保护环境中起着其他措施不能代替的作用，丰富了幼教集团的文化。

案例4-7　安徽师范大学附属幼儿园园所环境创设

创设一个充满爱和尊重、富于理解和激励、宽松而安全、积极互动的环境，引导幼儿在生活与游戏中快乐地动手动脑、感知体验、交往合作、探索创造，是保障幼儿学习的最好条件。为确保全园师生平安快乐地生活和学习，建设安全、美丽的校园环境，形成统一的校园文化，我们精心营造优雅恬淡的环境，通过环境育人，外显校园文化。创设符合幼儿年龄特点的环境，如将规则蕴含于环境中，使幼儿在活动和生活中逐渐形成良好的行为规范。墙面装饰是一种气氛的营造，它能刺激人产生美感，获得艺术美的享受，而不是成人所理解和想象的花花绿绿的像大卖场一样的环境就是幼儿喜欢的环境。安徽师范大学附属幼儿园不仅关注环境的美化，还十分注重校园绿化和课程化。它的小花园里不仅有花有草，而且有石榴树、枣树、橘子树、柿子树等，还有桑树供幼儿养蚕。运动场有轮胎攀爬山、荡梯、滑竿等各种运动器械和设施。每天离园时分，校园里一片欢声笑语，幼儿在运动场上奔跑、打滚，在小花园里尽情地玩耍、说着他们自己的悄悄话，这里有他们童年最美的故事，这里的一草一木将成为他们永远的记忆。

（2）开展师德建设活动。

①建立制度规范，形成团结和谐的精神风貌。开展精神文明建设是实践集团文化建设的核心，而精神文明建设与集团特色相结合的产物是集团的师德建设。孔子云："其身正，不令而行；其身不正，虽令不从。"这说明教师的作风、习惯、言行都会对幼儿和家长产生潜移默化的影响。因此，开展师德建设活动，对于提高教师素质、形成良好的作风、建设集团文化具有十分重要的意义。在师德建设方面，集团从制度上规范教职工的行为，制定教职工职业道德规范及集团精神文明公约。

②通过多种形式，开展师德建设活动。集团针对青年教师多的特点，在进行集团文化建设中，以师德建设为突破口，提出"爱心、关心、耐心、童心"四心精神。

③开展师德标兵评比活动，加强与家长的沟通联系，并设立意见箱，发挥家长对教师师德行为的监督作用，收集忌语忌事。开展师德小品表演活动，使教师更加明确工作中应提倡的作风和应避免的言行。师德演讲展示了教师自己教育教学的亲身经历，抒发了他们对教师职业的热爱之情。军训生活使集团教职工工作作风过硬。积极赈灾、义务献血等，都体现出集团文化建设在集团发展中发挥的重要作用。

（3）开展各种文化活动，创造良好园风。

只有拥有良好的文化氛围，教职工才能安心生活，顺心工作，舒心学习，对事业尽心，对未来充满信心，园所管理才能发挥出巨大的创造力。一系列活动的开展，将集团特有的资源优势和办园理想概括成了富有特色、具有强大内驱力和感召力的集团精神，起到了感染人、陶冶人、教育人和凝聚人的作用。

3.共筑凝聚力

集团凝聚力来自团队精神，团队精神是组织成员共同价值观和理想信息的集中体现。在高凝聚力的组织中，成员之间有默契，对组织具有强烈的归属感和主人翁责任感。在这种精神状态下，每个成员都能得到有效激励去开发和利用自己的技能，并以自己独特的优势和互补技能，积极、主动、创造性地为实现团队目标而努力工作。

（1）达成心理契约。

组织行为学认为，在组织中，一个成员的行为方式在很大程度上是由他们各自扮演的角色以及其他成员对他的角色期待所决定的。在组织中，教职工的行为和工作绩效也与其角色期待有很大的关系。所谓心理契约，就是组织与成员间彼此在心理上达成的角色期待，实现价值观念的整合。

教职工进入集团时，除了签订一份正式的、具有法律效力的、明确规定双方权利以及应尽义务的书面合同外，还会和集团缔结一种无形的心理契约，即彼此在心理上对对方的角色期待，希望在特定的情景中做出对方和自己所希望的行为反应。

心理契约实际上是教职工与集团之间彼此吸引的均势状态，其有效性和最终达成是以双方准确判断对方的角色并予以适当满足为基础的。这种契约虽然不是正式的，但是如果“违约”，就会影响集团的凝聚力和工作绩效。

（2）增强组织归属感。

组织归属感，是在心理契约中教职工对组织的角色期待满足后所产生的一种基本心理感受，主要表现为对组织价值和目标导向的认同、尊崇、忠诚和奉献精神。

组织归属感本质上是一种态度，一种心理取向。它包括对组织的感知和认同、对组织的情感依恋以及作为组织成员的自豪感，进而在行为上产生积极主动、热诚奉献等行为倾向和内驱力。

组织归属感的形成是一个由浅入深的渐进互动过程，培养和强化教职工的组织归属感是集团精神化整合管理的一个基本层次和重要任务。

（3）增强集团凝聚力。

组织凝聚力意味着组织成员的行为趋同性或一致性，但不能说，凡是有一致行为者就一定有凝聚力。例如，靠分光吃光、涨工资、发奖金换得的短期一致行为不能说是具有凝聚力，不讲效率、纪律松弛、一团和气也不能说是具有凝聚力。凝聚力最终表现在工作效率和组织效率上，只有那种真正具有默契的心理契约和内化的组织归属感，并能将成员的力量整合起来高效率地实现组织目标的群体心理和行为趋同性或一致性，才能形成真正的组织凝聚力。

组织凝聚力的形成受很多因素影响，如外部压力、领导方式、信息沟通和人际关系等。集团要积极寻找凝聚力的生长点，弄清组织成员的共同利益和自我实现的价值目标，并通过绩效激励机制将成员个人行为导向组织目标，强调有效授权和民主参与，塑造团队合作精神，在更广泛的层次上构筑富有特色的创造性的集团文化。

第五章　公办幼教集团的运行

在我国，教育集团迄今仍是一种新生事物，关于教育集团的研究大多集中于“教育集团成因的探讨”“国内外教育集团成功因素的分析”等方面，且绝大多数只是对现有的综合性教育集团的运营状况、发展模式等进行描述，而对学前教育这一相对特殊领域的幼教集团的系统研究几近空白，至于对其内部的运行机制、管理模式及理论成因等进行综合性研究的更是付之阙如。

近年来，国家出台了一些文件，指出了我国学前教育存在的问题，提出了解决问题的方向和策略，如《规划纲要》指出要“把促进公平作为国家基本教育政策”“把提高质量作为教育改革发展的核心任务”；《若干意见》针对学前教育提出了“保障适龄儿童接受基本的、有质量的学前教育”“鼓励优质公办幼儿园举办分园或合作办园”等办学要求和思路。集团化办园作为一种提高幼儿园办园规模和质量的有效模式，在全国各地得到了迅速推广，研究集团化办园的模式和机制能促进国家教育文件法规的科学落实。

如何以集团化、规模化、品牌化为经营管理路径，合理配置学前教育优质资源，大规模提高学前教育质量，构建适应社会主义市场经济体制要求、与国际都市开放式学前教育体系相结合的幼儿园集团化管理模式，以促进幼教集团的可持续发展，是本章讨论的主要内容。

第一节　幼教集团的运行机制

一、“机制”及“运行机制”的相关论述

要界定“集团化幼儿园运行机制”，首先应对“机制”（Machaimism）进行系统认识。“机制”一词源于希腊文。孟繁华指出，《The Britannica》（大英百科全书）中对“机制”的说明是：（1）指机器的构造和工作原理；（2）指有机体内部构造、功能以及内部各要素之间的相互关系；（3）泛指一个工作

体系内各个组织或各个部分之间互相运作的方式与过程①。王雪原等指出，机制是指某一个系统内部，某些要素之间，抑或各个子系统之间所实现的互为联系、互为制约、共同作用的特定形式、运行状态，以及内部运作的各个方式②。叶宏综合了系统论的相关观点，指出机制是指为使某个系统在其运行过程中整体持续发展、良性循环的规则或程序的总和，其中，这些规则或程序使得该系统的各个构成部分或组成要素之间实现合理制约以及相互作用。

有关“运行机制”的相关概念主要有：吕国圆指出，在教育领域方面，运行机制主要指教育有机体内部各构成要素之间相互联系、相互作用的运行方式③；孙绵涛认为，机制和运行机制在一般情况下的含义是等同的，并将机制定义为某事物或某现象中各个组成部分之间的运行方式或某种相互关系的总和④；俞长高曾提出联合的成败关键在于其联合体的机制这一观点，进而将运行机制划分为良性循环机制、动力作用机制以及利益机制⑤。

可见，教育领域对于运行机制的观点虽然有些许不同，但其核心思想还是较为统一的。其一，强调运行原理、相关制度、作用方式，具体可体现为协调机制、学习机制和利益分配机制等，或有学者将其分为决策机制、执行机制、收益与利益分配机制、控制和风险防范机制、协调机制；其二，多将现代企业的运行机制概括为宏观调控机制、自我协调机制、动力机制以及协同机制；其三，按运行机制的功能划分，可分为激励机制、约束机制与保障机制。

二、幼教集团运行机制的内涵

幼教集团的运行机制内涵有两个层面：其一是幼教集团内部诸因素的运行机制；其二是幼教集团内部与外部（包括整个社会的诸要素）之间的运行机制。这两个机制，前者保证后者，后者决定前者。它们相互关联、互为条件，混合成一个统一的有机整体，协调发挥作用。可以说，幼教集团的运行机制是以实现某种办园目标、满足集团各项需求为出发点和落脚点的。幼教

① 孟繁华.教育管理决策新论——教育组织决策机制的系统分析[M].北京:教育科学出版社,2002:6-7.

② 王雪原,王宏起,刘丽萍.产学研联盟运行机制分析[J].中国高校科技与产业化,2006(3):71-73.

③ 吕国圆.美国州立大学董事会制度运行机制的研究——以宾夕法尼亚州立大学为例[D].沈阳:沈阳师范大学,2012:6.

④ 孙绵涛.教育管理学[M].北京:人民教育出版社,2006.

⑤ 俞长高.高校联合办学的多元模式和运行机制[J].高等工程教育研究,1997(1):21-25.

集团的运行机制主要用来说明集团内各要素在一定的组织结构与功能的基础上所形成的活动方式，以及各要素之间相互联系、相互制约着运行的联系方式。因此，为了使集团各个层面的需求得到满足，使办园目标得以顺利实现，就要有效构建幼教集团的相关运行机制。研究幼教集团的运行机制，主要是对幼教集团内各种要素支架的活动形式进行阐述，有效处理各种要素之间的关系。

本书在对幼教集团的运行机制进行阐述时，把其划分为两个层面，其一是内部运行机制，其二是外部运行机制。内部运行机制是指幼教集团内部的结构与互动机制，包括组织机构、各类运行机制（如资源共享与统筹机制、质量监管与保障机制、目标与沟通机制等）；外部运行机制是指幼教集团与外部社会的关系及其运作方式，包括幼教集团与政府、市场等社会要素之间的联系（如图5-1所示）。

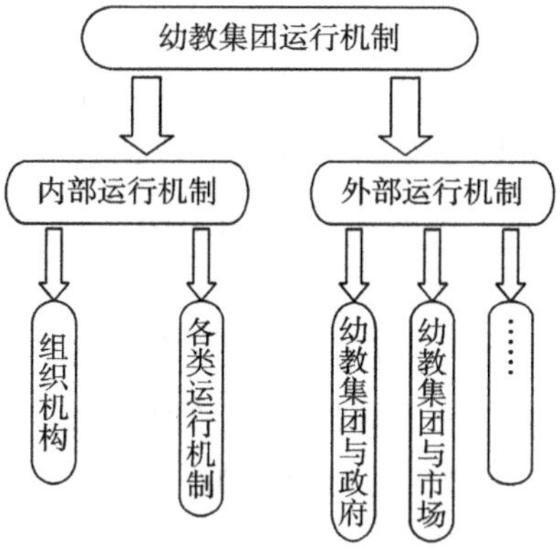

图5-1 幼教集团运行机制结构图

第二节 幼教集团运行机制的要素特征

原有的单一园所管理的相对弱势，一方面是教育投入不足，另一方面是人力、物力浪费。针对上述情况，幼教集团的成立在变低效运行为高效运行方面有显著成效。同时，高效运行机制的建立直接关系到今后集团的办园活力和前进动力。办园机制是指由组织结构、运行规则与秩序、管理方式与方法等构建起来的用于保障办园行为顺利实施的内在管理系统，是保障教育教学活动顺利开展、保证办学机构存在与发展的管理、服务体系。机制从属于制度，是人为的结果，因而机制具有很强的社会性。机制是体制的下位概念，体制产生后才会有相对应的实施机制。这就需要集团在内部管理体制改革过程中，从整体上思考并构建起一个适应当前形势与任务需要、能促进幼教事业不断发展的集团化管理的新机制。新机制应具有高效率、高效能、高效益的特点。建立高效的新机制，能使集团形成自我发展、自我完善的生长力，加速集团的新陈代谢，使之生机勃勃地发展。为了促进集团高效运行，集团先后建立了目标与沟通机制、资源共享与统筹机制、质量监管与制约机制、激励机制、竞争机制等。

一、协调：目标与沟通机制

目标是管理者的期望所在，管理是为了实现目标，它是由管理者与被管理者共同参与确定目标、执行目标和评估目标成果的过程。集团化管理是集团各幼儿园都在总体目标的指导下运用目标机制的方法，使管理更加科学、合理和规范。

沟通是同周围环境进行信息交换的一个多元化过程。集团化幼儿园内各组织机构之间为实现特定目标而建立起来的沟通过程，是不断进行谈判与协商的行为。有效可行的沟通机制可以排除集团内各成员园之间合作的障碍，有利于集团的持续发展。实际上，幼教集团运行过程中相互协调的所有行为都可在形式上归结为沟通行为。在一个幼教集团内，如果分园之间没有合理畅通的沟通渠道，分园就无法了解彼此的动向，幼教集团的管理者也会因为没有掌握充足的信息而难以做出正确的决策。总之，沟通是正确决策的基础，是协调关系的有效策略。

总体来讲，将目标机制作为集团发展的出发点和归宿，既具有引导和指向作用，又具有衡量和评价作用。在目标体系的建立过程中，集团先后建立了集团发展的近期目标、中期目标和长远目标，各幼儿园也根据集团目标逐层分解，形成适合本园发展的目标体系。各部门、各职能单位以及个人也根据集团目标，建立起部门目标、岗位目标和任期内应达到的目标，通过制定层层目标，将集团总体的目标和任务转化为单位、个人的总目标，并使集团中各部门与个人的目标和集团目标融为一体，形成集团、部门、园（所）、个人方向一致、明确具体的目标体系。新的目标机制的建立，一方面，可以通过制定和实施目标来完成集团的目标和任务，另一方面，又可通过目标层层展开的方式强化集团成员的参与意识和行为，使他们以目标为中介对集团产生认同，促使他们在工作中实现自我控制，从而提升各类人员的士气，鼓舞教职工不断努力接近目标、实现目标，最终达到高效运行状态。

二、互惠：资源共享与统筹机制

幼儿园集团化发展的优势之一是集合各分园的有效资源，可以做到资源的共享与互补，通过扩大规模来提高办园效益。学前教育资源可分为有形资源（如人力、物力、财力）和无形资源（如园所声誉、社会口碑、课程理念等）。总体来讲，各个类型的集团化幼儿园有如下共性：

在人力资源方面，传统的管理体制下，人才归单位所有，相互之间不能互聘；而在集团化幼儿园内部运行过程中，不仅可以互聘，而且可以相互指派。在物力资源方面，分园之间可以共同使用场地、设备、课程等资源。在财力资源方面，可由专设的财务部门对集团内各分园进行统一的财务管理与调配。

（一）共享与统筹人力资源

为了实现人尽其才，使人力资源得到充分开发和利用，集团化幼儿园可对各分园的人员进行合理调配，使其有机流动。与传统单一园所中人才归单位所有、相互之间不能互聘的情况不同，在集团化幼儿园内部运行过程中，各分园之间能够实现高度的统一分配、统一管理、统一运作。集团可根据各园的发展需要、教师的发展情况以及教师年度考核情况等进行统一调配，实现人才有机流动。

同时，各分园拥有的名师资源也可得到充分共享。根据各园教师的专业发展需求，集团可进行人性化、合理化的资源调配，安排名师深入各分园进行定期或不定期的教师培训与教学指导，形成每个园所有骨干、每个园所有新秀的良好局面。例如，幼儿园的核心管理组、教研部、办公室人员以轮流或集中研讨的方式分别对各园的工作进行监督指导；通过集团内教师轮岗、走教等形式盘活教师资源，实现均衡发展[①]。这种共享不仅节约了人才资源，同时也保证了各园工作的一致性。此外，集团内的儿童心理成长中心，可以实现多个园所共用一名心理教师的人员共享机制。心理教师按需求轮流对多个园所的心理工作进行指导，当其他园遇到需要解决的问题时，则以预约的方式请心理教师来园指导或是家长过去咨询，既满足了幼儿、家长、教师的

① 潘军昌，陈东平．义务教育均衡发展模式研究[J]．广西教育学院学报，2010(5)：229-232．

心理健康需求，又节省了人员配备。

（二）共享与统筹物力资源

对于幼教集团而言，资源的储备是其正常运行的保证，幼儿园集团化能够扩大办园规模，从而实现集团对储备资源的整体计划与分配，减少闲置的有效资源，优化资源的整体配置。例如，各分园根据硬件建设的需求，如教育教学中材料、玩教具、保育用品、办公用品等向总园提出书面申请，由总园审批并统筹安排，统一购买与发放；购买大宗物资时需向政府相关部门申请，办理相关手续并获批后，即可由政府出资统一购买，且各园间的物资也可相互调配。当然，成员单位之间可以共同使用场地、设备等资源。

（三）共享与统筹财力资源

由于优质公办幼儿园隶属于教育局或高校，其各分园均严格参照等级标准统一收费，且收取的费用由总园统一管理，各方面收入与支出均由集团内的财务部门统一监督管理，统筹协作。在财力资源管理方面，专设的财务中心对集团内各分园进行统一的财务管理与调配。

（四）共享与统筹各类隐性资源

幼教集团的各个分园在规章制度和管理上与总园保持高度的一致性，这样不仅能保障各分园的办园质量、降低工作重复率，而且可为新园建设缩短摸索、筹备的周期，提高工作效率。同时，分园在办学水平、师资选拔考核、课程设置等方面与总园实行同要求、同进度、同标准、同评比的实施方法，以共享管理资源的方式全面带动旗下各园各项工作的有效开展。此外，实施集团化办学，改变了公办学校单一的办学形式，提高了教学质量和效率。名校的师资力量、管理资源等向集团内部其他学校流动，能有效减少本区域的优秀生源流失[①]。教育集团整合了现有的教学资源，能实现教学效果的最优化，提高整体教学质量和效率[②]。

---

① 王珍."名校集团化"办学对义务教育均衡发展的影响——以南昌地区为例[J].江西科技师范大学学报,2014(8):104-108.

② 蔡定基,黄崴.义务教育均衡发展视野下的学区集团管理模式探析[J].全球教育展望,2011,40(11):73-77.

三、保障：质量监管与制约机制

幼儿园集团化管理模式下的办园保障机制是指为管理活动提供物质和精神条件的机制。从访谈资料看，政府的支持是幼儿园顺利发展的最大保障，其次是幼儿园自身的文化、理念和管理体系。我国幼儿园采取集团化管理的模式是借鉴企业管理和职业教育集团化办学思路的结果，出现时间也不过短短数年，因而正处于起步发展阶段。从法律方面看，国家尚未出台针对幼儿园集团化管理的法律。但是从政策方面看，《若干意见》和《规划纲要》为幼儿园的可持续发展提供了一定程度上的保障。然而，政府对公办园和民办园的扶持力度和财政投入有所差别，公办园的保障机制更多地源于政府的支持，而民办园的保障更多地来自自身的运营模式和教育理念带来的高品质的教育服务，即质量监管与制约机制。

制约机制的主要功能是通过逆向控制和行为约束，增强园所自我控制、自我约束的能力，规范园所的保教和管理行为朝着目标机制指引的方向高效运行。集团在发展过程中，通过建立各种制约机制，促进了自身的良性发展。集团制约机制的建立主要从以下几个方面着手。

（一）政策法规制约

集团首先应树立法治意识，依法治园，通过学习教育方针、政策、法规，规范和约束集团、园所的行为。

（二）宏观调控制约

集团通过全面规划发展规模，调整教育结构，调配人力、物力、财力，使各部门、各分园纳入集团宏观运行的轨道。

（三）岗位责任制约

集团通过建立岗位责任制，使每个工作岗位上人员的职责明晰化，并将其落实到具体的负责人，使集团中大量的教育教学和管理工作按照各自内在的性质、特征、联系，具体转化为每个教职工自觉遵循的行为准则和责任规范，形成对自身行为的制约。

（四）督导评价制约

集团通过建立园所、教职工的评价体系，对园所或个人进行单项或综合评价，以保证集团目标得到全面贯彻和执行。

（五）考评与奖惩制约

集团内部建立配套的考核评价和奖惩制度，让教职工意识到自己的行为所要承担的责任。

（六）集团主任（总园园长）、各分园园长自律制约

总园园长是幼教集团的法人代表，处于集团行政决策者与主导者的地位，对园所的各项发展负责。总园园长与各分园园长可通过加强自身修养、调查研究、沟通、反馈、指导、控制、协调等方式，形成良好的作风，并形成自我约束、自我调节的良好机制。

（七）教职工代表大会的监督制约

教职工代表大会（简称“教代会”）是教职工依法参与学校民主管理和民主监督的基本形式，教代会对幼教集团的重大问题具有参与决策权，对集团的发展规划、教育改革方案、管理制度以及经费使用等有关集团建设和改革的重大问题具有审议权，对总园园长等领导干部的工作和成果具有评议权。教代会对幼教集团发展过程中的各项内容进行监督，对集团的稳定发展具有重要作用。

（八）家长委员会的监督制约

家长委员会是由集团各园所家长代表组成的一个群体。家长委员会成员与集团、各园所相关人员共同商议活动方针和计划，对幼教集团内各项具体工作发挥协助监督的良好作用。

政府或高校在选择总园时，一般会选择在区域内办园质量高、影响力较大的公办幼儿园作为集团的总园。这使得该种类型下的集团化幼儿园在创建之初便具有较好的“地基”。在发展过程中，政府或高校对它的监管与扶持作用高于其他发展模式。在政府或高校的支持与指导下，该类型的集团化幼儿园一般具有较为完善的各项规章制度及监管体制，以确保各分园的教育质量。

在教师培训方面，主要由政府或高校提供资金与培训机会，且机会较多，以此提升管理者及教师的专业能力，从而保障教育质量。

案例5–1　安徽师范大学幼教集团：家园共育

家庭是孩子的第一所学校，无论家长是否有教师资质，家长都必然是自己孩子的第一任老师，是其成长发展中必不可少的重要人物。看似平常而琐碎的每一天的育儿行为，对孩子的成长发展都具有重要意义。有些家长常常被一些商业宣传所迷惑，重视知识和技能的学习，而忽视了孩子的生活体验。他们心目中理想的孩子是成人标准下的好孩子。很多家长与孩子交流的语言基本上是命令、指示、警告和责备，而孩子渴望得到的是接纳与认可的快乐体验。因此，家长在成为教育者之前，首先要接受教育，自我提高。其实，家长也能从孩子那里学到很多东西。教与被教、教育与受教育不是单向的灌输，而是双向的相互作用。高质量的教育要求孩子生活中所有成年人一起合作，努力为孩子提供最好的教育方案。家庭教育与幼儿园教育是不可分割的有机体，应该携起手来，相互配合，相互促进。在此过程中，受教育者不仅是孩子，家长也应该与孩子一起共同学习，共同成长，在学习和成长中体验育儿幸福感，提升人生境界，成就孩子也成就自己。

一、帮助家长树立科学的育儿理念，为家园共育奠定良好基础

积极引导家长更新教育观念，树立正确的儿童观、教育观和质量观，尊重儿童的天性和认知规律，珍惜童年生活的独特价值，使家长理解孩子的学习方式和特点，从而支持幼儿园开展科学保教。我们通过集团微信公众号、家园窗、教师美篇、家教讲座、家长会、家访等宣传我园的教育理念，帮助家长形成正确的教育理念，学会一些行之有效的家庭教育方法；通过举行素质教育开放周活动，使家长了解我们的工作；通过发放家长问卷调查、定期召开家长委员会和家长伙食委员会来收集家长的意见。毕业班的孩子家长深情地说："附幼不仅改变了我们的孩子，也改变了我们""孩子在附幼期间，我们聆听了几场高质量的家教报告，我们做家长的也是受益终身。"家长的成长是孩子健康成长的保障。

二、学习、交流与分享家教方法，提高家长的教育素养和能力

提高家长的教育素养和能力，不仅使家园共育的效果成倍增长，而

且为家长在孩子义务教育及高中教育阶段的家庭教育奠定了基础，帮助每一个孩子充分发挥他们的潜能，使孩子的成长更加顺利、更加幸福。我们有计划、有步骤地开展多种活动，使家长在活动中学习，努力提高家长的教育素养和能力。例如，开展亲子阅读、亲子运动会、新年同乐音乐会、亲子手工大赛等活动使亲子关系更密切；通过家长微信群、QQ群等途径，新生家长向老生家长学习。新生家长由于孩子刚入园，对附幼的教育理念会有一些意见和质疑，而老生家长会及时解释和答疑，家长之间互相学习，提高了教育素养和能力。

三、家园共育，体验育儿幸福感；言传身教，与孩子共同成长

通过多种形式的家园共育，家长在学习与孩子共处中，学会了理性、忍耐、等待、鼓励和奉献，体会到育儿的幸福感。经过多年努力，附幼已形成了家长高度认可的办园理念，家长深度参与课程建设的家园共育文化，同时家长教育素养和能力的提高也对我们的工作提出更高的要求，促使我们持续进步。

四、动力：激励机制

建立激励机制的目的是通过正向激励，使目标导向行为得到强化，推动运行机制高效运转。激励机制分为精神激励和物质激励两个方面。

按照马斯洛的需要层次理论，人是具有各种需要的，如生理的需要、交往的需要、尊重和自我实现等，教职工同样也有着各种需要。当需要未被满足时，人们就会寻求和选择满足需要的行为对策，而激励机制的建立正是利用物质和精神上的满足去激发人们的行为动机，使目标导向行为得到强化，从而推动运行机制高效运转。

幼教集团在发展过程中，逐步建立起自己的激励机制。一方面，通过深入细致的思想工作，引导教职工树立崇高的理想。另一方面，建立完善的奖励制度，通过物质、精神奖励对教师进行激励，如以工作质量为导向，建立教职工工作评价制度，进行目标激励；完善教师培训制度，对工作努力、具有上进心、有着不断学习需要的教师给予帮助和支持激励；根据教职工工作实绩进行教师聘任干部任免等，实行晋升激励；通过结构工资制，贯彻按劳分配原则，提高待遇，满足物质需要，进行物质激励。有效激励手段的建立，对集团的高效运转具有举足轻重的作用。

五、活力：创新机制

创新是幼儿园保持先进性和独特性的唯一要素，是保障幼儿园可持续发展的重要因素。集团化管理模式是政治规律、经济规律和教育规律相互作用的产物，因而幼儿园必须将自己的发展目标定位于市场的需求，实现普惠性与市场化的有机结合。对于幼儿园而言，集团化管理模式本身就是学前教育事业中的新兴事物，具有一定的管理灵活性。正是这种灵活性为幼儿园进行课程创新和管理技术创新奠定了基础。首先是课程创新，完善的课程体系是高品质教育的核心，因而每所幼儿园均结合自身实际开展了特色课程。其次是管理技术创新，集团的幼儿园较多，园长和负责人等主要管理人员无法做到事事躬亲，所以集团化管理的幼儿园会利用网络管理系统、教学资源平台等先进教育技术实现对幼儿园的有序管理。

六、提升：竞争机制

竞争机制是加速优化的动力机制，随着我国政治、经济体系改革的深入，社会主义市场经济目标的确立，作为商品经济固有规律的竞争，不可避免地渗透到了幼教领域，并对其产生诱导、激励和催化作用。幼教集团要适应市场经济的竞争环境，就必须引进竞争机制，增强自身的活力和改革的动力。

幼儿园采用集团化的管理模式既是国家为提高幼儿入园率的结果，也是社会要求有限的优质教育资源共享的结果。幼儿园要在教育市场中立足就必须引入竞争机制，竞争机制是保证幼儿园拥有持续活力和生机的重要因素。相对于独立型幼儿园，采取集团化管理的幼儿园有更加灵活和系统的外部竞争机制和内部竞争机制。首先是外部竞争机制，采取集团化管理的幼儿园其总园多是省级示范园或省一级园等高品质幼儿园，在幼儿家长中有良好的口碑，因而相对于独立型幼儿园而言，良好的社会声誉和家长口碑是幼教集团强有力的外部竞争力。其次是内部竞争机制，采取集团化管理的幼儿园因管理的园所较多，导致幼儿园间和幼儿园内部需要建立良性竞争机制来保障各园的有序发展。幼儿园内部通过实施园长负责制、全员聘任制、岗位责任制、结构工资制和考核评估制，有效地调动了全园教职工的竞争意识和创优精神。

幼教集团通过分析当前形势和发展的需求，对教师进行危机感教育，使教师首先树立竞争意识，认识到只有具有较强的竞争能力、较高的职业道德素质、过硬的业务能力才能在幼教领域中占一席之地。对于园长这一岗位，集团采取竞聘的办法挑选合格的园长。园内的各项活动也采取竞争机制，使具有一定能力的教师在某项活动中能取得活动的组织权。此外，园长负责制、教师聘任制、结构工资制、考试、职称评定、奖励晋级等的实施，都有效启动了幼教集团内部的竞争机制。

各分园定期组织保育员开展操作技能大赛、观摩表演等活动，给予他们充分展示个人才华的机会。这些措施既可强化工作的重要地位，也可增强教职工的自信心，调动他们工作的积极性和竞争意识，从而稳步促进教职工队伍的专业化发展。

七、方向：公益与普惠机制

发展学前教育，必须坚持公益性和普惠性。扩大教育资源，其核心目的是让更多的适龄幼儿接受优质学前教育服务，真正实现集团化幼儿园均衡、普惠发展。因此，集团化幼儿园的布局、收费、发展等要以为人民群众提供就近、普惠的学前教育服务为原则。集团化办学可以通过优质教育资源的扩张，满足群众对优质资源的需求，有利于破解“择园风”，是新时代促进教育公平和教育均衡的有效途径。追求教育公平是学前教育的核心目标，而创建“规模与质量并重”的学前教育公共服务体系既是实现这一目标的必由之路，又是集团化幼儿园健康、有序与可持续发展的现实诉求。

在国内，各地积极探索通过购买服务等方式对办园规范、质量合格、收费合理的非营利性民办幼儿园给予补贴，促使其提供普惠性服务，让群众可以自由地选择公办园或民办园①。国际上，大多数西方政府以向非营利组织购买公共服务为主②。因此，政府对普惠性民办园教师队伍予以财政支持的前提，应该是严把普惠性民办园的准入关，确保其“非营利性”。针对民办教育的管理问题，《规划纲要》提出要“积极探索营利性和非营利性民办学校分类管理”；2013年教育部报请国务院审议《教育法律一揽子修订建议草案（征求意见稿）》中，再次提出要完善民办学校管理制度，探索分类管理。上述规定明确了我国对民办教育实施营利性与非营利性分类管理的改革趋势。学前教育必然要顺应这一改革趋势。此外，更为重要的是，普惠性民办园的“非

① 中国教育报评论员.加大投入发展普惠性幼儿园——切实有效破解入园难入园贵[N].中国教育报,2010-07-26(03).

② 王玲艳,刘颖.西方政府购买(教育)服务的背景、运行机制及其应注意的问题[J].学前教育研究,2011(5):9-14.

营利性”的确定必须与相应的财务审计工作相结合，在科学的成本核算基础上为财政支持普惠性民办园教师队伍建设奠定合理的基础。

在教育集团内部，品牌学校作为母体，一般学校作为子体，由母体向子体输出办学经验、管理理念和优秀师资等教育资源，子体经移植、合成和新生，实现“成长”①。有学者认为“三权分离”是集团化办学中的体制创新，即在集团化办学中实现所有权、经营权与办学权的分离②。为适应教育集团的不同发展阶段，可采取不同的组织形式。在集团初建时，可采取“以老带新”的组织结构；持续发展后，建立条块相符的管理组织结构；进入完善时期，可采用网络矩阵式管理，充分整合各科室，发挥规模效益③。集团化办学充分体现了现代管理理念与教育组织的结合。教育集团内部管理具有管理扁平化、质量标准化、信息网络化的特征。凝聚内部组织文化、完善校本培训体系、形成学习型团队是教育集团管理的必然要求④。集团内部的有效管理形式有共享制、章程制、议事制和督导制等，内部交流机制是集团沟通的纽带，如教师访问交流、学生“走校访学”、管理干部互访、教师跨校兼课等⑤。在教育集团内部，以尊重成员校的主体性和差异性为出发点独立开展专项督导评估，能有效提高集团的管理效能，凸显成员校的办学特色⑥。

第三节　建立和完善幼教集团的运行机制

2014年6月，安徽师范大学在附属幼儿园“一所总园四所分园”的基础上，组建了安徽省第一家公办幼教集团，加大了举办分园的力度和速度，同时拓展学前教育相关业务，以引领和带动安徽省学前教育的发展，努力把安徽师范大学幼教集团办成立足芜湖、辐射全省的安徽省最大的公办学前教育办学与研发基地，成为国内一流、省内领先的幼教师资培训和幼儿心理及体艺培训中心，成为办学理念新颖、办学质量一流、管理水平先进的安徽省学前教育第一品牌。集团凝练先进的办园理念，持续开展课程改革，深入探索

① 周谷平，孙秀玲．追求教育公平与保证教育质量——杭州市名校集团化办学解读[J]．高等农业教育，2006(8)：8-11．

② 付八军．“三权分离”：集团化办学现象中的体制创新[J]．高教探索，2005(6)：21-23．

③ 李勤．对集团化学校管理组织结构变革的探讨[J]．中小学管理，2006(9)：21-23．

④ 王凯．名校集团化：区域义务教育均衡发展策略[J]．基础教育，2013(2)：17-21，28．

⑤ 俞晓东．名校集团化办学：新形势下推进教育公平的有效途径[J]．教育科学研究，2006(2)：20-22．

⑥ 陈颖．内部专项督导评估：推动教育集团可持续发展[J]．中小学管理，2014(11)：32-34．

实践连锁管理模式，办优质学前教育，示范引领，践行公办园的社会责任和担当。下面以安徽师范大学幼教集团为例，对建立和完善集团化运行机制的相关举措进行探讨。

一、构建幼教集团管理组织结构

组织架构是一个组织内部各构成部分之间所确立的关系形式。1979年诺贝尔经济学奖获得者西蒙教授认为，有效地开发社会资源的第一个条件是有效的组织架构。就是说，组织架构是否合理和科学，直接影响到组织能否高效运转。教育集团下有多个幼儿园，既有教育的使命，又有经营的责任。其组织架构决定了集团与各幼儿园的管理关系，也将直接影响幼儿园教育教学活动的开展，而其管理机构的设置是保障教育发展中心高效运作的重要因素。由于现代企业（集团）组织的研究已相当丰富，因此教育集团有条件、有选择地借鉴了企业（集团）组织的某些管理形式，并且根据学前教育的特点，构建了自己的管理组织结构。

幼教集团从投资主体来说，可以分为公办幼教集团和民办幼教集团。由于两者运行的体制机制不同，其内部机构设置也完全不同。

（一）民办幼教集团机构设置

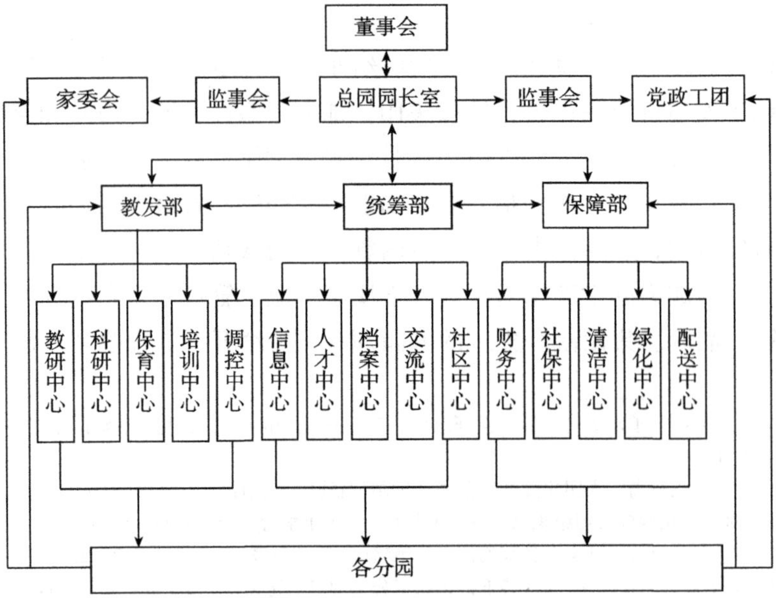

图5-2　民办幼教集团机构设置

（二）公办幼教集团机构设置（以安徽师范大学幼教集团为例）

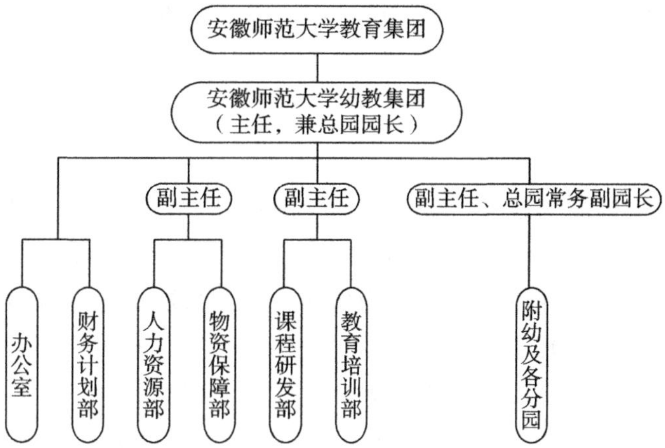

图5-3　安徽师范大学幼教集团机构设置

二、建立幼教集团运行机制

（一）目标管理机制

目标是管理者的期望所在，管理是为了实现目标，它是由管理者与被管理者共同参与确定目标、执行目标和评估目标成果的过程。安徽师范大学幼教集团的办园目标是：所举办的分园三年内达到安徽省优秀民办园标准，且做到“一园一品”。

（二）师资保障机制

幼儿园的师资配备与师资水平是幼儿园办园质量的决定性因素。目前制约学前教育发展的主要因素之一是幼儿园师资力量不足，幼师院校招生门槛较低，幼儿园师资水平不高。为此，安徽师范大学幼教集团采取教师统一招聘、统一培训上岗、统一薪酬标准、统一师资调配、统一师资储备等方式，保障配齐配好分园的师资。

（三）资源共享机制

幼儿园集团化发展的优势之一是整合各分园的有效资源，做到资源的互补与共享，通过规模来提高办园效益。这里的资源包括有形资源（如课程、物资等）和无形资源（如声誉、社会口碑、办园理念等）。以安徽师范大学幼教集团为例，其投资主体为安徽师范大学，联结纽带为产权关系，管理模式为“六统一独”，因此，在各类资源的分配、协调、统筹方面能够达到较高程度的统一。

（四）激励与竞争机制

激励与竞争机制的建立，能使目标导向行为得到强化，推动运行机制的高效运转，整体提高幼教集团的办学水平。安徽师范大学幼教集团已经建立了完善的奖励制度，如以工作质量为导向，建立教职工工作评价制度；完善教师培训制度，强化师德师风建设，对工作努力、具有上进心、有着不断学习需要的教师给予帮助和支持，优先评定职称；根据教职工工作实绩进行分园园长、副园长、中层干部的竞争上岗等，实行晋升激励；通过结构工资制，贯彻按劳分配原则，提高待遇，满足物质需要，进行物质激励。有效的激励手段和竞争机制的建立，对集团的高效运转和凝心聚力发挥了重要作用。

在集团化管理运行中，我们应注重管理行为的标准化、规范化、系统化，重视制度先行，强调制度的量化管理，各类制度力求透明、公开、公正、规范，有切实可行的操作性。集团要制定一系列行之有效的管理原则、管理制度及实施细则。在人、财、物各项管理制度的制定与实施上，尝试突破传统的幼儿园管理模式，建立和推行各项适应集团化经营管理要求的规章制度，如集团与下属园的园务公开制度、重大问题决策制度、绩效考核制度、工资分配制度、带薪休假制度、质量奖惩制度、非在编聘用合同的劳动用工制度、品牌教师培养发展制度、财务预算制度等；设立劳动争议小组，为教师处理劳动争议事宜。这些制度在实践中增强了教职工的法律意识，提高了民主参与的积极性，强化依法办园、依法治园，切实保障了集团内各幼儿园的发展。

三、幼教集团的运行策略

（一）构建与实施新型劳动人事制度

随着我国教师资格制度体系的不断完善，教师人事制度也要适应国家人事制度改革的大趋势，打破“身份制”管理，使幼儿园的所有制身份与教师身份相剥离，根据求同存异的原则来实现幼儿园教师职业的行业管理，即将所有合格幼儿园教师纳入管理范围，并根据所有制身份的不同施以分类管理[①]。几年来，幼儿园在人事制度改革方面进行了一系列的探索和实践，引入了“国家用工”“单位用工”用人机制，推进了由“身份管理”向“岗位管理”的转变。

首先，我们遵循公开招聘、平等竞争的原则，采用按需设岗、双向选择、个人申请、民主评议、择优聘用的管理原则推行聘用合同工作，使教师明确聘用的目标、责任、权益和义务。教师每年根据个人意愿填写“岗位竞聘意向书”和“聘用合同签订意向书”，然后由集团讨论决定聘用情况。当单位和个人意愿不一致时，立足与受聘人友好协商，直到达成统一意见。其次，集团内全面实施教师资格制度，使教师聘用走上科学化、规范化轨道，依法管理教师队伍，使教师地位和队伍素质形成良性循环。严把教师“入口关”，从源头上优化教师队伍，提高教师队伍整体素质。在引进对象、引进策略、引进方式、引进手段等方面，推出招聘、引进、培训、上岗等一系列规范操作措施。同时，政府及教育行政部门要全面落实名校集团化办学的人事配套制度，在教师选任或调动、教师培训、评比先进等方面给予政策倾斜[②]。

在践行上述举措的同时，安徽师范大学幼教集团采取了制度化人才管理、常态化人才交流，在教师配备上，集团各园所一盘棋，使得专家型、成熟型教师能够在园所之间流通，成立行政、科研、课程小组，以老带新，以新促老，师徒结对，带动新手教师平稳发展。

（二）教育资源充分共享是集团运作的基础

在集团化幼儿园管理的实践中，我们充分利用集团化经营管理的特点，开发整合幼儿教育的优质资源，减少建设高品质园投入的时间与成本，形成教育品牌效应，满足现代居民对优质教育的需求。

1.优化集团内各园内部资源配置及运作规则

我们系统地分析了幼教集团内部管理运行机制，从提高幼儿教育机构运行效率、降低幼儿园运作成本入手，加快扩大学前教育优质资源，大规模提高幼儿园教育质量，充分实现幼儿园内部资源共享。我们引入了市场上的专业服务公司，将保障部内的保洁中心、维修中心、配送中心、运输中心等社会化运作。每年，集团有计划地集中精力、财力对园所进行维修、升级；每天，专业人员根据菜单从事着保洁、维修、配送、运输工作，使幼教集团内

① 梁慧娟.完善我国非公办幼儿园教师政策的思考[J].学前教育研究,2013(8):3-8.

② 朱向军.名校集团化办学:基础教育均衡发展的“杭州模式”[J].教育发展研究,2006(9):18-23.

的全体教师全身心地专注于幼儿的一日活动指导。租赁的面包车则每天固定一个园所，接送幼儿外出参观、学习，如在“科技节”“艺术节”期间，车辆接送幼儿参观自来水厂、消防队、博物馆、面包房、图书馆等。这些举措使幼儿开阔了眼界、增长了见识，真正“走近名流，走进社会，融入自然”，同时也进一步完善了与学前教育自身特点相适应、相融合的教育基地。

2.扩大学前教育优质品牌的社会效益

在多元、速变的现代社会中，幼教集团不仅关注教师的自身学习，更让教师学会“眼观六路，耳听八方”，适时地宣传幼儿园自身的形象和教育特色，并与社会各界建立起互动的支持系统，创出良好的社会效益，促进幼儿园的发展。各园所充分利用集团化、规模化、品牌化的管理效应，适当利用家庭、社会等资源，充分发挥它们的教育功能。例如，在积极组织各种有趣、有意义的亲子活动的同时，针对家长来自各行各业的特点，让家长当一天义工，布置教室、参与教学、组织游戏；还开展了“当一回清洁工”“自制运动小器械”“我为科技添点绿”等富有新意的家长活动，充分利用了家长资源，扩大了幼儿的知识面，又使家长过了一把“教师瘾”。在植物研究所工作的家长为孩子们介绍并提供了易成活又适合孩子们种植的花草；在声控研究所工作的家长为孩子们讲述声音的趣事，使孩子们对声音的控制及噪音的防治有了一定的了解和认识；“爸爸老师们”来园还给小朋友们讲述了关于生命起源的“宝宝出生记”、关于保护环境的“重返家园的小鸟”等科学知识。中班孩子在家长的帮助下参观报业集团，对报纸制作的整个过程有了了解；大班孩子带着各种疑问走进小学，和小学生、小学老师进行了零距离的接触，还去了薯片工厂“探密”，对流水线产生了浓厚的兴趣……“电讯的发展”“人体的奥秘”“各种各样的蛋”等丰富多彩的主题活动，使家长参与幼儿园教育教学管理的热情不断高涨，同时也丰富了幼儿课程资源。

安徽师范大学幼教集团以不断超越社会对集团教育与服务的期望为最大快乐，始终坚持以最严格的质量标准对待所做的每一件事，同时致力于不断提高、不断拓展，让孩子们的童年更加丰富多彩。为了让幼儿园生活成为孩子们童年美好的回忆，老师们集思广益，想方设法为孩子们搭建施展才华的舞台，让孩子们大胆地表达和表现。中大班的“做一天妈妈”，让他们体会了做母亲的辛苦；小班的“穿脱衣服比赛”也终于让那些“小皇帝们”动起了手；体验生活的“超市购物”“六一爱心小天使”义卖活动、母亲节的“街头采访”“百米长卷画”“福利院里温暖多”“话说‘119’”“民族风‘中秋节’”等活动让孩子们一次次成了活动的主角。“爸爸妈妈活动日”改变了以往以家长观摩为主的开放形式，而是以互动的形式把幼儿活动推向了高潮。每一个活动日，都使年轻的爸爸妈妈对幼儿教育有了更深切的体会和认识，家长的参与也直接影响了他们周围的一群人，产生了良好的社会效应。

（三）追求品牌共有是促进教师专业成长的关键

随着幼教集团课程开发的不断深入，教研活动也形成了“专人负责制”——“今天我主持”的活动充分调动了每位教师参与教研活动的积极性。大家根据自己的兴趣和近期目标，每周轮流寻找材料、捕捉信息、策划主持多种形式的教研活动。于是教研活动的主题更贴近孩子，内涵更丰富。“教师教育机智的运用”“探索型主题与我们”“看体验教学中的孩子”等交流活动以录像、板报、经验小结、心得体会、主题观摩等形式进行。教师还自创了首届“铁齿铜牙杯”辩论赛，在一番唇枪舌剑之后，教师的教育理念和思辨能力得到了提高。正是丰富多彩的教研活动使得我们的教研更有实效，每一位教师变得更自信。“区域活动中老师是否需要‘救火’”“幼儿常规和兴趣培养哪个更重要”“满足家长要求的老师就是好老师吗”等争议性问题，常常是我们茶余饭后讨论的焦点。教师就是这样，对任何问题都不会轻易下结论，总是在不断反思后再探索。

如今，教育不再是单纯的模仿、照搬，而是立足现实的探索和因地制宜的创新。作为具有科技特色的园所，教师意识到：环境不再是一种背景、一种支持，而是一种活的课程。于是，他们开发了与科技环境相关的教案、活动案例，积累了较多的课程资料。小班组利用公共走廊的墙面，布置了“春天的体验”“宝宝的成长”等形象生动的画展；中班组师生共同布置了“春天来了”“环保小卫士”“名字的故事”等板报；大班的孩子们更是积极主动地参与其中，投身到校园的绿色种植活动中，而且还了解了神秘的恐龙。从画到做，从收集的相关资料到课程的展示过程，我们都和孩子们一起布置在墙面上。孩子们在看看、讲讲、画画、贴贴的过程中，社会性情感、认知、语言、动手能力都得到很大提高。

在管理运行机制上，我们虽然取得了一定的经验，但是仍然存在一些不足和困惑：

（1）当今，在政府加大投入学前教育的背景下，在编教职工能够享受一次性绩效奖励和“招商引资”奖等福利，与幼教集团各分园聘用教职工的收入形成反差，聘用教职工对“同工不同酬”现象反响强烈，纷纷考编或频繁跳槽，对集团各分园师资队伍的稳定造成了极大的冲击，也对办园质量形成了新的挑战。

（2）在进一步推进人事制度改革中，还需充分理解和把握相关政策和条例，处理和解决好发生的问题，实现规范有序的操作，以避免新旧体制与机制运行的摩擦。

（3）幼教集团已推向市场化运作，按成本收费引发的家长对园所办学条件的期望，与现有教师资源及设施设备的制约之间存在矛盾。

幼儿园集团化管理运行机制的研究还在继续，我们将进一步优化幼儿园集团化的内部管理运行机制，提高幼儿教育机构运行效率，降低幼儿园运作成本，加快扩大优质学前教育资源，充分实现幼儿园内部资源共享，更快、更好地适应社会的需求，全面提高幼儿园教育质量和办园水平。

第六章　公办幼儿园集团化发展的现状调查

2018年11月，《中共中央 国务院关于学前教育深化改革规范发展的若干意见》中提出，“党的十八大以来，我国学前教育事业快速发展，资源迅速扩大、普及水平大幅提高、管理制度不断完善，‘入园难’问题得到有效缓解。同时也要看到，由于底子薄、欠账多，目前学前教育仍是整个教育体系的短板，发展不平衡不充分问题十分突出，‘入园难’‘入园贵’依然是困扰老百姓的烦心事之一。主要表现为：学前教育资源尤其是普惠性资源不足，政策保障体系不完善，教师队伍建设滞后，监管体制机制不健全，保教质量有待提高，存在‘小学化’倾向，部分民办园过度逐利、幼儿安全问题时有发生。”

随着社会经济的快速发展，人民的生活水平不断提高，物质丰则思精神富，精神富的表现之一就是文化教育。多年前被国人忽视的学前教育越来越受到家长和社会的重视，他们认识到良好的学前教育在孩子成长之路上的重要性。担心孩子输在起跑线上的家长们送子女进知名幼儿园的愿望越来越强烈，办园条件和师资水平高、保教质量好的幼儿园就成为家长们的首选之地，“择园热”“入园难”等问题也随之诞生。与此同时，私立民办幼儿园在管理和收费等方面存在的问题日益凸显，使“入园难”问题逐渐转变成“入好园难”问题。

在国家政策的支持下，各地优质公办幼儿园纷纷举办分园，以期采取名园办分园的方式扩大优质学前教育资源，满足广大家长的需求，解决周围适龄幼儿的入学问题，实现教育起点的公平化。

集团化办学是现在的热点，实践层面已经在做了，理论层面自然也要跟上。在过去的一段时间里，我国“优质公办幼儿园举办分园”的进展情况如何，存在的实际困难和问题是什么？怎样才能使广大人民群众共享经济发展成果下的优质教育资源？带着这些问题，我们通过对优质公办幼儿园的一线园长和教师的访谈、问卷调查及实地考察，透视和分析具有代表性的地区中优质公办幼儿园办分园的现状，尝试解决当前学前教育存在的问题。

第一节　优质公办幼儿园举办分园的条件、目标与措施

一、约束条件

优质公办幼儿园举办分园模式是指在一定的教育和社会体制制约下，为达到一定的办园目标，以优质公办幼儿园为办园主体，若干所幼儿园以一定的联结纽带组合成一个联合体，在整体规划下实施教育活动，按一定的权责划分和运行机制运作的具有相对稳定的幼儿园结构形态和特定的权力结构关系的办园式样。当然，在现实中，并不是所有公办园都可以举办分园，一所优质公办幼儿园是否可以举办分园，受以下两方面条件的约束。

（一）内部条件

第一，要有公众认可的品牌和足够人力资源的投入，从而使运营中的目标定得准，决策来得稳，反馈及时，协调有效，指挥得力；

第二，要有充足的资金支持；

第三，要有独特的组织文化氛围（办园理念），这是人们认可幼教集团品牌的另一种表达。

（二）外部条件

即特定区域对连锁服务的需要，而连锁经营的最终成果，应该是可以在一切区域都能推广的规范化、程式化的标准体系。

二、预期目标

即在坚持公益性和普惠性的基础上，探索和实践优质公办幼儿园举办分园的集团化连锁管理扩张模式，构建布局合理的学前教育公共服务体系，放大自身的优质教育资源，让更多的孩子享受由公共财政支持的名园的“福利”，缓解“入园难”“入好园难”的社会问题。

三、计划措施

优质公办幼儿园举办分园对家长和幼儿来说，是个好消息。而在具体实

践中该如何操作，是保证总园和分园可持续发展的关键。依据国家政策精神，就目前普遍的办园情况来看，主要有以下几个方面：

（一）把发展学前教育摆在更加重要的位置

按照各级政府的要求，要把大力发展学前教育作为贯彻落实教育规划纲要的突破口，作为推动教育事业科学发展的重要任务，作为建设社会主义和谐社会的重大民生工程。坚持公益性和普惠性，坚持改革创新和因地制宜，坚持科学育儿，遵循幼儿身心发展规律，充分调动各方面积极性，多种渠道加大学前教育投入，保障适龄儿童接受有质量的学前教育，健康快乐地成长。

（二）多种形式扩大学前教育资源

新建、改建、扩建一批安全、适用的幼儿园，也可合作办园；收购民办园办成面向大众的普惠性公办园的分园；可把分园往郊区或农村延伸，努力扩大农村学前教育资源，改善农村幼儿园保教条件；制定优惠政策，积极并购街道、农村集体幼儿园；创造更多条件，着力保障留守儿童入园；中小学布局调整后的富余教育资源和其他富余公共资源，优先改建成幼儿园。

（三）多种途径加强幼儿教师队伍建设

以派驻公办专职指导教师等方式帮助分园成长，分园在教师培训、职称评定、资格认定、表彰奖励等方面与总园同步；各地根据国家要求，结合本地实际，合理确定师生比，核定公办幼儿园教职工编制；落实幼儿教师地位和待遇，逐步配齐幼儿园教职工；健全幼儿教师资格准入制度，严把入口关；坚持科学保教，促进幼儿身心健康发展。

第二节　调查与访谈

一、调查过程

课题组在前期文献分析和向专家咨询、调研的基础上，结合安徽师范大学幼教集团举办10所分园的实践探索，设计了《优质公办幼儿园举办分园的现状调查问卷》，并进行了试测和修改，以保证问卷的信度和效度，最后形成两份正式的调查问卷：一份是以一线幼儿园园长、中层管理者、教师为调查对象的《关于“优质公办幼儿园举办分园”的调查问卷（Ⅰ）》，另一份是以政府学前教育管理者、高校学前教育专家为调查对象的《关于“优质公办幼儿园举办分园”的调查问卷（Ⅱ）》。

课题组选择安徽省16个地市和国内其他学前教育集团化办学代表性地区，通过问卷星（https://www.wjx.cn/login.aspx）网络调查及现场调查和访谈等，共调查了安徽、广东、广西、山东、上海、湖南、浙江、江苏、辽宁等地的45所幼儿园，311位幼儿园园长、中层管理者和教师，96位学前教育管理者和高校学前教育专家，调查方式有现场调查、网络调查、实地考察、访谈座谈等，采集了数据和音像资料。

二、问卷调查数据统计

（一）第一次问卷调查

为了解目前我国“优质公办幼儿园举办分园”的现状，课题组先后做了2次较大规模的调查，一次是2014年10月—2015年3月，采用现场问卷调查方式，利用我校举办“中西部幼儿园园长国家级培训班”的机会，共回收安徽省园长调查问卷32份、省外园长调查问卷50份，并派出人员对安徽省部分地区举办分园的园长进行了访谈。具体情况分析如下：

表6–1　“优质公办幼儿园举办分园”现状的调查统计

题序	问题	选项	比例	
			全国	安徽
1	您所在地市政府鼓励“优质公办幼儿园举办分园”吗？	A.鼓励，有相关文件要求和具体政策支持措施	26%	25%
		B.鼓励，仅有相关文件要求，没有具体政策支持	20%	34%
		C.政府没有明确要求，愿意办分园就办	16%	13%
		D.不鼓励，不提倡，也无相关文件和具体政策支持	38%	28%
2	就您所知，目前您所在地市“优质公办幼儿园举办分园”的总园数量？	A.没有优质公办幼儿园举办分园	46%	22%
		B.已有1所优质公办幼儿园举办了多所分园	12%	19%
		C.已有2所优质公办幼儿园举办了多所分园	6%	19%
		D.已有3所及以上优质公办园举办了多所分园	22%	16%
3	您认为，您所在地市“优质公办幼儿园举办分园”的质量如何？	A.举办的分园办学质量很好	18%	31%
		B.举办的分园办学质量较好	34%	44%

续　表

题序	问题	选项	比例	
			全国	安徽
3	您认为,您所在地市“优质公办幼儿园举办分园”的质量如何?	C.举办的分园办学质量一般	28%	3%
		D.举办的分园办学质量较差	4%	0
4	您所在幼儿园的性质是什么?	A.总园,公办性质	80%	81%
		B.分园,公办性质	8%	3%
		C.分园,民办性质	2%	0
		D.分园,其他性质(如公办民营型、民办公助型)	4%	3%
5	您所在幼儿园属于“优质公办幼儿园举办分园”的哪种类型?	A.总园、分园实行人、财、物统一管理,总园、分园均为公办模式	56%	56%
		B.总园、分园教科研、后勤等实行连锁经营管理,总园为公办模式,分园为民办模式	4%	3%
		C.总园只输出品牌(冠名),不进行连锁经营管理,分园为公办模式	8%	0
		D.总园只输出品牌(冠名),不进行连锁经营管理,分园为民办模式	6%	3%
6	您认为“优质公办幼儿园举办分园”哪种模式较好?	A.总园、分园实行人、财、物统一管理,总园、分园均为公办模式	58%	56%
		B.总园、分园教科研、后勤等实行连锁经营管理,总园为公办模式,分园为民办模式	32%	38%
		C.总园只输出品牌(冠名),不进行连锁经营管理,分园为公办模式	6%	0
		D.总园只输出品牌(冠名),不进行连锁经营管理,分园为民办模式	2%	3%
7	从幼儿园的投资主体来看,您认为哪种投资主体较好?	A.政府投入,公办模式较好	68%	56%
		B.民间资本投入,民办模式较好	0	0
		C.政府投入为主,公办民营模式较好	32%	34%
		D.民间资本投入为主,民办公助模式较好	0	6%
8	您对当前“优质公办幼儿园举办分园”现象的认识是	A.有利于扩大优质学前教育资源	88%	97%
		B.有利于解决学前教育经费投入不足	62%	41%
		C.主要是为了政绩“面子工程”	6%	6%
		D.主要是为了获取一定的经济效益	14%	3%
9	您认为总园、分园均为公办性质的“统一管理式”的主要优点有	A.分园办园质量有保证	84%	91%
		B.分园经费投入有保证	38%	50%
		C.总园、分园都为公办性质便于管理	76%	63%
		D.分园收费较低	14%	16%

续 表

题序	问题	选项	比例	
			全国	安徽
10	您认为总园、分园均为公办性质的“统一管理式”的主要缺点有	A.总园园长等管理者工资待遇与举办分园数量、质量关系不大	52%	63%
		B.分园办园质量不能得到保证	32%	22%
		C.教师工资待遇没有同类民办园高	62%	31%
		D.教师工作压力小，不利于教师的专业化发展	26%	9%
11	您认为公办性质总园举办民办性质分园的“连锁管理式”的主要优点有	A.分园办园质量有保证	84%	84%
		B.总园能获得一定的经济效益	42%	38%
		C.分园教师工资待遇较高	32%	13%
		D.总园园长等管理者工资待遇与举办分园的数量、质量关系密切	38%	28%
12	您认为公办性质总园举办民办性质分园的“连锁管理式”的主要缺点有	A.总园、分园性质不同，体制机制冲突，不利于管理	50%	63%
		B.分园经费投入没有保证	32%	25%
		C.分园教师队伍不够稳定	70%	47%
		D.分园收费较高，招生压力较大	54%	13%
13	您认为“品牌输出式”总园办分园的主要优点有	A.“挂名牌”能迅速增大分园的知名度	80%	78%
		B.通过品牌输出总园能获得一定的经济效益	32%	28%
		C.该模式总园投入精力少，对总园办学影响较小	38%	19%
		D.有利于分园招生	62%	56%
14	您认为“品牌输出式”总园办分园的主要缺点有	A.分园办园质量没有保证	52%	47%
		B.品牌输出对总园品牌有“稀释性”	46%	53%
		C.幼儿家长对品牌输出的分园认可度不高	62%	31%
		D.分园教职工对总园的认同度较低	38%	19%

注：比例不足100%的为没有表明态度。

对于15题“您认为优质公办幼儿园是否需要举办分园，请说明原因”，省外园长中有88%的受访者认为需要举办分园，因为举办分园可以扩大优质教育资源，解决“入园难”问题，便于园际间人才流动，引领分园，促进其快速发展，能促进教师成长，园际间竞争氛围可以促进总园工作的进步与创新，可解决学前教育经费不足问题，能促进就业等；有8%的受访者认为不需要举办分园，这样可以更好地集中人力物力，让幼儿园走得更高更远更好；

有4%的受访者没有表明态度。安徽省园长中有91%的受访者认为需要举办分园，一是公办幼儿园有丰富的办学经验和先进的办学理念，举办分园可以扩大成熟优质学前教育资源的辐射作用，实现资源共享，满足家长需求，二是可以缓解总园生源饱和的压力，三是可以培养输送更多优秀人才；而近7%的受访者认为要因地制宜，根据需求来决定是否举办分园；有2%的受访者没有表明态度。

对于16题“您认为优质公办幼儿园怎样才能办好分园”，省外园长认为一是政府要支持，分园经费投入要有保障，模式为公办模式，人、财、物应由总园统一管理，优质资源一定要共享，也可以按照园所实际情况，因地制宜，不断创新；二是总园调出各方面优秀的班子管理分园工作，促进总园、分园教师间交流调配，缩小教师队伍之间的差异；三是要有良好的师资力量的投入，提高保教质量是关键；四是要把教师的待遇提上去。安徽省园长认为政府应给予人、财、物方面的鼓励、支持和认可；优质公办幼儿园本身也要有一定的自主性；总园、分园实行人、财、物统一管理，资源共享；培养优质的管理队伍和教师队伍，提高教师的待遇；规范办学，科学保教，以“育人”为宗旨；加大宣传力度。

对于17题“家长为什么愿意让孩子上总园，不愿意让孩子上分园”，省外园长认为总园办学时间长，老牌子，投入大，师资力量强，文化底蕴深厚，教师队伍更稳定，管理成熟，可靠，信誉高，家长觉得放心一点，而且家长对新事物的接纳需要一个过程；而分园刚起步，经验薄弱，家长担心其管理不善，师资不稳定，教育质量难保证，所以更愿意让孩子上总园，不愿意让孩子上分园。安徽省园长认为总园的办学时间长，体制机制成熟稳定，保教质量高，历史文化深厚，师资、环境（硬件和软件）、管理、教科研水平等相对较好，品牌效应使得家长的认可度高，且总园地理位置不偏，交通方便；而分园处于起步阶段，在这些方面不如总园，且分园的教师队伍流动性大，这些因素导致家长更倾向于让孩子上总园。

对于18题“如何才能解决当下‘入园难’和‘入园贵’问题”，省外园长给出了5条建议：

（1）国家要重视学前教育，加大政府投入力度，促进幼儿园均衡发展；

（2）加强培养学前教育人才，使幼儿教师有编有岗，提高待遇；

（3）因地制宜，创造性地扩展普惠性幼儿园；扩大公办园办园规模，鼓励优质公办园举办分园；

(4) 国家要制定和完善幼儿园的收费标准（含民办园）；

(5) 将学前教育纳入义务教育的范畴。

安徽省园长给出了4条建议：

(1) 加大政府投资力度，增加幼儿教师编制数量，提高幼儿教师待遇，建立稳定的教师队伍；

(2) 鼓励优质公办园举办分园，增加公办园数量；

(3) 有规划地建园（名园办分园，建立合作园），扶持民办园发展，统一管理；

(4) 核准统一的收费标准。

（二）第二次问卷调查

第二次问卷调查时间是2017年10月—2017年12月，课题组在第一次调查问卷的基础上，经过试测、征求和咨询专家意见，对第一次问卷进行了修正，通过编制以一线幼儿园园长、中层管理者、教师为调查对象的《关于"优质公办幼儿园举办分园"的调查问卷（Ⅰ）》和以政府学前教育管理者、高校学前教育专家为调查对象的《关于"优质公办幼儿园举办分园"的调查问卷（Ⅱ）》2份问卷（见附录），以安徽省和国内其他学前教育集团化办学代表性地区为例，通过问卷星网络调查和现场调查及访谈，从连锁化管理幼教集团的主办者、教师和中高层管理者及高校学前教育研究者层面调查"名园办分园"的举办模式及现状，分析总结了不同模式"名园办分园"的优缺点和"怎样办好分园"的系列建议，了解连锁化管理模式下，总园、分园在连锁管理的幼教集团中，主办者、管理者最在意和最关注的管理问题，重在发现问题，提出相应的对策和建议。

1.关于"优质公办幼儿园举办分园"情况的调查

表6-2 "优质公办幼儿园举办分园"情况的调查统计

题序	问题	选项	园长、教师/人	管理者、专家/人	比例
1	您所在地市政府鼓励"优质公办幼儿园举办分园"吗?	A.鼓励，有相关文件要求和具体政策支持措施	202	36	58.48%
		B.鼓励，仅有相关文件要求，没有具体政策支持	45	22	16.46%

续　表

题序	问题	选项	园长、教师/人	管理者、专家/人	比例
1	您所在地市政府鼓励“优质公办幼儿园举办分园”吗？	C.政府没有明确要求，愿意办分园就办	45	26	17.44%
		D.不鼓励，不提倡，也无相关文件和具体的政策支持	19	12	7.62%
2	就您所知，目前您所在地市“优质公办幼儿园举办分园”的总园数量有	A.没有优质公办幼儿园举办分园	50	27	18.92%
		B.已有1所优质公办幼儿园举办了多所分园	78	24	25.06%
		C.已有2所优质公办幼儿园举办了多所分园	29	10	9.58%
		D.已有3所及以上优质公办幼儿园举办了多所分园	154	35	46.44%
3	目前，您所在地市“优质公办幼儿园举办分园”的质量如何？	A.举办的分园办学质量很好	197	23	54.05%
		B.举办的分园办学质量较好	92	39	32.19%
		C.举办的分园办学质量一般	19	31	12.29%
		D.举办的分园办学质量较差	3	3	1.47%
4	从有利于幼儿园办学来看，您认为分园哪种投资主体方式较好？	A.政府投入，公办模式较好	243	54	72.97%
		B.民间资本投入，民办模式较好	9	3	2.95%
		C.政府投入为主，公办民营模式较好	49	25	18.18%
		D.民间资本投入为主，民办公助模式较好	10	14	5.90%
5	您所在幼儿园属于“优质公办幼儿园举办分园”的哪种类型？	A.总园、分园实行人、财、物统一管理，总园、分园均为公办模式	259	64	79.36%
		B.总园、分园教科研、后勤实行连锁经营管理，总园为公办模式，分园为民办模式	28	25	13.02%
		C.总园只输出品牌(冠名)，不进行连锁经营管理，分园为公办模式	16	2	4.42%
		D.总园只输出品牌(冠名)，不进行连锁经营管理，分园为民办模式	8	5	3.19%
6	您认为“优质公办幼儿园举办分园”哪种模式较好？	A.总园、分园实行人、财、物统一管理，总园、分园均为公办模式	254	60	77.15%
		B.总园、分园教科研、后勤实行连锁经营管理，总园为公办模式，分园为民办模式	39	29	16.70%
		C.总园只输出品牌(冠名)，不进行连锁经营管理，分园为公办模式	16	4	4.91%
		D.总园只输出品牌(冠名)，不进行连锁经营管理，分园为民办模式	2	3	1.23%

续　表

题序	问题	选项	园长、教师/人	管理者、专家/人	比例
7	您对当前“优质公办幼儿园举办分园”现象的认识是	A.有利于扩大优质学前教育资源	301	90	96.07%
		B.有利于解决学前教育经费投入不足	217	65	69.29%
		C.主要是为了政绩“面子工程”	156	46	49.63%
		D.主要是为了获取一定的经济效益	100	32	32.43%
		E.其他	65	12	18.92%

对上述数据做进一步整理，可以得到图6-1：

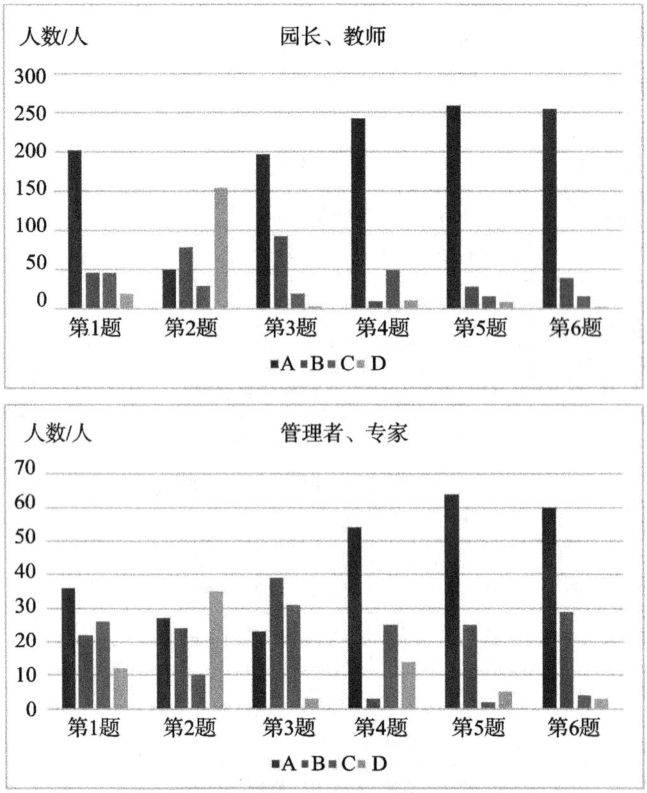

图6-1　园长、教师和管理者、专家对“优质公办幼儿园举办分园”情况的调查对比

由表6-2和图6-1可以看出，在鼓励“优质公办幼儿园举办分园”（第1题）、分园投资主体方式（第4题）、“优质公办幼儿园举办分园”的类型（第5题）、“优质公办幼儿园举办分园”的模式（第6题）四个方面，园长、教师和管理者、专家的意见高度一致，普遍认同当前优质园的办园思路和举措；而在“优质公办幼儿园举办分园”的总园数量（第2题）、“优质公办幼儿园

举办分园”的质量（第3题）方面，一线园长、教师和参与决策布局的管理者、专家之间存在一定的认知差距，体现在：一线园长、教师更了解目前的办园现状，尤其在“已有3所及以上优质公办幼儿园举办了多所分园”的发展态势上，二者认知之间存在较大差距。被调查的园长、教师中，有近一半的园长、教师（154人，49.52%）了解到所在地市有3所及以上优质公办幼儿园在举办分园，而在管理者、专家中，仅有36.46%的受访者（35人）了解到这一迅猛态势，这从侧面也反映出了一线园长、教师和管理者、专家之间沟通不足。最让人意外的是对“‘优质公办幼儿园举办分园’的质量”的认知上，园长、教师对目前办园取得的办学质量非常满意（197人，63.34%），而在管理者、专家眼中办学质量却并不乐观，仅有23.96%的受访者（23人）认为办学质量很好，办学质量仍有很大的提升空间。之所以造成这种认知差距，其原因可能在于当前社会对优质幼儿园的教育需求越来越大，矛盾也越来越突出，在一定程度上给管理者、专家带来了决策压力和认知差距。

即便如此，园长、教师和管理者、专家对“优质公办幼儿园举办分园”的认识高度一致（第7题），共96.07%的受访者认为此举有利于扩大优质学前教育资源、69.29%的受访者认为此举有利于解决学前教育经费投入不足的困境。可以看出，剔除极个别的“面子工程”和经济效益的功利性因素，“优质公办幼儿园举办分园”已经成为当前打破学前教育办学困境的必然之路和应然之举。

2.关于“优质公办幼儿园举办分园”模式的调查

表6-3　“优质公办幼儿园举办分园”模式的调查统计

题序	问题	选项	园长、教师/人	管理者、专家/人	比例
8	您认为总园、分园均为公办性质的“统一管理式”的主要优点有	A.分园办园质量有保证	295	87	93.86%
		B.分园经费投入有保证	256	74	81.81%
		C.总园、分园都为公办性质便于管理	278	76	86.98%
		D.分园收费较低	76	43	29.24%
		E.其他	53	7	14.74%
9	您认为总园、分园均为公办性质的“统一管理式”的主要缺点有	A.总园园长等管理者工资待遇与举办分园数量、质量关系不大	149	55	50.12%
		B.分园办园质量没有保证	224	75	73.46%
		C.教师工资待遇没有同类民办园高	89	25	28.01%

续 表

题序	问题	选项	园长、教师/人	管理者、专家/人	比例
9	您认为总园、分园均为公办性质的“统一管理式”的主要缺点有	D.教师工作压力小，不利于教师的专业化发展	60	26	21.13%
		E.其他	96	14	27.03%
10	您认为公办性质总园举办民办性质分园的“连锁管理式”的主要优点有	A.分园办园质量有保证	257	78	82.31%
		B.总园能获得一定的经济效益	159	62	54.30%
		C.分园教师工资待遇较高	115	36	37.10%
		D.总园园长等管理者工资待遇与举办分园的数量、质量关系密切	148	49	48.40%
		E.其他	78	9	21.38%
11	您认为公办性质总园举办民办性质分园的“连锁管理式”的主要缺点有	A.总园、分园性质不同，体制机制冲突，不利于管理	222	70	71.74%
		B.分园经费投入没有保证	142	44	45.70%
		C.分园教师队伍不够稳定	220	72	71.74%
		D.分园收费较高，招生压力较大	117	31	36.36%
		E.其他	82	7	21.87%
12	您认为“品牌输出式”总园办分园的主要优点有	A.“挂名牌”能迅速增大分园的知名度	262	78	83.54%
		B.通过品牌输出总园能获得一定的经济效益	168	50	53.56%
		C.该模式总园投入精力少，对总园办学影响较小	115	48	40.05%
		D.有利于分园招生	230	67	72.97%
		E.其他	62	6	16.71%
13	您认为“品牌输出式”总园办分园的主要缺点有	A.分园办园质量没有保证	152	61	52.33%
		B.品牌输出对总园品牌有“稀释性”	170	67	58.23%
		C.幼儿家长对品牌输出的分园认可度不高	173	56	56.27%
		D.分园教职工对总园的认同度较低	93	38	32.19%
		E.其他	91	10	24.82%

为进一步比较园长、教师和管理者、专家二者认知之间是否存在差距，我们对表6–3数据做进一步整理（见图6–2）。由图6–2可以看出，无论是园长、教师还是管理者、专家，对目前“优质公办幼儿园举办分园”的三种模

式优缺点的认知高度一致。这也为办学者和管理者、专家对办园必要性和办园存在的难度的共识做了铺垫。

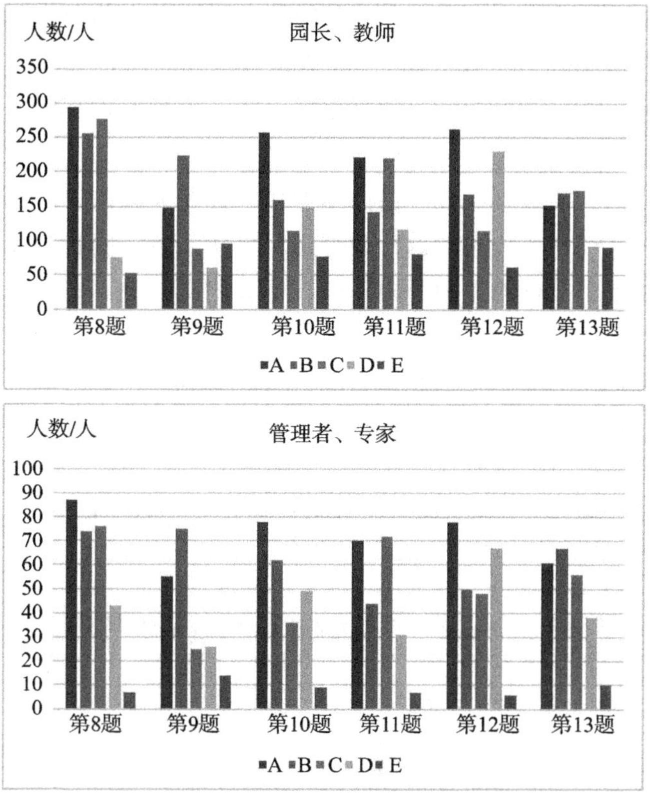

图6-2 园长、教师和管理者、专家对“优质公办幼儿园举办分园”模式的调查对比

3. 关于“优质公办幼儿园举办分园”必要性的调查

91%的受访者认为优质公办幼儿园很有必要举办分园，因为举办分园，可以发挥品牌公办园的示范辐射作用，带动分园发展，缩短分园成长的时间，让更多的幼儿能不受地域限制地享受到优质学前教育资源，从而促进本地区学前教育事业的发展，同时也有利于总园的发展，缓解总园生源饱和的压力，促进优秀骨干教师成长，且园际间的竞争氛围还可以反过来促进总园工作的进步与创新。但分园不宜过多，过多会分散很多精力，淡化名园效应。约8%的受访者认为优质公办幼儿园没有必要举办分园，因为举办分园会分散精力，分园管理难，质量无保障，还不如更好地集中人力物力，让总园走得更高更远更好。近7%的受访者认为优质公办幼儿园是否办分园，需要因地制宜，考虑生源、资金、教师队伍等多方面因素，在条件允许的情况下才可以举办

分园。

4.关于“优质公办幼儿园举办分园”存在困难的调查

大多数受访者认为，优质公办幼儿园举办分园最大的困难是管理体制问题，总园和分园能否“一致行动”，也即总园和分园能否实施“统一园所文化、统一招生、统一课程、统一师资调配、统一后勤保障、统一评价”的连锁管理；其次是经费投入问题，地方政府必须出台相应的经费保障和举办分园的激励政策，如果举办的分园是民办性质，投资人或产权人必须认同总园的办园理念，不宜参与分园的运行与管理；再次是总园的管理团队问题，关键是总园能否派出执行力强的分园园长和管理团队，且不影响总园的运行与发展。

5.关于“优质公办幼儿园举办分园”管理的调查

问卷（Ⅰ）的第三大题是认同感题，受访者从下面每个句子后面的5个选项中，选择最与实际情况相符合的一个选项。5分~1分表示的同意程度由高到低，“5分”表示“完全同意”，“1分”表示“完全不同意”。统计结果见表6–4。

表6–4　“优质公办幼儿园举办分园”管理的调查统计

题目	选项									
	5分		4分		3分		2分		1分	
	人数/人	比例	人数/人	比例	人数/人	比例	人数/人	比例	人数/人	比例
1.幼教集团下各园人员可进行相互调配	208	66.88%	37	11.90%	36	11.57%	12	3.86%	18	5.79%
2.幼教集团下各园进行人事招聘均由总园统一组织	172	55.30%	46	14.79%	31	9.97%	44	14.15%	18	5.79%
3.幼教集团内总园与分园之间在资金上是独立运作的	161	51.77%	42	13.50%	55	17.69%	13	4.18%	40	12.86%
4.幼教集团内各园之间实行统一的薪酬标准	246	79.10%	18	5.79%	21	6.75%	11	3.54%	15	4.82%
5.幼教集团内各园进行统一的物资采购及调配(如园所设施、教学用具等)	203	65.27%	45	14.47%	23	7.40%	24	7.72%	16	5.14%
6.幼教集团内组织大型活动由总园统一策划	128	41.16%	49	15.76%	51	16.40%	54	17.36%	29	9.32%
7.幼教集团内各园选用统一的课程内容	199	63.99%	37	11.90%	41	13.18%	19	6.11%	15	4.82%

续　表

题目	选项									
	5分		4分		3分		2分		1分	
	人数/人	比例	人数/人	比例	人数/人	比例	人数/人	比例	人数/人	比例
8.幼教集团内各园实行统一的课程评价制度	201	64.63%	45	14.47%	32	10.29%	17	5.47%	16	5.14%
9.幼教集团内各园统一开展教师培训及讲座活动	222	71.38%	39	12.54%	35	11.25%	5	1.61%	10	3.22%
10.幼教集团内设有专门的教研部门组织开展教研活动	246	79.10%	30	9.65%	20	6.43%	8	2.57%	7	2.25%
11.幼教集团内设有专门的科研部门组织开展科研活动	237	76.21%	35	11.25%	23	7.40%	7	2.25%	9	2.89%
12.幼教集团内针对不同岗位制定了相应的岗位管理制度	253	81.35%	36	11.58%	9	2.89%	9	2.89%	4	1.29%
13.幼教集团内经常开展针对不同岗位教师的培训及讲座	246	79.10%	38	12.22%	22	7.07%	2	0.64%	3	0.96%
14.幼教集团内对总园及各个分园的保教质量实行统一评估、考核	234	75.24%	41	13.18%	24	7.72%	7	2.25%	5	1.61%
15.幼教集团内总园及各个分园有统一的办园宗旨和园所文化	186	59.81%	36	11.58%	32	10.29%	44	14.15%	13	4.18%
16.幼教集团内总园及各个分园依照统一的管理制度进行管理	230	73.95%	41	13.18%	21	6.75%	10	3.22%	9	2.89%
17.幼教集团经常性有计划地设定近期工作目标	239	76.85%	44	14.15%	20	6.43%	6	1.93%	2	0.64%
18.幼教集团内各部门能根据近期工作目标安排工作	249	80.06%	42	13.5%	14	4.50%	4	1.29%	2	0.64%
19.幼教集团内各部门教职工能清楚了解所属部门的阶段性目标	241	77.49%	52	16.72%	13	4.18%	3	0.96%	2	0.64%
20.幼教集团内教职工清楚了解集团整体发展目标	238	76.53%	47	15.11%	19	6.11%	3	0.96%	4	1.29%
21.幼教集团内各部门经常召开本部门会议	226	72.67%	45	14.47%	30	9.65%	7	2.25%	3	0.96%
22.幼教集团内管理层每月召开管理层会议	241	77.49%	42	13.50%	20	6.43%	7	2.25%	1	0.32%

续 表

题目	选项									
	5分		4分		3分		2分		1分	
	人数/人	比例	人数/人	比例	人数/人	比例	人数/人	比例	人数/人	比例
23.幼教集团内各部门之间、各园所之间遇到问题，能够随时取得联系、进行沟通、共同解决	261	83.92%	31	9.97%	14	4.50%	2	0.64%	3	0.96%
24.贵园在招生时对幼儿父母的工作单位进行限定	35	11.25%	21	6.75%	29	9.32%	65	20.90%	161	51.77%
25.贵园在招生时会采用电脑随机派位招生	85	27.33%	36	11.58%	36	11.58%	54	17.36%	100	32.15%
26.贵园面对所有适龄幼儿招生(包括中低收入家庭子女、民工子女等)	246	79.10%	27	8.68%	19	6.11%	7	2.25%	12	3.86%
27.贵园对弱势群体家庭减免部分学费(如孤儿、特困或低保家庭、留守儿童等)	236	75.88%	28	9.00%	29	9.32%	4	1.29%	14	4.50%
28.贵园在幼儿入园前可以部分预先“占位”	73	23.47%	21	6.75%	32	10.29%	23	7.40%	162	52.09%
29.贵园对收费项目及标准进行定期公示	271	87.14%	26	8.36%	10	3.22%	1	0.32%	3	0.96%
30.幼教集团内明确设有教职工职称评定标准和晋升制度	239	76.85%	33	10.61%	20	6.43%	5	1.61%	14	4.50%
31.幼教集团内各园有不同的办园特色	245	78.78%	42	13.50%	17	5.47%	2	0.64%	5	1.61%
32.幼教集团内定期开展各园之间的评优活动	224	72.03%	47	15.11%	33	10.61%	3	0.96%	4	1.29%
33.幼教集团内各园所实行统一的岗位考核制度	244	78.46%	41	13.18%	16	5.14%	6	1.93%	4	1.29%
34.贵园对教师申报课题、发表论文有较大的奖励力度	207	66.56%	42	13.50%	31	9.97%	21	6.75%	10	3.22%
35.贵园对教师获得各项教学活动奖项有较大的奖励力度	201	64.63%	47	15.11%	33	10.61%	23	7.40%	7	2.25%

6.关于“优质公办幼儿园举办分园”必要性的调查

题目：您认为优质公办幼儿园是否需要举办分园？请说明理由。

园长、教师观点摘录：

◆需要，举办分园能促进本地区学前教育事业发展，发挥示范辐射作用，对本地区的幼儿教育有更多的导向性支持，从而带动地方办园质量，使更多的幼儿不受地域限制地享受优质的教育、更好的教育资源，同时有利于更好地发展总园文化，壮大总园优秀的园所设施和优秀的师资队伍。此外，还可以扩大总园的影响力，移植其优质办园方式和理念，缩短分园成长的时间，有利于学前教育更快更高效地发展，但分园不宜过多，过多会分散很多精力，淡化名园效应。

◆需要，举办分园有利于解决“入学难”问题，充分利用优质资源，传承优秀理念，发挥带头作用。

◆可以考虑，应根据各地区实际情况而定。

◆不需要，举办分园会分散精力，管理难，质量无保障。

◆不一定，需要考虑多方面因素，如生源、资金、教师队伍等，在条件允许的情况下可以举办。

◆不需要，我们这里幼儿少。

7.关于“优质公办幼儿园举办分园”措施的调查

题目：您认为优质公办幼儿园怎样才能办好分园？

①园长、教师观点摘录：

◆政府要重视，加大投入，给予分园一定的设计权、人事权等。

◆集团化统一管理，实行层层管理责任制，统一规章制度、考核标准等。定期对分园进行督导，奖罚分明，责任到人。

◆有统一的办园思想，加强园与园之间的沟通合作。

◆需要有一个优秀、有创新能力的领导，发散思维，带领教师共同发展，陪伴幼儿健康快乐成长，带领大家走向成功。

◆分园根据自己的实际情况，在继承总园优点的同时办出自己的特色，开设特色课程。

◆组建专业的教师团队，年龄结构合理化，分层次培养。组织教师多参加培训，提升教师自身素质。管理人员要全方位进行监督管理，把部分优秀教师融入分园，分园教师去总园跟岗培训，这样能有效促进分园教师迅速成长。采取一些激励机制，调动教师的积极性。

◆加大管理力度和人才资金输出力度。

◆统一管理，完善制度。

◆政府政策支持。

◆师资保障。

◆资金到位。

②管理者、专家观点摘录：

◆强化政府责任，加大政府扶持力度，有扶持政策；加大政府经费投入；政府开辟多种参与途径，加强监管；政府采取强有力的分园保障制度，切实采取支持策略促使分园发展；政府给予政策优惠，并能通过考核解决部分教师编制；充分调动社会力量，重要的是政府给予土地政策支持；加大政府投入，新建、改建、扩建一批安全、适用的幼儿园。

◆首先是办园思想理念、管理模式的输入，其次是教师队伍的培训和交流，最后才应该考虑经济效益如何。成熟的管理模式和管理人才很重要，幼儿园需有过硬的师资队伍，最重要的是园长要有先进理念，制定科学合理的管理目标，创建和谐管理团队，以教师发展为中心，注重品牌口碑，保证师资质量，不可总园、分园区别对待。

◆优质公办园必须有充足的师资力量，能够对分园的师资队伍建设起到保障作用，尤其是在新的队伍建设上，优质公办园要具备很强的培训新教师的能力，无论怎么办园，师资队伍是关键，要投入资金，保证师资力量。

◆提高幼儿教师的工资待遇，加强教师的培训，多组织教师参加学习；优化管理制度，保证分园有一定的编制比例，统一标准，保证总园、分园的待遇均衡。

◆领导重视，稳定教师队伍，加强教师培训，改善办园条件，保障分园的经费与师资队伍；增强教师队伍建设；总园必须在自身具有充足的师资力量下才能举办分园。

◆统一严格管理，总园进行人、财、物的统一管理，允许分园具有自身办园特色；统一业务管理，要有一套统一的管理制度，有一支思想统一的管理人员，对所有分园教师队伍进行定期培训；分园的管理全部由总园派驻的管理团队负责，所有教师、保育员要经过总园培训，课程培养模式也全部按照总园的规范进行；总园与分园在管理、教育理念上应统一，做到权责分明；重视分园文化建设，使总园和分园真正一体化发展；分园必须是公办性质，要赋予分园园长一定的人事决定权、财物分配权等自主权。

◆总园、分园之间加强联系，总园加大对分园的帮扶力度，所有人员接受相同的培训与管理；统一管理制度，总园、分园定期开会，制定阶段性目标，定期开展教科研及观摩培训活动；分园园长必须服从分配；总园要从办园方向、办园理念上引导分园，既要把握办园宗旨，又要敢于放手，让分园有自主权，创新灵活办园；派驻管理经验丰富的副园长或中层干部管理分园，给管理者充分自主权。

◆相关教育部门加强监督与管理，确保总园、分园的办园质量。总园、分园的办园理念一致，分园具有自主管理的权力；管理上可以统一化，教学上选派骨干予以支持和引领，体制上可以灵活自主；政府主导，优质公办园管理者要从一体化角度思考，全局一盘棋，也要针对分园的具体软硬件基础，办出特色；要统一管理，适度放权。

◆总园与分园可以定期研讨幼儿园课程建设等，采取激励措施使总园与分园形成一定的竞争机制。分园总体规划和总园保持一致，并设有专项发展目标；总园监管，但不拘泥于同一模式，要兼顾灵活性；总园优秀教师到分园进行短期指导等。

◆幼儿教师除了具备良好的职业道德外，还应该充满活力与朝气，而且要具备专业素养。

◆政府支持，可以将小区配建幼儿园办成公办园分园，总园、分园人员统一调配、统一考核、统一管理，但分园自身管理又相对独立，按年度分配人员，一定时间内人员固定。

◆搭台子：办园初期（1年内），需要总园全盘接管；扶上路后，理顺管理，配足人员，指导分园成长；2～3年后，分园自主发展。

◆确保分园收费合理，不宜过高。

◆分园实行自主管理，但要对总园负责，总园制定规章制度和监督考核机制对分园实行质量监管，但分园享有单独的财务、招生权利。

◆资质审核要严格把关，管理要自主；给予教师流动的机会，允许总园、分园教师合理化流动。

8.关于“优质公办幼儿园举办分园”运行机制的调查

题目：请您结合实际情况，谈谈幼教集团下总园与各分园之间是如何合作交流的？（是否制定一定的目标机制、激励机制、竞争机制等？如果有，这些机制是如何实施的？）

园长、教师观点摘录：

◆制定评估标准，定期对分园进行督导评估；设立奖惩机制，鼓励分园创新发展；总园、分园教师进行教学观摩交流研讨，提升品牌力量。

◆各部门、各园所之间遇到问题，能够随时取得联系，进行沟通共同解决。教师交流沟通，互相参观，提高业务能力。

◆制定同样的竞争机制，建立相对应的监督执行机制，并倡导共享优质资源；引导教职工展开良性竞争，定期组织培训、研讨，适当制定奖惩制度。

◆建立目标机制、激励机制、竞争机制。目标可以让大家有奋斗的方向，激励可以给大家鼓励，竞争可以让大家越挫越勇。

◆合作交流过程中制定一系列目标机制、激励机制并通过制度来规范实施。分园可以在依附总园的基础上形成自主管理机制，分园有其自主性，变封闭式管理为开放式管理，各园所之间还可以共享、整合资源。

◆统一机制管理，大教研活动共同参与，小教研活动各园区根据本园的实际情况自主进行；园所之间定期相互交流学习，集团统一进行教职工活动，加强交流，促进关系融洽，增强凝聚力。总园统领全局，统一管理模式。分园在品牌打造后，可以根据本园实际情况，打造自己的品牌特色。各园所要具备自己的园所文化、办园特色、个性化风格，这样才具有竞争力和生存力。

◆外派到分园的行政、管理人员，要选用专业水平高、能诠释幼儿园文化的人。派到分园的教师一定要了解园所文化，有一定工作年限，到了分园以后，能把园所文化、课程迁移过去，还要能拉动、辐射那些新人。派骨干力量去分园，分园就会成长得比较快，在老园的新教师也会很快成长起来。

◆总园与分园密切配合、相互合作，一是领导层经常开会交流，提出问题共同解决；二是教师之间交流，除调配人员外，还要开展统一的培训；三是资源共享，经常交流经验，相互学习。

◆首先，统一管理模式，在人员、经费、制度等方面都实行统一管理；其次，确立共同的办园目标、办园宗旨，让所有人都为此而努力；再次，通过共同的教研活动，促进总园与分园教师之间的业务交流，让大家相互学习；最后，通过基本功比赛、优质课比赛、优秀班级评比、班级环境评比等各类竞赛活动，给予每个教师施展才华、展现自我的平台，提高教师与教师、园与园之间的竞争力，对工作认真、在教育教学和班级工作中取得优秀成绩的教师给予奖励。每年总园和分园的教师都进行少数人员换岗，让更多优秀教师带动其他教师进步。

9.关于“优质公办幼儿园举办分园”利弊的调查

题目：您认为“优质公办幼儿园举办分园”集团化办学的利弊有哪些？

管理者、专家观点摘录：

利：◆解决优质教育资源不足，促进优质教育资源合理布局，实现优质教育资源共享，使优质教育资源利用最大化，让更多的人享受到优质教育资源（如幼教理念、师资队伍、课程建设等），对于促进学前教育优质均衡发展、教育起点公平、普惠性具有重要的现实意义。

◆扩大优质公办园辐射示范作用。优质公办园办分园在教育理念、体制机制、办园质量、经费保障、教学经验、教师培养等方面都有一定的基本保证，能够充分带动分园发展。带动分园一同开展教科研活动，以科研带保教，有效促进教师专业成长。带动地区整体学前教育水平和师资水平提高，形成规模办园。

◆提升分园的办园水平与知名度，使分园的管理及模式规范化，保障分园办学质量和经费，扩大招生，吸引更多优秀的高校学前教育专业毕业生，便于统一管理。在目前财政投入有限、入园需求旺盛、园所增量急剧的大背景下，举办分园能较快地使分园进入稳定发展的轨道。

◆带来经济效益，缓解幼儿园数量不足、幼儿入园难等问题，让更多适龄幼儿享受到优质教育。

◆促进优质公办幼儿园的品牌效应，形成品牌化办园；促进幼儿园协同发展和优质幼儿园的资源综合调节；有利于总园和分园互相学习和提高，优秀的模式和经验可以共享；成立学习共同体，有利于教研工作的开展；容易形成利益共同体。

◆教师发展有上升的空间，提高公办幼儿园教师的工作积极性，提升教师认同感。

◆好的管理模式可以直接推广，有助于科学管理。

弊：◆稀释总园办园资源（如人力资源、领导层的时间和精力、骨干教师），影响总园办园质量（如教育质量、管理质量）；优质公办园在办分园的时候，会给本园的工作带来一定的影响，比如需要本园输出优秀的师资力量充实到分园去，以保证分园的师资队伍水平，在分园的管理、师资队伍建设等方面也需要投入很大精力，增加了总园负担；总园本身的力量得不到保障，有时会影响总园的稳定性。

◆集团化的扩张会导致教师和管理人员的专业素养及办学质量下降，分园教学质量与水平难以保证，分园教师队伍不稳定。

◆统一化管理模式，管理不灵活，限制分园个性化、自主化、创新化发展；受总园制约，分园创造力可能会缺乏，部分分园不太容易形成自己的特色，过于依赖总园。

◆在办分园过程中，在管理上存在很多问题与难题，举办分园不利于管理；公办园和分园在管理方面较难统一，易造成权责不清；公办园引领下的分园较多，理念不统一，易导致分园质量不高。

◆总园管理没有相应的制度，监督力度不够，容易造成分园办园质量下降，影响总园声誉。分园的教育质量不高，则会稀释总园的品牌价值，不利于总体提升。

◆增加总园领导的工作量，园长权力过大、管理队伍庞大等会导致一些新矛盾、新问题，总园园长权力集中对集团园所的发展形成制约；如何处理总园、分园之间的关系给总园管理者带来挑战。集团庞大，园长行政化，分管园长琐事化等，带来一系列难题，如园所内涵建设无法深入，教师队伍专业提升和团队建设比较困难；管理层压力加大，组织协调难度大；管理者挑战大，需要人员和激励政策保证；主要管理者负担过重，没有精力沉下去细化内部管理，工作浮于表面形式。

◆教师队伍的专业提升和团队建设受到一定影响；教师队伍年轻化，专业成长压力大；稀释优质师资，管理层精力分散，教师差异化程度大；园本培训难度大，统一模式不利于创新；分园质量不一，编制和待遇与总园有差距，影响教师工作积极性；优胜劣汰机制过严容易导致人员不稳定。

◆总体上，分园各个方面基本都落后于总园，经济效益倾向更明显；经济效益的分配与办园质量提升存在一定的矛盾；过于追求经济效益，难以保证质量。

◆浪费资源，不能保证公办园的学生数量。

◆体制机制尚不健全，一旦集团化，没有一套完整的监控、考评指标和体系，分园未必能达到优质水平，不但解决不了社会问题，无法给更多适龄幼儿提供入园机会，反而会浪费资源。

◆可能存在恶性竞争，也会在一定程度上造成垄断，影响民办园的发展。

◆人们在选择时会只注重知名度和分园的数量，直接影响其他园的生存；容易滋生唯品牌效应为主的现象，影响办园质量。

◆家长认可度可能不是特别高。

10.关于“优质公办幼儿园举办分园”规模与质量关系的调查

题目：您认为，目前全面二孩政策下，如何实现幼儿园“规模扩张”和

"质量稳定"的统一？

管理者、专家观点摘录：

◆加大政府扶持力度和投入力度，做好统筹规划，合理布局公办园，不能造成区域垄断，如某地区幼儿园交给某个民办学前教育集团统一管理，造成保教费居高不下；政府加大投入建公办园，增加教师编制，提高教师待遇，加大教师培训力度。

◆目前二孩政策对当地幼儿数量并无明显影响，所以不要盲目扩张。

◆幼儿园不能随意、擅自进行规模扩张，必须在保障质量稳定的前提下做好规划。可以将新建小区配建幼儿园办成优质公办园分园，一牌两园，有利于新园招生。

◆政府政策明确，社会调查分析具体到位，对园所数量和质量了解透彻，在职师资和职前师资培养方向性强，根据统计数据，有把握招到好教师是规模扩张和质量稳定的关键。

◆早日将学前教育纳入义务教育。

◆完善法规政策，保障学前教育健康发展，严格把控准入关。

◆幼儿园应该有科学的管理模式，以制度管理而不是经验管理，各项管理制度、规章制度健全，各部门培训到位，教师队伍稳定。幼儿园必须在自身质量与规模有充分保障的前提下，才能举办分园。

◆加强师资队伍的建设与培训，提高教师职业道德和专业素质。提高幼儿教师的门槛与待遇，落实幼儿教师编制，提高教师地位，完善幼儿教师的身份、待遇、社会地位、专业发展等方面的制度建设。

◆建立幼儿园保教质量评估体系，确保幼儿园教学质量。

◆优质园与分园应权责分明，教学模式统一，办园理念一致，管理标准统一，切实保障分园质量，并不定期地检查。

◆在统一管理的前提下，允许分园依据自身情况特色化办学。

◆需要优秀的管理者与一支高质量的教师团队，各项硬件与软件设备齐全。

◆加强社会、家庭对幼儿园的支持与合作。幼儿园要认清自身具备的资源结构优势在哪里，筹备充足的师资队伍力量，还要考虑到扩张幼儿园规模时，未来的布局如何，在扩张的数量上要量力而行，不能盲目规模扩张，要从自身资源出发，不断提高自身教育资源的使用效率和质量，只有这样才能做到扩张和质量的和谐统一。实行高校与幼儿园教育基地一体化措施，以高校幼教专家为引领，帮助提高办园质量。

案例6-1　安徽师范大学幼教集团主任访谈录

为了进一步清晰了解优质公办幼儿园举办分园的现状，课题组实地采访了具有代表性的安徽师范大学附属幼儿园（目前在总园所在地芜湖市已举办10所各具特色的分园）园长余捷。通过访谈，笔者了解到目前这一办园模式收效非常显著：

（1）扩大了办园规模。分园的举办使得优质幼儿园的数量增多，优质教育资源得到扩大，缓解了“入好园难”等问题，解决了学前教育经费投入不足的问题。

（2）挖掘了教师潜能。最典型的就是在总园很多教师可能一辈子都当不了园长，而通过举办分园，可以选派业务能力强的教研组组长去分园担任园长，使得一批教师得到成长。

（3）丰富了办园形式。不同的区域有不同的文化和不同的课程资源，分园可以更加注重内涵建设，课程建设趋向多样化、特色化。

（4）增加了就业岗位。举办分园需要一大批师资，解决了很多就业问题。

第三节　优质公办幼儿园举办分园的现状与思考

一、现状分析

安徽省优质公办幼儿园举办分园的基本情况和全国的基本情况吻合。无论是从安徽省各市、县还是从全国其他各省市、自治区来看，政府对优质公办幼儿园举办分园的重视度都还不够高，并没有出台有针对性的文件或给予具体的政策支持，造成优质公办幼儿园规模小和教育经费投入不足[①]。由于优质公办幼儿园举办分园有利于扩大优质学前教育资源，促进教育公平，解决“入园难”等问题，目前这一办园模式在各地已形成发展势态。调查显示，有近90%的人赞成优质公办幼儿园举办分园，所举办的分园质量也得到比较高的认可。

与刚举办的分园相比，优质公办幼儿园总园因办学时间长，软硬件好，

① 吴畅.谈幼儿园入学难问题[J].教育视角,2011(3):140-141.

师资力量强，文化底蕴深厚，教师队伍更稳定，管理更成熟，信誉更高而得到家长的青睐。

部分优质公办幼儿园办分园的定位错误。某些地市政府为了所谓的“面子工程”，不顾原本优质公办幼儿园的真实情况去支持它们办分园。现在学前教育的经费投入不足，某些幼儿园为了经济效益，借助自身的“名牌效应”去办分园①，而分园的实力却不达标。

总园、分园实行人、财、物统一管理的公办模式是目前公认的最佳办园模式。分析问卷后可知，目前优质公办幼儿园举办分园的类型主要有人、财、物统一管理的公办模式、公办性质总园举办民办性质分园的连锁管理式（即输出管理式）和品牌输出式（即冠名式）三种类型。

（一）统一管理式

总园、分园实行人、财、物统一管理的公办模式，其实就是将原幼儿园的规模扩大，是“一园两址”或“一园多址”式的管理，这种类型是目前公认的最佳举办分园模式。但这种举办分园模式需要政府充足的财政和事业教师编制的投入，且由于总园园长等管理者的工资待遇不能因为举办分园的多少同比相应提高，久而久之，会导致举办者积极性不高，经费和编制问题突出，造成人心涣散，办分园后劲不足，承办者主动性不强，激情消退的现象，这也是当前公办幼教集团发展迟缓的原因之一。

（二）连锁管理式

这一办园模式下的分园与总园的性质不相同，分园属于民营（包括集体办）性质，在经济上要自负盈亏，与总园的经费和人员互不流通，由总园委派合适的人选担任分园园长并辅导分园组建和培训师资队伍，进行常规管理、输出课程模式和教育教学经验等。它的主要优点是分园办园质量有保证，总园能够获得一定的经济效益；它的主要缺点是总园、分园性质不同，体制机制易发生冲突不利于管理，分园教师队伍不够稳定。

（三）品牌输出式

这一模式举办的分园中有的得到总园的指导，办园质量得以提高，有的

① 孙卫丽.对“名园办分园”现象的认识[J].基础教育研究,2013(2):53-55.

仅仅打着总园的旗号吸引生源，实际上与总园没有丝毫关系，办园质量与总园相差也较大。这类办园模式的主要优点是“挂名牌”能迅速提高分园的知名度，其缺点是品牌输出对总园品牌有“稀释性”，幼儿家长对品牌输出的分园认可度也不高。这种举办分园模式总体弊大于利，在实践中应谨慎实行，尤其是对民办性质的分园，品牌输出更应慎重，防止民办分园的过度“逐利”行为损坏总园的品牌形象。

二、对现状的思考

第一，优质公办幼儿园需要办分园。学前教育作为整个教育体系的基础，对教育有着举足轻重的作用。当前我国学前教育领域普遍存在“入园难”和“入园贵”两大问题。随着国家二孩政策的推广实施，这两大问题将更加突出。“入园难”的本质是人民群众日益增长的入园需求与合格的、有质量的学前教育资源，包括公办幼儿园和普惠性民办幼儿园严重不足之间的矛盾。教育部统计数据表明，2019年我国共有各类幼儿园28.12万所，在园幼儿4 713.88万人，其中民办幼儿园17.32万所，在园幼儿2 649.44万人，民办幼儿园占比高达61.6%，在园幼儿占比56.2%，学前教育毛入园率为83.4%。优质公办幼儿园办分园有益于扩大成熟优质资源，实现优质资源共享；有利于发挥优质资源的全方位辐射作用，让更多的幼儿进入优质公办幼儿园，同时满足家长对优质资源的需求；有助于缓解总园的生源压力，保证办学质量，规范办学行为。

第二，对于优质公办幼儿园如何办好分园，可以从以下几方面做好措施：（1）政府给予人、财、物方面的鼓励、支持和认可；（2）总园和分园采取统一管理模式，制定相对应的管理和教学体制，由总园调出各方面优秀的分园班子带动分园的工作；（3）由于学前教育教师数量不足、师资培养体系不够健全等，2015年“两会”人大代表马雪花提出要进一步加强学前教育教师队伍建设，通过保障学前教育师资与中小学教师同等待遇，为学前教育教师队伍稳定创造条件；（4）相关部门高度重视公办学前教育工作，提高幼儿教师专业水平；（5）规范办学，科学保教，合理收支，以“育人”为宗旨，不以营利为目的。

案例6–2　公办幼儿园如何向集团化迈进?

安徽师范大学附属幼儿园是安徽省一类幼儿园，也是我市办学声誉较好的几所公办幼儿园之一。2009年8月该园开办了第一所分园，2011年6月安徽师范大学成立教育集团，有力地推动了附幼办分园的进程，以平均每年一所的速度开办分园，至今已开办了4所分园。集团化办园让安师大附幼的优质学前教育资源迅速扩大，近5年来，安师大附幼的教职工由原来的80多人发展到目前的196人，在园学生数由原来的600多人，发展到目前的1 300多人。

名牌幼儿园实施集团化办学，能否真正实现优质教育资源扩张？分园的扩张是否会削弱总园的教育教学资源？开办的分园能否以较快的速度达到总园的教育教学品质？带着诸多问题和疑惑，记者近日来到安师大附幼调查采访。

实施集团化办学的动力在哪里？

作为我市的名牌公办幼儿园，安师大附幼如果不实施集团化办学，原先的日子过得还是很滋润的。每年招生时家长为争抢一个入园名额踏破门槛，甚至孩子一出生就“排队”预约。生源不用愁、教职工的待遇有保障、背靠着省内名牌高校安师大，安师大附幼实施集团化办学的动力在哪里呢？

园长余捷说，早在2007年，当时的省教育厅领导在视察安师大时，就要求安师大附中、附小、附幼积极扩大优质教育资源，服务社会，不断满足人民群众对优质教育资源的需求。在安师大领导的关心支持下，附幼实施集团化办学，既是落实省教育厅的指示，也是承担社会责任的自觉行动。同时，实施集团化办学可以给安师大附幼进一步做大做强注入新的动力和资金支持。承担社会责任和壮大自身实力，可以说是附幼实施集团化办学的“动力源”。

她说，除此之外，实施集团化办学也给附幼的教师搭建了更广阔的发展平台。安师大附幼有3名省特级教师、3名副高职称教师、多名优秀骨干教师，这样的师资水平在全省幼儿园中是绝无仅有的，即使在全省小学中也不多。如果不实施集团化办学，这么多优秀教师挤在一所园内，发展上升的通道很窄。集团化办学后，这个难题就迎刃而解了，总园向分园输送优秀教师，打开了他们发展的新天地。从这个方面说，全园教师对集团化办学也很支持。

资源配置是否会拆东墙补西墙?

大学之大，不在大楼而在大师。同理，一所名牌幼儿园不在教舍和设施多先进，而在教师水平高。实施集团化办学后，在短短不到5年的时间里，安师大附幼从1所分园发展到目前的4所分园。如何保证总园的教师水平基本不降而分园的师资高起点？是否存在着规模扩大，导致优质师资被“摊薄”甚至出现拆东墙补西墙的现象？

对于记者的提问，余捷认为外人有这样的担心并不奇怪，但安师大附幼较好地处理了这个难题，从目前无论本部还是分园，家长对教育教学的品质依然很肯定，仍争相把孩子送来就说明了这一点。

她说，规模扩大教学品质不降，能做到这一点，首先在于实施集团化办学之前附幼做了比较充分的人才储备，但受规模所限，教师的才干难以得到充分发挥，就像“压缩饼干”。实施集团化办学后，分园开办，总园向分园输送了一些管理和教学骨干，他们的发展空间大了，“压缩饼干”就释放开来，能量得到充分发挥和利用，品质也能基本保持平稳。

其次，附幼集团化办学，开办分园的节奏是有控制的，4所分园不是一气开办而是逐年增加的。在安师大教育集团的统筹领导下，什么时候再增开一所分园，都是通盘考虑人才的准备情况再作慎重决定的。由于有一支优秀的管理教学团队，有一套丰富的人才培养经验，有一个团结向上的园风，再加上新招聘的教师起点高，本科是起码的门槛，研究生占了一定的比例，入园后他们自己努力，再加上两三年的培养，年轻教师很快就能独当一面。

办分园会不会“挂羊头卖狗肉”?

这些年全国各地都存在着这样一种怪现象，一些名校或幼儿园在全国各地开分校或分园，但实际上只是挂个牌子，优质管理和优质师资从不涉及或很少涉及，分校、分园的教学质量与总校、总园的教学质量根本不在一个层次上，说白了就是卖牌子赚钱，也就是俗称的“挂羊头卖狗肉”。

安师大附幼实施集团化办学，总园和分园之间是否也会存在着上面类似的现象？采访中，全园上下无论问起谁，他们都给记者一个否定的回答。他们都说，在安师大附幼，总园和分园只存在办学时间长短、办学地理位置的不同，在师资调配、硬件配备、食品采购上全园“一盘棋”，教科研安排、课程计划、学生食谱全园统一，总园、分园一个样。

园里的老师告诉记者，就拿社会和家长最关注的师资配置问题来说，在安师大附幼，总园和分园的教师是流动的，每个学期开始，集团根据各个园的岗位需要和每个教师的特点，将其安排到总园或各个分园任教，无论是老教师还是新教师都服从统一调配。一个教师这个学期在分园工作，下个学期也有可能在总园上课，教师的统一调度安排，既盘活了师资，也促进了各园的师资水平基本均衡。

园里的老师还说，由于集团内总园和各分园的教育教学品质保持大体均衡，现在想把孩子送到安师大附幼上学的家长，基本上都选择就近入园，就连安师大教师也一样，他们如今送孩子上附幼，也不只是冲着总园来，家附近有附幼分园的，就让孩子就近入园。

记者还了解到，安师大附幼开办的分园在保教人员配置、班额人数控制上，都与总园保持一致。在教师培训的投入上，总园、分园也一致。

余捷坦言，5年前开办第一所分园左岸分园时，家长们还在观望，看看附幼是不是将分园真正当成“自己的”幼儿园在办，其后的两年里，当家长们看清附幼分园的“真实面貌”后，争先恐后把孩子送来，再后来，这家分园的招生规模已远远满足不了家长的需求，已是“一座难求”了。

谈到安师大附幼实施集团化办学近5年来的经验和体会，幼儿园负责人认为必须清醒地对待和处理下面几个问题：

处理好发展速度和发展质量之间的矛盾。这里面师资队伍的建设最为关键。如果不从自身的实力出发，盲目图快图大，不仅将会导致新增的分园由于教学品质跟不上，得不到社会承认，而且还会造成本部的品质下滑，声誉受损。集团化发展，一定要坚持好中求大，至少也要做到稳中求大。

不断优化连锁管理模式。一所优质幼儿园实施集团化办学，规模迅速扩大，采用怎样的有效管理模式，是幼儿园领导班子必须首要处理好的问题。上级的支持理解很重要，但管理模式是否适应实际情况，关系着集团化办学的最终成败。选择怎样有效的管理模式并不断根据实际情况变化而优化、完善，是一项紧迫的工作，也是一项长期要做的工作。

采访临近结束时，余捷表示，集团化办学，对所有想实施这种办学模式的学校和幼儿园来说，都是新生事物。就整个社会来说，集团化办学的经验还不够成熟，新生事物的发展，希望得到政府的有力支持，特别是政策等方面。

（《大江晚报》2014-04-23　王俊杰）

第三，针对当前的“入园难”“入园贵”问题，可以从几个方面考虑：（1）政府多投入资金，鼓励优质公办幼儿园举办分园，扩大公办园数量；（2）有规划地建园（名园办分园，建立合作园），结对帮扶民办园发展，统一管理，争取把每一所幼儿园都办成优质幼儿园；（3）国家适时进行宏观调控，根据幼儿园的投入制定收费标准，核准统一的收费标准，同时创造性地举办普惠性幼儿园①；（4）改革学前教育体制，将学前教育纳入义务教育范畴。2015年“两会”期间，政协委员莫言也提出要把学前教育纳入免费教育范畴，更高程度地关注学前教育②。

① 姜晓玥.普惠性民办幼儿园的政策研究[D].南京：南京师范大学，2014：64.

② 京华时报.莫言：建议将学前教育纳入到免费教育范畴[EB/OL].(2015-03-15)[2019-08-26].http://news.sina.com.cn/c/2015-03-05/031931568849.shtml.

第七章　公办幼儿园集团化发展的对策与建议

前几章系统论述了幼儿园集团化发展的管理模式、运行机制以及现状调查，本章将以公办幼儿园集团化发展遇到的问题为中心，以集团化幼儿园的发展机制、发展方向、管理模式、运行机制和发展策略为线索，分析在发展过程中这五大方面存在的问题，提出相应的思考和建议，希望能为保障幼儿园数量扩张和质量优良的和谐统一提供参照和借鉴，为地方政府学前教育决策提供依据，为幼儿园集团化管理运行提供启示。

第一节　践行"多元化"幼儿园集团化发展机制

依据《若干意见》中的"必须坚持政府主导，社会参与，公办民办并举，落实各级政府责任，充分调动各方面积极性；必须坚持改革创新，着力破除制约学前教育科学发展的体制机制障碍"相关精神，幼儿园集团化发展应尝试探索"多元化"发展机制，创新地深化体制机制改革。

一、学前教育的同质化问题

众所周知，教育不可能作为自我封闭的社会系统孤立存在，它会受到社会发展的制约。新的社会发展形势，必然会产生与之相适应的教育体制。一些薄弱学校在办学过程中受体制、收费、师资、招生等因素的影响，导致办学步履艰难，甚至出现倒闭现象。因此，为了使薄弱学校继续作为教育发展的新的增长点，不拖整个区域同阶段教育的后腿，要为其提供一个发展机会，开辟一条发展道路。学校的集团化发展在改革的大潮中可以说是一种比较新颖而有效的办学体制。

当前形势下，经济领域内跨行业、跨部门、跨地区的企业兼并及企业间的"强弱联合""大小联合"已成大趋势。教育作为一种必须与经济基础相适应的事业，也完全可以打破传统的条块分割式管理和办学模式，采用共建、联合、重组、兼并、兴办等方式，大力推进学校间或校企间合作办学。只要有利于教育资源的优化组合和人才的培养，新型的办学形式就可以大胆试验。实践证明，基础教育办学体制走集团化之路，有利于打破单一办学模式表现出来的惰性和封闭性。

社会上也有些人认为，让名校连锁办学，实施名校集团化发展，会逐渐导致校园文化的趋同，从而使学校缺乏应有的个性，千篇一律。笔者在调查研究中发现，一些教育集团的管理人员认为，在保持集团成员学校原有的特色课程和适应集团制定的课程管理两方面之间存在很大的矛盾。集团化办学的目的是让名校带动薄弱学校一起发展，这本身就比较容易造成学校之间的同化。此外，应试教育以及对升学率的片面追求也是导致学校同质化的一个重要原因。我国教育基础相对薄弱、经济不够发达等因素导致人均资源占有率较低，人口素质亟待提高，社会发展对人才急需的状况与高素质人才缺少的现实形成了矛盾。反映到教育领域，即通过升学最终进入大学校门，成为许多人既定的成才之路。这种认识一度普遍存在于学校、教师乃至学生家长和学生本人当中。学生单纯地追求升学，学校片面地追求升学率，社会以升学率的高低来评价学校的好坏，这样一系列错误的认识，就助长了教育集团出现“同质化”这样一种错误的倾向。

学校并不是一个生产产品的工厂，而学生也不是产品，因此学校不可能像工厂一样使用同一条生产线生产完全相同的产品。教育本身就是一个复杂的事业，按照教育心理学家加德纳提出的多元智力理论来分析，每一个孩子的智力潜能分布互不相同，如果想要激发孩子身上具备的个性化潜能，学校就必须向学生提供完全不同的差异化教学，因此也就要为实现学校的差异化提供可能性以及广阔的发展空间。名校集团的实质是输出和弘扬优秀的学校文化，而名校文化输出的关键却是名校文化的认同以及不断的融合与创新，因此要十分重视各成员学校独特性的彰显和再生，而绝不仅仅是简单的对成员学校文化的覆盖。当然，在实践过程中，也存在名校将自己的学校文化强加给集团内其他成员学校的问题，这样形成的集团文化只是对原有名校文化的简单复制，集团内其他成员学校固有的文化将会逐渐被替代。这就不断加剧了集团学校的同质化发展，从而使得一大批学校丧失了自身所具有的个性。

二、幼教集团的“共性”与“个性”问题

名校之所以有名，在于其深厚的文化底蕴，在于其敬业乐业、严谨治学、

无私奉献、追求理想、不断创新等共同的价值观念、思维模式、校风、教风、学风，这些是凝聚学校全体成员的重要精神力量，是学校发展的强大内驱力。集团化办学的过程也是先进文化对另一种文化的认同、引领和改造过程，名校办分校的成功度，最终取决于思想领导和文化濡染的深度，只有达到一定的文化认同，才能让教师从根本上认同学校的办学理念、教育目标并最终落实到自觉的教育教学行动中去，这是从“共性”角度而言的。针对分校较多、数量增加过快的集团化学校而言，面对大量新教师的不断涌入和学校文化可能被“稀释”的危险，如何保证名校自身的“造血”功能，实现分校对总校教育理念与文化的移植、传承和发扬学校传统，还有很多艰苦细致的工作要做，既要有行政上的强力推动，又要有思想上的润物无声。

从“个性”角度而言，名校办分校，并不是只讲统一意志、不讲独立发展，如果分校只对名校俯首听命而不勇于创新，就和教育要求的个性化和多元化相去甚远了。名校办分校的成功度，还取决于名校与分校相对独立、相互促进的程度。针对集团化办学是名校带动弱校共同发展，本身就易造成学校同质化的现实，如何让分校发挥自己的特色，办出多样化的学校，以满足社会对教育资源百花齐放的不同需求，还要考验名校的智慧和气度。名校要像家族中的“老大”，要有奉献精神，毫无保留地扶持分校，传授给分校办学的经验、文化和理念，保证分校的教学与办学质量同名校同步发展，还要给分校留足充分施展的空间，更要鼓励分校超越自己，有让分校办出特色、超过自己的气度，实现教育的多样化。各校区的发展要体现共性与个性的统一，既要统一领导、统一调配、统一管理，又要善于给分校放权、授权，既追求内涵的丰富，又追求自身的独特性。

三、坚持因地制宜的发展原则

发展的关键在于勇于求变、不断创新。在《幼儿园教育指导纲要》《3—6岁儿童学习与发展指南》逐层深入推行的今天，幼教集团应在继承、发展和创新中大胆地展示自己，在经验总结中提升自己。打造精品教育意味着在不失本色的同时，不断做亮老品牌、做精特色品牌，进而使优质教育资源更加丰富多元。幼教集团应本着“资源共享、优势互补、协作互助、共同发展”的原则，以区域教育资源为抓手，开展多形式、多渠道、多方位、全覆盖的园际联动。通过寻找保教管理中的真问题，开展反思性探索，逐步带出一批有信念、有思想、善研究的青年管理者，在有效的互动（管理带动、师资走动、教研互动）中全面提高幼教集团内各个园所的保教质量。

四、政府要为举办分园的各种模式提供不同的扶持政策

优质公办幼儿园连锁办园模式是一个复杂多样的体系，因此，政府颁布具有较强针对性的法律法规就显得十分必要。例如，针对“名园办分园”“名园+乡园”的连锁办园模式，政府已出台相应政策，制定优惠政策，支持街道、农村集体举办幼儿园；针对“地产+品牌”的连锁办园模式，相关部门也出台了“为房地产开发商提供政策支持，通过保证合理用地、减免税费和土地出让金等形式，鼓励支持房地产企业投资建设幼儿园”等政策。只有这样，才能使各种模式下开办的幼儿园都“有政策可依”“有政策必依”，也有助于政府执行“违政策必究”的职能来保障各类幼儿园健康有序发展。当然，在提供具有较强针对性政策的同时，相关部门应通过相互监督、奖惩分明及问责机制来保障上述各项政策落到实处。一方面，相关部门要严格执行各类幼儿园准入标准，坚决杜绝无证办园现象。例如，开发商没有按标准建设幼儿园，政府可以拒绝给配套公共设施验收书盖章，禁止楼盘交付使用。另一方面，相关部门应建立动态信息监管系统，将幼儿园的年检制度落到实处。对于公办优质幼儿园连锁办园模式下开办的各类幼儿园应实行分类治理、分类指导，这样可以提升管理的针对性、有效性及科学性。

五、发挥公办、民办幼教集团的优势和作用

基于国家政策倡导公办、民办并举的办园体制，应发挥公办、民办幼教集团各自的优势和作用。从公办幼教集团来看，应注重突出其在正确办园方向和理念、教育教学研究、师资专业成长、科学育儿宣传等方面的示范辐射作用，在保证和提高公办幼教集团质量的同时，也应有计划地将普惠性幼儿园纳入集团进行管理和扶持。

对于民办幼教集团的发展，一是要鼓励民办幼教集团形成高端品牌，加大资金投入，提供优质的幼教服务，满足部分家庭对高端学前教育的需求。二是要扶持有一定条件和质量保证的普惠性民办幼儿园建立连锁幼教机构，实行集团化管理，以规模求效益。政府在政策上要给予适当优惠和鼓励，通过政策引导其吸纳低收入家庭幼儿入园，满足普通百姓的幼教需求，提供灵活多样的学前教育服务。

案例7-1　关于给予公办幼儿园分园政策和经费支持的建议

公办园因管理规范、收费低、师资强越来越受到家长的青睐，但也因此面临越来越突出的“供需”矛盾。为使更多幼儿享受到优质教育资源，我市公办幼儿园几乎都开办了分园，承担了更多的社会责任，在一定程度上缓解了招生矛盾。但是，公办园却因此在“负重”发展，主要表现在：

一是办园经费透支。公办园所办分园均属于普惠性幼儿园，按照公办园标准收取保育教育费，政府无任何投入。分园支付的办公费、教学业务费、维修费、物业费以及高额的人员工资等费用，只能用收取的保育教育费支出，总体核算结果是支出大于收入，办园压力非常大。

二是人员配置不足。公办园教师编制要么控制较紧，要么在编教师的工资不能全额支付，部分还要自筹，致使在编教师数量不足。为了保证分园的教育质量，分园的管理队伍和骨干教师全靠总园统筹，在一定程度上稀释了总园的优质师资和管理资源。

三是办园体制制约。分园依托总园，实行人、财、物统一管理，分园办园成本入不敷出，总园还要给予经费支持，势必影响总园发展，园长和教师对办分园的积极性减退。

为此，建议如下：

一是对公办园定员编制进行动态管理。公办园根据所办分园的规模提出定员编制申请方案，报当地机构编制部门按规定程序审批。机构编制部门会同有关部门按照一定标准，合理核定分园的定员编制，保证每所开办分园的公办园都有适量定员编制，同时在分园关闭时将编制收回。只有从制度上对定员编制实行动态管理，才能解决公办园人员配置不足的难题。

二是进一步完善和规范经费来源。一方面可以提高公办园分园的生均经费标准，设立分园发展专项资金，用于补贴分园的日常开支，减轻总园经济负担，保证公办园的办园质量。另一方面分园可以采取“公办园管理、民办园运作”模式，收费可参考民办园，收费备案，市场调节。

三是制定公办园非事业编制教职工经费核拨标准。公办园通过开办分园进行优质教育资源的辐射，承担更多的社会责任，政府应拨发公办园非事业编教职工经费，逐步实现非事业编制教职工和事业编制教职工同工同酬。

（民进连云港市委 2015-08-18　秦仕娟）

第二节　明确幼儿园集团化发展方向

一、幼儿园集团化发展中存在的问题

幼儿园集团化发展中出现了很多问题，包括自身发展的局限性和瓶颈，还包括对社会、政府造成或未来可能产生的负面影响。科学发展的道路总是曲折的，在发展过程中走弯路不可避免，但可以不断探索科学化的发展道路，尽量少走弯路，发挥集团化幼儿园对社会的正面作用，减少负面影响。这不仅需要集团化幼儿园自身不断反思改革、自我规范，也需要政府的规范、监管、引领和帮助扶持。

（一）政府强制公办园“扶贫”的集团化形式难以长久

我国目前公办幼教集团多由当地政府出面协调，由一所公办园完成任务指标性地牵头，托管新园或弱园，或由乡镇中心幼儿园与周边农村幼儿园联合成立幼教集团。这种政府主导下的、带有强制性的联合存在一定的脆弱性。公办园的职责应是示范和引导，并非单纯地对其他弱势幼儿园“扶贫”。公办园如果和自身教育质量差距较大的幼儿园合并，一方面难以优化资源配置，使优质教育资源流失，另一方面易使运营效率降低，办园质量受到一定程度削弱。而对于教育质量较差的幼儿园来说，其难以在短期内达到合并提出的更高要求，也难免会因为合并而出现一些问题。从教师来看，幼儿园集团化带来的并非都是理想的教育及教师之间和谐相处。从长远而言，教师之间还可能因理念不同而导致不合作行为，这不但会影响到各自工作的积极性，也势必影响到幼儿的健康成长与发展。

（二）公私合营性质的幼教集团股东权责的风险较高

公办幼儿园与个人或私企合作是幼教集团发展的另一种重要方式。这种幼教集团主要是公私合营，幼儿园提供品牌、师资等软件，个人或私企提供资金、场地等硬件。虽然民间注入的资金能使幼教集团快速发展，但也存在着一定潜在风险：一是这种幼教集团是幼儿园与个人或私企两方合营的，划

定权限和责任是合作的关键。幼儿园能否保证自己专业方面的权威、是否具有业务话语权，教师的福利待遇能否得到保障等都是合作的难点，这些问题不妥善解决会影响到幼儿园的发展方向和幼儿的健康成长。如果个人或私企在经营中资金短缺或者幼教集团遭遇运营危机，个人或私企出于市场考量会提出减少教育经费投入、缩减教师部分福利待遇等要求以降低运营成本；或者为增加生源要求幼儿园开设家长期望的算术、识字、书写、艺术等课程，这些课程中部分有“小学化”倾向的教育内容会违背学前教育规律和幼儿身心发展规律，不利于幼儿的健康成长与发展。二是如果合作初期双方没有分清各自的权利和义务，幼儿园只是考虑教育教学业务，而个人或私企仅仅是资金入股却坐享其成，双方易因利益而单纯地技术入股和资金入股，那么随着集团发展规模的扩大、盈利的增加，幼儿园会发现自己出教师、出课程、进行日常管理，几乎揽下了所问题而产生矛盾，进而影响整个幼教集团的发展。

（三）民办幼教集团营利性倾向较为突出

如果幼教集团是完全私立的性质，则会追求“强强联合”的私营化道路。民办幼教集团的营利性会带来以下潜在风险：一是“强强联合”，优势互补，硬件、教师和课程等教育资源的共享和叠加，使得集团日益壮大。大规模、高成本运营，势必使民办幼教集团走向贵族化，收费增加。虽然其教育质量也很好，但只有少数家庭有购买这种教育服务的能力，大多数人不能享受到优质教育资源，不利于教育公平。二是以营利为目的，幼教集团必然会尽量降低运营成本，这样在运营中难免会降低教育再投入。尤其当集团资金链紧张时，一些幼教集团可能会通过削减教师工资、雇佣低资质教师、减少更新设备和活动材料，甚至克扣幼儿伙食费等方式来降低成本，提高经济效益，这势必影响教师情绪的稳定性和工作的积极性，损害保育质量，进而损害幼儿身心发展。三是幼教集团为多营利会尽量增加幼儿数量，造成师幼比例不协调，这既减少了每个幼儿可享受的教育资源，又给教师增加了教育组织管理上的风险，因此会给幼儿园埋下安全隐患。

（四）区域内幼教集团规模过大容易形成垄断

如果幼教集团发展得足够强大，在某一地区占据垄断地位，则政府对学前教育的资金投入可能会成为幼教集团利润的重要组成部分。国外部分学者研究表明，占垄断地位的幼教集团可能是当地政府幼教政策的最大受益者。例如，2001—2005年短短几年内，澳大利亚ABC教育集团的税后收益就从330万美元涨到8 100万美元。这笔巨大的经济收益却是由政府的公共财政支持的，政府对幼儿保育的补助占到了ABC教育集团收入的50%。不仅如此，幼教集团若形成垄断，可能会以其强大的经济实力和垄断地位向政府施加压力，使其降低机构的认证标准，阻碍适宜标准的实施。2003年，ABC教育集团就曾经公然挑战昆士兰州政府关于午餐和休息时间对教师要求的规定。此外，幼教集团还可能造成幼儿保育机构分布不均，影响其多样性和家长的选择性，使得特殊幼儿入园机会受到限制。

（五）国有资产可能流失

根据我国《教育法》和《义务教育法》的相关规定，政府是基础教育的主要办学主体。近年来，随着社会民众受教育需求的不断激增和民办教育机构的迅猛发展，一批以教育开发经营为主要组织方式的民办教育机构涌现出来，成为我国幼教领域的有益补充。目前这种公办、民办多种性质兼而有之、多个法人和多种融资方式并存的幼教集团，难免让人产生“国有资产流失”的担忧。显然，这需要政府相关的政策与制度进行宏观调控和有效监控，以防国有资产流失。

案例7-2　成立学前教育集团为何民“热”公“冷”？

推进优质幼儿园集团化办学，是我市优化教育资源配置、促进基础教育优质均衡发展的重要举措之一。然而，今年以来，我市市区民办学前教育集团一个接一个成立，却鲜见公办学前教育集团揭牌，民“热”公“冷”的强烈反差，引起了许多市民关注，记者近日就此进行了采访。

民办园集团化办学一马当先

今年以来，我市各区的优质幼儿园集团化办学势头正劲：安师大幼教集团、小燕子幼教集团、长江幼教集团、ABC幼教集团……优质幼儿园集团化办学已成为我市基础教育领域的“急先锋”。然而在今年市区已成立的这些幼教集团中，除了安师大幼教集团属于公办性质外，其他幼教集团都属于民办性质。

安师大幼教集团虽是公办，却是一个例外。它隶属省属高校安徽师范大学，与我市没有直接隶属关系，那么我市市区公办幼儿园集团化办学至今为“零”，公办、民办优质幼儿园集团化办学热情反差如此之大，到底为何？

接受记者采访的家长和市民认为，公办的育红、实验、镜湖等幼儿园，虽说现在的办学规模、校舍设施等方面，与一些民办园相比有差距，但这些老牌、优质的公办幼儿园在教育教学等方面的规范管理和质量水平，是民办幼儿园至今仍难以相比的。而后者才是决定学前教育质量的精髓和灵魂。

采访中，许多幼儿家长对这些老牌、优质公办幼儿园为何在集团化办学上不见行动感到不解。家长吴先生说，每年优质公办幼儿园招生，名额供不应求，如果它们也集团化办学，扩大优质公办学前教育资源，对广大幼儿家长来说可谓是求之不得的大好事。

曾有过尝试但都戛然而止

其实早在多年前，我市一些优质公办幼儿园曾在“异地”办过分园，但好景没有延续，却在几年前戛然而止。在育红幼儿园办公室，园长张锦秀告诉记者，早在2004年，育红幼儿园就与芜湖发电厂合作，在四褐山开办了育红幼儿园电厂分园，虽说那时还没有集团化办学这个新名词，但实际上也是在往集团化办学这条路上走。电厂分园一办就是6年，受到了四褐山居民的热情欢迎。正在分园蓬勃发展之时，2010年9月却停办了。

她说，分园停办的原因主要在于公办幼儿园开始实行绩效工资，收支两条线，教职工工资全部由财政支付，学校再也不能给派往分园工作的教职工以额外的补助，使得育红幼儿园不得不停办电厂分园。张锦秀坦言，“异地”办分园，扩大优质教育资源，抽调部分总园的优秀教师和管理人员到分园工作是必然的，但抽派的优秀教师和管理人员大老远地到相对艰苦的分园工作，仅要求他们发扬奉献精神，而不考虑他们的工作和生活实际支出和付出，不予以适当的经济补偿，时间一长肯定是难以为继的。

张锦秀认为，如今公办幼儿园集团化办学停滞不前，根本原因是分配机制问题。如果公办幼儿园的分配机制不能创新，干多干少没有多少区别，集团化办学做大规模，而教师没有实际利益，那么公办幼儿园集团化办学的积极性就难以发挥。

安师大附幼经验能否借鉴

对于安师大幼教集团近几年来的高速发展，我市许多公办幼儿园园长看在眼里，羡慕在心上。张锦秀说，安师大附幼近几年来集团化办学风生水起，取得了令同行赞叹的成绩，不仅教师收入明显提高了，还大大拓宽了教师的发展平台，由于分园一个接一个办，总园里的许多优秀教师走上了园长、副园长的岗位，集团内多园竞争也有力地促进了教育教学水平的提高。

在安师大幼教集团，总园园长余捷告诉记者，安师大附幼集团这几年的快速发展，得益于学校给予的大力支持和灵活的分配、用人政策。她说，实施集团化办学后，原附幼教师的收入平均至少提高了三分之一；原来“挤”在一起找不到发展机会的一大批优秀教师有了广阔的发展空间，他们中的许多人都走上各分园的管理岗位；集团化办学还迅速扩大了办学规模，不仅更好地满足了家长对优质教育资源的需求，而且也大大增强了经济实力，使园里有更多财力用于教育教学设施的升级和教师的培养。

安师大附幼集团化办学的经验可否借鉴，能否给本市的优质公办幼儿园一些集团化办学的激励政策等，值得有关部门重视并加以研究。否则，优质公办幼儿园集团化办学至今“寥寥”，甚为可惜。

（《大江晚报》2014-11-13　王俊杰）

二、把握幼儿园“公办、普惠、优质”的发展方向

集团化幼儿园（主要指公办集团化幼儿园、民办但接受政府相关资助的集团化幼儿园）属于教育资产的一部分，应当接受强化管理，并做到规范、有效运营。相关部门应进一步转变教育行政管理职能，强化对国有资产的管理，确保教育资产保值、增值。

（一）制定幼儿园集团化的认定标准及办法

教育行政部门及各相关部门应在充分调查研究的基础上，采用定性与定量相结合（什么体制、多少所分园）、软件建设与硬件建设相结合、社会评价与行业认定相结合（口碑与许可证）的方法，综合考虑办园水平、教学水平、

园所管理、师资队伍、办园规模、园所设施、社会认可等方面，制定并逐步完善各类办园模式集团化幼儿园的认定标准及办法。在学前教育事业的发展过程中，建议持续坚持政府领导统筹、教育部门主管、相关部门配合的学前教育管理机制，从而充分发挥区域学前教育的各个职能部门所应起到的宏观调控作用。同时，还应强化各级领导班子的职责意识，形成合力，共同保障学前教育事业科学、可持续发展。为解决民办幼儿园行政审批程序的规范性问题，建议制定并完善各类相关文件，为举办方创建有章可循、有章可依的良好环境。细化民办幼儿园申办评估标准，严格把好办园准入关。将“引进优质学前教育资源”作为工作宗旨，通过多种形式选择民办幼儿园的申办者，确保学前教育机构整体处于良好水平。

（二）规避集团化幼儿园法人地位在政策操作中的盲点

目前，社会上一部分集团化幼儿园面临着如何落实法人登记的困扰，即如果去工商部门进行法人登记，面临着性质的改变，即幼教集团必须从事业单位改为企业，这显然是行不通的；如果去民政部门登记，则涉及合理回报的问题，即社会力量办园不能以营利为目的，而幼教集团内部往往涉及个人或众多企业，不可能不要回报，因此也不能到民政部门进行法人登记。据了解，目前只有少数“公—公”型幼教集团可以在地方政府注册，属于事业单位，而相当一部分民办幼教集团在该方面的申请工作常常“搁浅”，大多只能注册为“民办非企业”或“社会团体”。例如，某些民办幼教集团向人事局申请时，经协调，人事局同意其进行法人登记，性质为事业单位，但有一个条件，即必须取消原有若干所幼儿园的独立法人，于是这一法人登记的工作就“搁浅”了。由于涉及幼教集团的定位问题及政策盲点，这一问题近年来始终没有得到很好的解决，因此，需要政府对这一问题在政策上加以研究，为幼教集团的发展提供良好的发展环境。

（三）建立对幼教集团的动态监管体系，防垄断于未然

真正意义上的集团化幼儿园不仅要具有一定的规模，还要以一个共同管理实体为核心，在整体规划下协同运作来共同实施教育活动。也就是说，除在园所数量上进行准入标准审核外，还需建立相关档案及动态监管体系，定期检查。在扶持幼教集团发展的同时，国外幼教集团的垄断先例应使我们提高警惕，必须提前出台政策加以防范。而一旦出现这种垄断式营利性幼教集

团，其追求经济利益与追求保教质量之间的矛盾几乎是不可调和的，很可能出现保教质量下降、价格上涨、家长（尤其是低收入家长）选择受到限制、公共政策被利益集团挟持等问题。在某种程度上，学前教育集团化使得人们更多地考虑经济效益等，如果没有好的制度设计和政策引导，国家投向学前教育的公共资金很难惠及公众，学前教育的公益性、普惠性难以保证，最终受害的将是幼儿、国家和社会。因此，建议建立动态监管体系。

（四）加强动态监管体系，建设普惠性优质幼儿园

在动态监管过程中，要对某些徒有其名、“集”而不“团”、管理不科学的集团化幼儿园进行规范与指导；要建立严格的监督与评价体系，实行动态管理，实现“建成一所、保障一所”，以确保优质教育质量的“浓度”不变；要改变只凭办园资金充裕、硬件设施齐全即可举办集团化幼儿园的错误认识；要纠正民办幼教集团过度的逐利性倾向，引导并支持其建设成为提供普惠性服务的优质幼儿园。这也是集团化幼儿园与集团化企业的根本差异。只有为集团化幼儿园制定细致的准入标准及动态监管体系，才能使其有章可循、有条不紊地健康发展。

政府是学前教育集团化发展最坚强的后盾，政策能否有效落实，是否有足够的资金投入，仍是决定未来学前教育集团化发展的关键所在。具体而言，一方面，政府应继续加大财政投入，特别是为公办幼儿园提供更多的编制岗位，完善奖助体系，通过切实的福利吸引更多优秀人才投身到学前教育事业中来。另一方面，要加快落实相关政策，“鼓励优质公办幼儿园举办分园或合作办园”等不能只停留在口号上，要在资金投入、师资队伍建设、后续考核与评估等方面落到实处。此外，对于集团化幼教机构要加强监管，对学校规模、师资水平、教学质量等要实地评估并定期考查。要建立完善的监管机制，严格控制幼教机构的收费标准，避免恶性竞争和垄断的产生。

（五）集团化幼儿园的后续发展需要政府政策的支持

教育有其自身的特点，幼教集团与经济领域中的企业集团是不一样的。换言之，它不是以经济效益的最大化为原则，而是力求实现公平、普惠的最大化。对自负盈亏的民办集团化幼儿园，政府同样应该给予支持，这种支持不是提高收费标准，而是出台一定的政策，如对有意采取集团化发展模式的民办幼儿园，政府对其进行扶持与引导，协助其办理各类手续，与相关部门

协调缩短办理周期等。

第三节　构建幼教集团高效管理模式

学前教育集团化能够促进协作共赢及资源共享，形成园所之间的良性互动，推动各成员共同发展。但同时我们也必须正视集团化办园中出现的管理、园所文化建设等方面的问题，特别是在条件不成熟的情况下盲目进行扩张，需要慎重。一个地区，尤其是县区级地方，如果仅以一个龙头幼儿园把所有幼儿园全部收罗进来，成立一个幼教集团，这充其量只是在名称上的改变。人还是原来的那些人，物还是原来的那些物，责任还是原来的那些责任，没有得到根本上的改变，这并不能加快学前事业的发展。唯有构建高效管理模式，才能实现幼儿园真正意义上的转型。

一、幼教集团管理存在的问题

（一）集团化管理缺乏内涵，运转效率不高

扁平化管理模式加快了信息流的速率，提高了决策效率。在教育市场的集团化风暴中，难免会出现追求名园自身利益的市场化行为，其缺乏公益性，且往往停留在经验的表层交流和切磋上，缺乏集团化内涵。此外，还有可能会出现不但未降低管理成本，反而因交流活动的增加导致无谓的经济负担等现象。值得警惕的是，规模绝不等同于质量，一旦指挥中枢出现了问题，其后果难以想象。实践证明，实施集团化办园对改变当前教育发展不均衡现状具有积极的现实意义，但是作为一种新的教育发展机制和组织模式，还有许多值得研究和探讨的地方，在具体运行过程中会不断遇到新的问题和挑战。

（二）缺乏有效的管理机制，组织结构流于形式

学前教育集团化从理论上来说，正是借鉴了企业集团化的管理经验，以自上而下的各级职能部门为主体，通过严格的管控制度对幼教集团的人、财、物等进行统筹规划，减少冗余环节，提高工作效率，以达到节约成本、科学高效办园的目的。但从目前的发展来看，我国大多幼教集团与西方成熟的幼教集团在管理上尚存在不小的差距。首先，近年来我国学前教育集团化高速发展，一些幼教集团迅速扩张，在不断开办分园的同时却忽视了管理制度的

完善和创新，随之产生了管理层关系复杂、责任模糊、总园与分园缺乏有效协调、各分园制度名目繁多、纯粹生搬硬套、缺乏个性等问题。其次，幼教集团应由传统的事业型管理模式转变为现代企业化管理模式，但实际上很多幼教集团在人员任用和财务管理等方面尚缺乏企业集团的管理体系，教职工考核评估、结构性工资制度尚不成熟，在筹集资金、合理分配和利用资金等方面也没有形成企业集团科学的财务管理体系。

（三）发展规模过大，质量下降明显

随着幼教集团的不断发展，其管理难度会日益增加，对集团总部的管理水平和能力以及保教质量的维持也会带来极大的挑战。虽然总园在长期的经营过程中积累了一定的运行与管理经验，但不可否认的是，这些经验均来自单一园所的运营。若是前期在管理方面准备不充分，短期内分园数量快速增加，教职工和幼儿数量也骤然增加，将对原有的管理制度和园长的管理智慧带来较大挑战。而且集团化的统筹管理在提升组织效率的同时，也会因生搬硬套到各个分园而导致分园丧失“个性”。因此，如何满足日益增多的加盟商及分园的运营需求，且为每一个入园的幼儿提供良好的学前教育是每个幼教集团需解决的难题。

案例7–3　集团化办学中的“牛奶稀释”与“借壳贴金”现象

首先，在关于集团化办学的研究中，常见“牛奶稀释”的说法。该说法一般是指学校优秀师资的输出造成学校教育教学质量水平的下降，同时也包括在集团化办学过程中对学校组织管理等方面产生的消极影响。实施集团化办学之路会不会导致集团学校盲目地只是为了扩张而扩张，从而产生“牛奶稀释”这种我们所不愿意看到的现象，是集团化办学过程中遇到的最突出的问题之一，同时也是群众反映强烈、学术界争议较多的一个问题。其次，是关于“借壳贴金”方面的质疑，如弱校是不是只是借用了名校的品牌，名校的“金字招牌”其含金量到底有多少以及是否会出现含金量下降，是不是只是徒有虚名的宣传噱头等。集团化办学的关键是确保规模扩张和质量提高之间的平衡，即教育集团要始终遵循在规模扩张的同时确保质量提高，在教育质量不断提高的基础上进一步扩张规模并发展成为一种良性循环。教育集团的首要责任应当是不断

稳定和发展我国教育事业，逐步提升教育教学的质量，培养现代社会所需的各级各类人才。教育集团可以不断地提高集团的规模效益，但所获得的利润应当主要用于改革学校的办学条件，促进学校不断发展。

对于幼儿园集团化发展，决策者们持有的基本态度是：“牛奶”是有可能被“稀释”的，但我们可以尽量避免其发生。他们普遍认为，保持名校的优良品质是名校实施集团化发展的战略关键，优质的教育资源更不能简单地拿去搞平均主义，而集团化发展的另一个好处是可以通过名校的发展带动薄弱学校逐渐进步，进而实现两者之间的相互促进。在集团化办学的实施过程中，管理者和教师以及学生之间的对话和交流是实实在在发生和存在的，学校跟学校之间实现的更是真正的融合、合作和促进。教育集团必须努力形成自己独特的办学特色，提高学校的教育教学质量，最终在社会上赢得良好的声誉。

随着集团化办学热的兴起，一些地区的幼教集团扩张过快，跃进式的发展在一定程度上导致了很多幼教机构空有规模，教育质量严重下降，特别是在不断开办分园之后，教学质量得不到保障。首先，在师资力量方面，总园将拥有丰富教学经验和优秀专业技能的教师送至分园，能够迅速将总园的教学理念向分园灌输。但是由于分园扩张过快，师资需求激增，这就需要集团向社会招聘教师并培训上岗，新教师往往需要很长时间的培养才能达到总园教师的水平，这样势必会导致整个集团的教学水平下滑，极易形成总园师资强大，而分园教学水平低下的现象。其次，在办学模式和教学文化方面，过快的规模扩张往往意味着分园对总园的简单复制。统一的决策和规章制度固然重要，但分园在地域、师资、生源等方面与总园情况不同，生搬硬套总园的管理模式达不到理想的效果，不利于分园教学质量的提高。此外，由于优质学前教育需求的不断提高，社会上不乏一些打着幼教集团名义而无实质教学实力的机构浑水摸鱼，它们徒有其名、唯利是图，也让幼教集团的整体质量参差不齐。

在集团化办学的现实情况中，幼教集团包括多个园区，不但在空间布局上存在距离问题，在行政层级上也存在并列多元和层级过多的情况，这种体制的现状增加了集团的管理难度。信息不畅将会导致管理的粗线条以及效能低下，会增加内耗，制约管理效率的提升。为此，集团化办学必须缩小管理模块，减少管理层级，降低管理重心，要以集团的章程建设为抓手，通过建章立制推动内部运行机制建设，改善内部治理结构，明确集团发展规划，理顺决策的执行、监督和保障等各环节的关系和职能，强化各分园的权利、义务、履职和权限，倡导和谐合作、互动互利，提升集团整体的管理水平。此外，还要加强目标管理责任制和集团内各成员单位的绩效考核，提高教育集团管理效能。

（四）“集而不团”，未形成关系紧密的利益共同体

调研发现，幼教集团实际运转中存在不同层级机构间职责不明确、权责配置不合理的情况。以政府为主导的集团化办园，其利益相关方应包括各级地方政府、相关管理部门和集团各幼儿园，由于对各利益相关方的责权利划分不明确，加之缺少必要的激励机制，导致“集而不团”的情况十分严重。地方政府和相关管理部门由于日常工作任务重、人手有限，往往把集团管理工作直接下放到各分园；龙头园在集团化办园中不得不面临优质教育资源“稀释”带来的工作量增加和办园质量下滑的问题；成员园的感受是多了约束和负担。总之，相关各方找不到利益共同点，集团资源共享缺乏利益共同体基础。

二、幼教集团管理决策建议

（一）科学培养师资力量，储备优秀人才

上文提到，教学质量下降的主要原因是新聘任教师能力参差不齐，缺乏经验，培养需要时间，可见如何科学培养师资力量成为影响教学质量的关键。首先，在教师的选拔环节要严格筛选，从学历、经验到性格均需要细致考察。其次，在教师培训过程中，可以采用老带新、一对一的方式，并定期在课堂上进行汇报展示；还可以积极组织集团内部各园之间的教师交流会，选取优秀骨干教师上示范课，定期交流心得体会。此外，建立教师奖惩制度和结构性工资制度，按期进行绩效考核，能有效促进教师不断提升自身教学水平。

（二）确保幼儿园管理队伍的质量

每所幼儿园在其发展的道路上走得快慢、好坏，很大程度上取决于领导班子管理能力的高低。例如，教师与家长之间的良好沟通、教师之间的相互交流学习、分园与总园之间的互动等各个方面都与管理者的办园理念和管理能力息息相关。只有管理者具有正确的教育理念，才能确保幼儿园在运营过

程中始终落实为幼儿服务的办园宗旨，把幼儿身心健康发展放在首位。同时，管理者要科学合理地对各模式下创办的幼儿园进行统一管理、统一教研、统一培训，使幼儿园在园所管理、教学质量、师资培训等方面得到保障。

（三）实行人、财、物的集约化管理，促进区域内教育资源的合理流动

教育资源紧缺是我国当前学前教育的整体困境，这一困境在经济欠发达的西部地区表现得尤为明显。随着近年来我国城镇化建设的推进，城乡人口的变迁较大，导致学前教育在整体资源紧缺的大背景下呈现出部分地方教育资源富余的“小气候”，园际间教育资源“贫富不均”的现状局部存在，因此，有必要通过统筹安排，实现区域内教育资源的按需分配，缓解幼儿园资源紧缺的燃眉之急。

教育资源包括人、财、物等资源，对教育资源的统筹调度涉及人事编制、经费预算、财产管理、办园体制、教师福利等事关教师、幼儿园切身利益的具体事宜，需要多个相关管理部门联手协作才能完成。因此，应成立以分管教育的区域领导为组长，以教育、财政、人社等相关部门领导为主要成员的学前教育工作领导小组，摸清区域内学前教育资源的“家底”和变化趋势，一方面通过有计划的投入，逐步配齐配足学前教育资源，另一方面通过对现有资源的统筹调度、合理安排，实现教育资源在区域内的合理流动与统筹调度，避免资源的闲置浪费，提高教育资源的利用效率。

（四）实行工作任务的集约化管理，减轻幼儿园的工作负担

幼儿的年龄特征和保教一体的工作性质，决定了幼儿教师的劳动具有繁杂与繁重的特征，而随着近年来社会各界对幼教工作的日趋关注，幼儿园需要应对来自各部门的检查评比。对这些工作要求和检查评比的统计分析发现，大部分工作内容交叉重复、随意性大，不仅增加了幼儿教师的工作负担，而且扰乱了幼儿园正常工作的开展。如何统筹各部门工作要求，形成区域内常态化、系统化的工作计划，使幼儿园工作回归保教正轨，真正实现幼儿园工作以幼儿为本、以幼儿发展为本显得尤为重要和必要。

实现区域内幼教工作任务的统筹安排、集约管理，应充分发挥学前教育工作领导小组的作用，以地方教育局为牵头单位制定切实可行的工作计划。要充分发挥各部门的职能优势，打通部门间的沟通渠道，加强各部门间的联

动协作。在统筹规划区域内学前教育的工作任务和组织保障的过程中，要明确相关行政部门的责权范围，既要防止管理中的错位现象，避免交叉管、重复管，又要防止管理中的缺位现象，杜绝出现管理盲区和漏洞。

（五）建立现代化管理机制，打造科学管理模式

西蒙曾指出，有效开发社会资源的首要条件是有效的组织结构。特别是对于有着多所幼儿园协同运作的幼教集团而言，创建适合自身实际情况的组织结构至关重要。基于此，幼教集团需创建“集团核心管理组”，其成员主要由幼教集团主任（总园园长）、党支部书记、副园长和各分园园长等组成，统筹管理集团内各个园所的运行状况，在大大降低运行成本、提高工作效率的基础上，保障教育质量。同时，负责幼教集团各项常态工作的检查、监督与评价等工作，以及各种大型活动的开展、人员任免、设备新建和维修、大型活动评优评先等工作。“教务部”（主要由集团的教学园长、教学主任和各分园的教学干事组成），主要负责幼教集团的教育教学、园本教研及科研，以及园所的人力资源管理、师资培训、心理健康成长等事务。“园务部”（主要由集团的党支部书记、保育主任和各分园的保育干事组成），负责幼教集团的保育、安全、食堂管理以及大宗采购等工作。可以说，将传统的金字塔式管理结构创新性地调整为扁平化组织结构，使每个园所在独立运行的同时，相互协调、相互支持，共同保障幼教集团及各分园的科学有序发展。

（六）重视统筹管理中的评建结合，促进区域学前教育的内涵建设

一些幼教集团是迫于区域新建园规范发展的现实所需在短时间内快速搭建而成的，由于缺乏水到渠成的经验积淀和与之匹配的专业人才支撑，导致不少幼教集团凸显出规模与质量的失衡。在帮扶、引领成员园发展的过程中，不少龙头园园长发出“种了别人的地，荒了自己的田”的感叹，优质教育资源“稀释”现象严重存在于专业人才紧缺的中西部幼教集团中，如何实现区域内学前教育普惠发展的同时又能优质发展成为一个严峻的课题。

近年来，各省推行的示范幼儿园评估工作表明，以示范幼儿园评估工作为推手，通过以评促建、以评促管、以评促发展，不仅能促进新建园管理工作的规范化，而且能大力促进教育资源的发展，提升幼儿园的内涵建设和保教质量。

表7-1 安徽师范大学幼教集团办学标准一览

标准类型		具体内容
一、园所基建类	平面布局	1.园舍建筑平面图及面积等
		2.班级活动室、午睡区、盥洗室、办公储藏区平面图及面积统计表
		3.公共功能室平面图及面积统计表
		4.行政办公室、保健室、厨房及其他辅助用房平面图及面积统计表
		5.户外活动场地面积及功能分区情况一览表
	设施设备	1.班级活动室、午睡区、盥洗室、办公储藏室内涵配套清单
		2.公共功能室名称及内涵配套清单
		3.行政办公室内涵配套清单
		4.体育器械配备清单
		5.消防器材配备清单
		6.室内外绿植配置清单
		7.班级教玩具配备清单
	设施设备	8.教职工图书配备清单
		9.幼儿图书配备清单
		10.音像资料配备清单
		11.厨房设备配备清单
		12.保健室器械设备、常备药品配备清单
		13.电子设备配置清单
	附	省级一类园建设标准
二、制度建设类	组织机构	1.幼儿园管理组织机构示意图
		2.园长等管理岗位任命书(表样)
		3.法治副校长任命书(表样)
		4.家长委员会理事任命书(表样)
	园务公开	1.园务公开工作制度
		2.幼儿园园务信息公开目录
	规范办学	1.幼儿园章程
		2.家长、伙食委员会章程
	岗位职责	1.幼儿园教职工管理条例
		2.园长岗位职责
		3.教学副园长岗位职责

续　表

标准类型		具体内容
二、制度建设类	岗位职责	4.后勤副园长岗位职责
		5.办公室主任岗位职责
		6.教学助理岗位职责
		7.后勤助理岗位职责
		8.教研组组长岗位职责
		9.年级组长岗位职责
		10.主配班老师岗位职责
		11.保健医岗位职责
		12.保育员岗位职责
		13.财务人员岗位职责
		14.档案员岗位职责
		15.食堂管理员职责
		16.食品采购、验收员职责
		17.厨师、厨工岗位职责
		18.园艺师岗位职责
		19.门卫岗位职责
		20.保洁员岗位职责
	安全制度及预案	1.安全工作制度
		2.安全工作奖惩和责任追究制度
		3.幼儿园地震应急预案
		4.防洪涝等自然灾害应急预案
		5.大型活动突发事件处置应急预案
		6.园外活动事故应急预案
		7.幼儿园体育教学中突发伤害事件应急预案
		8.幼儿园踩踏事件应急预案
		9.防火工作应急预案
		10.幼儿园突发公共卫生事件应急预案
		11.幼儿园食物中毒事件应急预案
		12.幼儿园校园暴力事件应急预案
		13.传染病预防与控制应急预案

续　表

标准类型		具体内容
二、制度建设类	安全制度及预案	14.被盗案件应急预案
		15.交通事故应急预案
		16.其他突如其来的伤害事故应急预案
	卫生保健制度	1.卫生保健制度
		2.卫生消毒及隔离制度
		3.卫生保健登记统计制度
		4.幼儿五官保健制度
		5.体弱儿管理制度
		6.传染病管理制度
		7.儿童常见病管理制度
		8.药品管理制度
		9.餐具、用品消毒卫生制度
	食品安全	1.食品采购验收制度
		2.食品仓库管理制度
		3.食品留样管理制度
		4.食堂从业人员晨检制度
		5.食堂管理制度
		6.食堂食品安全管理制度
		7.食堂卫生管理制度
		8.伙食管理制度
	班级制度	1.班级交接班制度
		2.家长工作制度
		3.午睡管理制度
		4.幼儿园图书借阅制度
		5.班级图书登记表(表样)
		6.班级物资交接登记表(表样)
		7.离班安全排查表(表样)
	资产财务管理	1.资产物品管理制度
		2.学期办公物品领用规定表
		3.班级生活用品领用规定表
		4.教玩具、办公物品购买、领取、借用制度
		5.财务管理制度

续 表

标准类型		具体内容
三、教育教学类	作息流程	1.教职工作息时间表
		2.班级一日作息时间表
		3.一日活动组织标准与流程(教师)
		4.一日活动组织标准与流程(保育)
	教学评价	1.教研及课程管理工作制度
		2.幼儿学期观察评估方案
		3.大班幼儿发展综合评估表
		4.中班幼儿发展综合评估表
		5.小班幼儿发展综合评估表
		6.幼儿学习与成长档案
	活动方案	1.亲子课程活动方案
		2.民族大联欢活动方案
		3.家长半日活动方案
		4.秋季运动会活动方案
		5.同乐会活动方案
		6.元宵喜乐会活动方案
		7.植树节活动方案
		8.春秋游活动方案
		9.社会实验活动方案
		10.六一游园活动方案
		11.毕业仪式活动方案
		12.毕业义演活动方案
四、队伍建设类	师资培养	1.幼儿园人员安排配备表(表样)
		2.青年教师培养计划
		3.骨干教师培养计划
		4.教职工新老结对方案
		5.幼儿园教师业务档案(表样)
		6.教师进修情况表(表样)
	考核	1.师德考核
		2.各职能部门、班级学期工作考核

续　表

标准类型	具体内容
五、办学成果统计类	1.承担大型观摩交流活动(表样)
	2.承担观摩课、研讨课(表样)
	3.承担培训讲座(表样)
	4.承担培训讲座(表样)
	5.个人荣誉(表样)
	6.集体荣誉(表样)
	7.教师类比赛获奖(表样)
	8.教师外出学习教研(表样)
	9.教研活动开设研讨课(表样)
	10.课题研究情况(表样)
	11.请进专家讲座(表样)
	12.取得相关资质(表样)
	13.学术文章发表(表样)
	14.指导学生类比赛获奖(表样)
	15.承担各类检查情况(表样)
	16.媒体采访登记(表样)
	17.宣传类稿件发布(表样)
	18.个人业绩表(表样)

第四节　建立规范化公办幼教集团运行机制

再科学的方法，再完善的管理，也需要落地实践；发展方向决定了运行的道路，科学的管理把控着运行的效率。运行是集团化幼儿园发展工作的落脚点，故而运行规范化的机制才能体现集团化幼儿园在发展过程中坚持科学的发展方向、高效的管理效益以及正确的发展策略。实践表明，目前集团化幼儿园运行中仍存在很多问题，既然运行是发展工作的落脚点，那么运行过程中若出现问题，则也与发展中方向制定、策略实施、管理机制等宏观调控、微观指导等因素休戚相关。可谓实践出真知，在发展中不断完善运行机制，不仅要确保幼教集团工作规范有序开展，还要激发幼教集团内成员的工作积极性，提高集团运营活力与实效。

一、公办幼教集团运行中存在的问题

（一）学前教育财政投入不足

政府分担学前教育的成本比例偏低，不利于保障公办园稳定办学，更谈不上举办优质分园。公办园举办分园的过程中，财政投入不足还会带来教师编制数量不足和同工不同酬现象。

教师编制作为保障财政拨款的重要方式之一，也是教师队伍稳定性的重要指标。公办园举办分园的过程中，需要大量教师来补充师资队伍，而教师编制的招考数量远远低于需求的现象非常突出。有的公办园只有10%的正式在编人员，存在大批聘用、合同制教师。但由于幼儿园自身的资金来源有限，非在编教师的待遇低，同工不同酬的现象普遍存在，如福利待遇、培训机会、职称评审等都倾向在编教师。这种不均衡会导致非在编教师心理落差大、工作效率低，团队凝聚力弱，师资易产生流动，影响公办园办园质量稳定与可持续发展。

（二）总园与分园管理难以同步

在举办分园过程中，总园园长很难把精力分配到每所分园的管理之中。有的幼儿园仅做到了名称和形式上的统一，而内部管理不同步，较为松散。分园在发展初期，需要总园的统一管理。但是长此以往，分园只是按要求办事，极易产生依赖，依葫芦画瓢，被动接受总园的调配和管理，从而缺少探索和创新，也无法为总园增添“新鲜血液”。此外，举办分园需要大量的管理人员，而管理人员的培养需要很长时间的积淀。通常情况下，分园管理人员直接从总园中层和优秀教师中挑选即可，但由于总园“一个萝卜一个坑”，无管理人员储备，抽调到分园的管理人员不仅要有一段时间的岗位适应期，贯彻总园意图的执行力也会大打折扣。

（三）师资队伍供给不足

在集团化办园过程中，分园迅速发展，对教师队伍的需求会急剧增加。以安徽师范大学幼教集团为例，截至2018年9月底，1所总园、9所分园共有教师425名，其中3年以下新手教师有82名，占比19.3%，预计再新增2所分园，师资需求将增加60多人。

集团化办园模式中，分园教师通常有总园派遣和社会招聘两种形式。总园派遣优秀骨干教师至分园时，骨干教师经过一定年限的培养，通常在教育理念、专业技能、专业情感上与集团理念融合得较为紧密。这种教师流动方式可以有效地将总园的理念和实践优势带到分园，起到承上启下的作用，基本能保证分园教育质量的实践与创新。但当分园数量增长过快时，短时间内有大量教师缺口需要填充，在缺少储备师资的情况下，集团只能通过面向社会直接招聘社会人员的方式来缓解师资队伍的培养压力。但通过此种方式入职的新教师由于未在总园获得见习、培训的机会便直接上岗，在教育理念、一日生活流程的把握、与家长的沟通交流等方面，与集团的原有文化和理念会存在一定差异，对集团的规章制度及岗位职责不甚了解，需要相当长的适应期来调整和学习，在短时间内对分园的教育质量保障存在一定的冲击。

专业的师资队伍是保障教育质量的决定性因素。集团化办学后，一批骨干教师走向各个分园的管理岗位，出现一线骨干教师短缺，优质资源被“稀释”的现象。青年教师成长为骨干教师，至少需要5年的培养周期，当教师的培养速度跟不上集团化办园的扩张速度时，对集团化办园的教育质量和品牌效应均会产生一定的影响。

（四）后勤管理效能有待提高

后勤管理是幼儿园科学管理、内涵建设的重要组成部分。在优质公办幼儿园举办分园的集团化办学中，随着办园数量的持续增加，幼教集团物资配备的需求增大，物资、食材的招标采购、储存配送的工作量增大，后勤管理人员的需求增大，对后勤管理人员的培训和素质要求都带来了更大的挑战。

（五）举办分园的激励机制有待完善

在分配机制方面，公办幼儿园教职工实行绩效工资制，教职工工资全部由财政支付，财务管理实行收支两条线。公办总园不能给委派到分园的管理者和骨干教师以额外的集团化办学补助，仅要求其发扬奉献精神，而不考虑外派人员的工作和生活实际支出和付出，长此以往，举办分园难以为继。再加上举办分园的数量和质量与公办总园管理者的利益关联度不大，难以激发总园管理者举办分园的积极性，在很大程度上减慢了优质公办园举办分园的进程。

二、公办幼教集团运行机制建议

（一）投入足够的人、财、物，保障集团正常运转

集团化办园是一个复杂的系统工程，需要内外因素的优化整合才能保障其顺利运转，因此，集团理事会的任务不仅仅是做好教育管理部门与集团成员间的上传下达工作，更要在深入调研集团内外运转条件的基础上，对集团工作进行系统规划、督促落实和实效评价等，真正做到集团内“资源共享，优势互补”，达到“以强带弱，共同发展”的办园目标，这就需要管理部门为幼教集团配备足够的人力对集团工作进行专门的规划与管理，配备足够的财力、物力支撑集团各项工作的开展。

第一，设立单项列支、独立核算的专项经费，以保障集团工作的有效运转。基本经费投入是集团工作有效运转的必要条件。以贵州省某县集团化办园为例，该县于2014年7月全面启动集团化办园工作，但政府承诺的集团运转经费未及时到位，导致集团工作费用挤占本就捉襟见肘的幼儿园办公经费，这挫伤了集团成员的工作积极性，影响了集团工作的开展。

第二，配足幼儿园事业人员编制，为幼教集团工作的开展提供必要的人员保障。安徽省大部分幼儿园存在事业编制未配齐的现象，不少幼儿园事业在编人员配备仅达到编制指标的30%～50%。随着近年来学前教育越来越受到社会各部门的关注，幼儿园需要应对的各类工作任务和检查也越来越多。幼教集团理事会成员主要是各幼儿园园长或中层干部，他们往往身兼数职，工作中分身乏术，影响了集团工作开展的实效性。为补充总园下派执行园长导致的工作人员流失，幼教集团提出了总园与分园人员上挂下联的双向流动策略，但由于分园多为新建园，人手十分紧缺，双向流动往往成为总园向分园的单向流动，影响了总园的正常运转。

（二）完善运行机制，确保集团工作规范有序开展

20世纪末，我国已开始集团化办园的实践探索，但政府倡导的以公办园为主体的集团化办园工作却是在2010年以后才方兴未艾。由于特定历史时期的社会背景和多元体制身份的园所需求不同，当今幼教集团衍生了多元办园模式，因此，可以说不少地区的集团化办园工作尚处于摸索阶段。集团内部应积极实践探索，完善运行机制，包括完善集团的机构建设和制度建设，确

保集团工作规范有序开展。

（三）激发集团内成员的工作积极性，提高集团运营活力与实效

要深入推进名校集团化，仅仅依靠校长的理想和热情是远远不够的，教育主管部门应理解名校、名校校长和教师承担的巨大责任和压力，给予相应的优惠政策，要对集团内绩效工资总量给予支持，合理调整绩效工资的分配结构，激发集团的内在活力；要扩大集团化办学学校的高级专业技术职务、中级专业技术职务的聘任比例，优化职称比例，落实人事编制、人员流动方面的政策支持；要对集团化办学学校在教师培训、选任、调动、评优、评先等方面给予政策上的倾斜；要完善集团的编制增补政策，推进名校集团人事制度改革。

澳洲幼教集团之所以能在短短十年间迅速扩大办学规模并形成对幼教市场的垄断，其重要内驱力在于巨大经济利益的诱惑，而这一内驱力恰好是政府主导下集团化办园需要规避的，那么政府主导下集团化办园的内驱力何在，如何激发集团内成员的工作积极性呢？这里仍然以贵州省集团化办园为例来说明。尽管《贵州省集团化办园试点方案》提出了4种集团化办园的参考模式，但现在采用的幼教集团运行模式仍然比较单一，主要以网络覆盖式为主，运行方式以县城优质园为核心，组建幼儿园管理集团，覆盖县、乡（镇）、村三级幼儿园，在各幼儿园原有法人地位不变、教师聘任自主、财务核算独立的基础上，逐步实现集团内“办园条件同改善，规章制度同完善，园务管理同规范，保教质量同提升”。

第五节　探索前瞻性公办幼教集团发展策略

教育要面向世界、面向未来，一个具有普惠性质的教育机构应当有更大的格局、更长远的眼光，探索前瞻性发展策略，才能更好、更持续地为社会服务。要树立鲜明的幼教集团文化，提升核心竞争力；摆正定位，发挥优质示范园的标杆作用；有敏锐长远的眼光，把握时代发展的趋势和动向。

一、加大投入，助推集团化办园

基于学前教育公益性、普惠性的发展方向，国家、省、地方应进一步加大对学前教育经费的投入力度，提高“办人民群众满意的教育”的政治站位，

健全学前教育经费投入机制，设立学前教育发展专项资金，逐步提高学前教育财政投入的比例和支持水平，千方百计扩大公办幼儿园和普惠性民办幼儿园的比例，强力推进优质公办幼儿园以统一法人的形式连锁管理公办分园，努力让每个孩子享有公平而有质量的学前教育，降低营利性民办园的比例，抑制营利性民办幼儿园的收费标准，压缩市场资本在学前教育市场的营利空间。

此外，地方政府还需要大力增加学前教育教师编制计划。首先，有目标、有计划地增加公办幼儿园教师编制。教师编制的增加，一方面能保证幼儿园有稳定的师资队伍保障，另一方面能为幼儿园储备管理层人才。其次，政府财政还应该以一定的比例投入到同工同酬方面，在幼儿园编制内教师不能得到充分保证的情况下，缩小在编教师和非在编教师的待遇差距，稳固师资队伍，为举办分园创造良好的条件。

二、人才流动，盘活集团大棋

国家大计，在于教育。教育之始，在于幼学。幼学之本，在于师资。教师是幼儿园可持续发展的关键要素。

集团化办园是现阶段实施教育公平的重要策略，也是破解“入园难”的有利途径。通常，集团化办园都是在已经有一所优质名园的基础上，以一带多，创造出“1+x”集团化办园模式。名园集合了优质教育资源，新园创办之初，最重要的就是依靠优质的教师力量塑造品牌形象。集团化办园背景下，难以平衡的是日益增长的入学需求与优质教师培养的关系。特别是在二孩政策放开后，人们对于幼儿园，特别是优质幼儿园的需求也在稳步增长。

要想做好集团化教育，保证教学质量，首先就得做好核心力量的磨砺与锤炼。很多家庭愿意将幼儿送到教育集团名下的各园所，最重要的原因在于这些园所师资力量雄厚。正是由于幼教集团采取了制度化人才管理、常态化人才交流，在教师配备上，集团各园所一盘棋，使得专家型、成熟型教师能够在园所之间相互流通，成立行政、科研、课程小组，以老带新，以新促老，师徒结对，带动新手教师平稳发展。

三、一园一品，提高办学品位

优质园通过输出办学理念和文化、管理经验，指派优秀教师等方式对集团内各园所施加影响，园所之间可以进行部分“移植”。然而，在经过办园初期之后，不应再简单地“复制”“粘贴”。各园所之间因时因地存在着客观差异性，全盘照搬照套会导致集团各园所千校一面，同质化严重，缺乏特色。

不可否认的是，在集团内新园创办之初，“移植”能够保证新园平稳过渡、稳步发展。但是在长期发展过程中，各园所应当在模仿的基础上进行创新，依据自身情况自由选择，多样化发展。集团要在强化优质园的榜样引领作用的同时，拓展集团内各园所的个性化发展渠道，使其形成特色鲜明的办园风格。

四、精品课程，锻炼教师队伍

集团化办园的有益之处在于，集团各成员可共享精品课程。课程之于幼儿园，如房屋之脊梁，不可或缺。形成具有特色且成熟的课程体系需要经过长期的摸索与实践，不是一蹴而就的，也需要集团强大的师资与财力支持。

集团内各园所可共享基础课程，保证幼儿在健康、社会、语言、科学、艺术五大领域的课程涉猎。集团内统一制定课程目标、活动方案，搭建集团课程体系的一级目标。同时，也可以根据各园所的不同特色及师资力量，设立特色园本课程，一园一特色，一园一风格，由此构成集团课程体系的二级目标。此外，还可根据组别设置教研核心组，选取成熟型教师与有潜力的青年教师入组，开发原创课程，磨课成熟后，入选集团教材，在区域内共享，构成集团课程体系的三级目标。

五、教研生力，提升教学品质

教育质量是评价园所质量的核心，教研又是保证教学质量的有力支撑。集团建立集团、园区、年级组三层教研网络，强化青年教师备课制度，以教研组为单位，资源共享，提高教学效率。

集团可采用集中与分散、固定与灵活相结合的方式进行教研，如集团内教研两周一次，园区内教研每周一次，年级组教研不定期举行，或分教学组别进行集团、园区、年级组的教研活动，形成全网络的教研模式。

为了解决集团内不断吸收的“新鲜血液”业务水平参差不齐的问题，集团可开展教学大练兵活动，每学期人人都上过关课，完善听课、评课再消化的过程，不断提高教师的整体业务水平；推行师徒结对，鼓励新手教师向成熟教师学习，促进小范围内提高。

在当前学前教育发展的重要转型期，集团化办学作为一种新的办学方式，正在逐步兴起、推广。得益于集团化办学的扩展，更多的学龄儿童享受到优质教育资源，“入学难”问题得到缓解。集团化幼儿园的形成也使得幼教市场竞争日益激烈。教育集团作为新生的办学模式，正在展现勃勃的生命力。集团化办学也在实践过程中不断总结经验，摸索出一条因地制宜又独具特色的发展道路。

第六节　未来的趋势——非营利幼儿园

除了公办园和民办园外，还有一类幼儿园常常被我们忽视，那就是非营利幼儿园。虽然从法律上看，很多民办园是以非营利机构的名义注册的，但是它们本质上还是营利的，和真正的非营利机构相去甚远。将营利的民办园和非营利机构混为一谈，一方面使得“非营利”成了一纸空文，另一方面也使得民办园的管理逻辑变得混乱。因此，学前教育体制改革应该将营利的民办园和非营利幼儿园区分开来，对不同性质的幼儿园实行不同的管理。那么，非营利幼儿园有什么特征，如何促进非营利幼儿园在我国的发展呢？

“非营利组织”的概念来自西方国家，并经常与非政府组织、公民社会、第三部门、民间组织等交替使用，它们的含义类似，在一定意义上可以互换使用。根据美国学者汉斯曼的观点，标准的非营利组织在法律上有三个条件：一是不因出资而对该组织享有所有权，二是不能对这个组织的盈余进行个人分配，三是清偿债务后的剩余财产要继续用于公益事业。非营利组织的兴起是和公民社会的形成紧密相关的。20世纪70年代末，西方发达国家经济的迅速发展引发了一些严重的社会问题和生态环境问题。国家面对大量社会问题时表现出的无能，使得一些人在寻找救治药方和出路时，不再把目光局限于政府，而转向了公民社会。公民社会的支持者认为，这些非官方的、扎根于社会成员之中的民间组织，比庞大的政府组织更灵活、更有效。它们发动的有针对性的各种新的社会运动，在推动国家制定或改变某些政策，唤起公众注意力，克服某些不合理的社会现象，从而改变人们的观念、习惯等方面，显示出强大的社会力量。由此，西方社会掀起了一场“结社革命”，世界范围内，数以百万计的非政府组织如雨后春笋般纷纷成立，它们在诸多社会公共领域补偿了国家权力的失灵或懈怠，发挥着政府难以实现的作用。

从我国的实践来看，非营利机构的发展虽然十分迅速，但是在公共服务中的份额还是十分有限。截至2007年底，全国共有非企业单位17.2万个，基金会1 369个。民间社会组织的发展也十分迅速。由于长期受全能型政府的影响，民间社会组织在观念、数量、规模及能力等方面，都还远远不能满足多元化公共服务的需求，只能在其中起到“拾遗补缺”的作用，没能在公共服务中发挥主要作用。

从20世纪90年代开始，非营利机构被我国很多政策制定者和研究者视为改革事业单位激励机制的一种替代性选择。非营利机构作为一种组织形式，在我国的法律中并没有界定，但“非营利”这个概念却走进了政策制定和立法过程中。1995年的《中华人民共和国教育法》第25条就明确规定：“任何组织和个人不得以营利为目的举办学校及其他教育机构。”教育机构“不得以营利为目的”一直是我国法律所坚持的，政策制定者希望通过引入非营利概念来改变服务提供者的激励机制。但是到了2002年底，经过激烈争论，《中华人民共和国民办教育促进法》获得通过，其中规定“民办学校在扣除办学成本、预留发展基金以及按照国家有关规定提取其他的必需的费用后，出资人可以从办学结余中取得合理回报。取得合理回报的具体办法由国务院规定”。2004年国务院发布的《中华人民共和国民办教育促进法实施条例》包含了具体规定。在实际操作过程中，非公办幼儿园可以选择成为营利性幼儿园或非营利性幼儿园，“捐资举办的民办学校和出资人不要求取得合理回报的民办学校，依法享受与公办学校同等的税收及其他优惠政策。出资人要求取得合理回报的民办学校享受的税收优惠政策，由国务院财政部门、税务主管部门会同国务院有关行政部门制定”。由于我国对非营利组织的监管相对较薄弱，几乎所有非公办幼儿园都注册成了非营利机构。显然，我国这种“不要求取得合理回报”的民办幼儿园和标准意义上的非营利幼儿园相去甚远，它们既没有享受政府的支持，在价格和营利行为上也没有受到严格的管理。

我国当前公办园和民办园、营利民办园和非营利民办园之间法律和制度设计不完善，学前教育体制中存在很多问题。不管是哪一类幼儿园都存在着自身的优势和局限。由于市场需求的多样化，我们需要一个混合的服务供给主体。相对于公办园和营利民办园，非营利幼儿园可以弥补它们在效率和公平上的不足，也为我国的学前教育改革提供了新的思路。从很多国家的学前教育实践中我们也可以发现，真正高质量、低收费的幼儿园往往不是公办园和民办园，而是由社会力量举办的非营利幼儿园。因此，在很多国家非营利幼儿园是非公办幼儿园的一个重要组成部分。在我国将来的改革中，应当严格区分营利和非营利幼儿园，促进非营利幼儿园的发展。虽然目前对于非营利幼儿园的研究还不够深入，但是大力发展非营利幼儿园应该是学前教育体制改革的方向之一。保障体系不完善会损害教师的基本利益。配套措施的缺乏会使人事制度改革产生“木桶现象”，由于某一块木板短矮导致木桶盛水容量打折。因此，在推行聘用、岗位管理等制度改革的过程中，考核、工资、奖惩、社会保障等其他环节及制度也应该随后跟进。

案例7-4　普惠性学前教育必须追求优质

大力发展普及、普惠、安全、优质的学前教育是党和政府对发展学前教育的基本要求。发展普惠性学前教育是一个必须坚持的方向，与追求优质是同一个过程的两个方面。普惠性学前教育意味着学前教育可获得、可支付、就近便利和高质量。这几个特征是相互联系、缺一不可的。普惠性学前教育具有一系列相互联系的综合特征，是中国特色发展学前教育的必由之路。

首先，普惠性学前教育资源的扩大，能进一步缓解或逐步消除“入园难”问题。

小区配套园是未来我国学前教育资源的核心来源，失去了这个来源，也就失去了政府主导学前教育的现实基础，甚至失去了落实《3—6岁儿童学习与发展指南》的关键引导力量。对于广大人民群众来说，小区配套园是最方便的，接送人力成本最低。因此，办好每一所小区配套普惠性幼儿园，让优质幼儿园走进小区是广大人民群众最现实的期盼，也是切实体现学前教育公平、提升广大人民群众获得感的重要举措。一些小区之所以出现“入园难”，除了因为幼儿园配套、建设不到位外，还因为配套园建成了高收费的营利幼儿园，对于大多数居民来说，这是不能承受之重。让小区配套园规划、建设、移交和使用到位，并回归普惠性，是解决“入园难”问题的关键举措。

其次，普惠性学前教育资源的扩大，能进一步解决“入园贵”问题。

小区配套园必须举办成公办园或普惠性民办园，还有一个重要目的，即解决“入园贵”问题。公办园和普惠性民办园都能得到政府的支持，都是建立在成本核算的基础上，考虑了广大人民群众的支付水平，确定了政府与家庭的不同分担比例。其特点不是硬件奢华，而是硬件和软件双达标，并追求高质量的教育，是面向大多数群众的，是大多数群众可承受、可支付的。要真正实现普惠，根本保障是政府。政府必须以有力投入确保幼儿园的普惠性和教育质量。近年来的实践表明，对普惠性民办园投入到位、管理到位的地方，学前教育的质量就能得到真正提升。

再次，普惠性学前教育资源的扩大，能不断提升教育质量。

在普惠性幼儿园中，公办园的教育质量是目前我国幼儿园中最高的，这是政府长期投入和扶持的结果，也是学前教育实践不断积累和深化的结果。因此，公办园是普惠的典范，是帮扶普惠性民办园的重要力量。选择举办普惠性民办园就是选择了长期接受政府投入和管理的机制，就是选择了向优质发展前行的路向。近十年来，各地采取了各种措施，加大对普惠性幼儿园的支持和管理，除了经费的投入外，还加强了专业指导和培训，协助普惠性民办园与公办园建立帮扶关系以提高教育质量。随着政府对普惠性民办园的投入不断增加，扶持和管理政策进一步优化，相信普惠性民办园将向着可获得、可支付、就近便利和高质量的方向不断前进。

最后，普惠性学前教育资源的扩大和质量的维护关键在政府。

国务院办公厅印发的《关于开展城镇小区配套幼儿园治理工作的通知》要求："坚持以人民为中心的发展思想，认真履行政府责任，依法落实城镇公共服务设施建设规定，着力构建以普惠性资源为主体的学前教育公共服务体系，聚焦小区配套幼儿园规划、建设、移交、办园等环节存在的突出问题开展治理……"因此，把小区配套园办成普惠性幼儿园，是政府必须做、可以做和完全能做好的工作。只有政府履行职责，普惠性资源才能得到有效扩大，普惠性幼儿园才能真正实现可获得、可支付、就近便利和高质量。

值得注意的是，要抑制个别地方政府举办高收费的所谓窗口性幼儿园和引进所谓国际品牌幼儿园的冲动。从近期某省进行的高收费幼儿园抽样质量检查来看，高收费与高质量之间没有必然的联系，有些所谓"品牌"与国家法规倡导的理念和实践相去甚远。只要幼儿园成本核算是保障运行的，教师是合格的，教师的收入是与国家规定的公办教师工资相应的，幼儿园是严格按照国家规定招生编班的，那么决定教育质量的关键因素就是教师队伍的专业水平和管理水平。

未来政府还将借助教科研、高校及优质公办园的力量不断拉升普惠性民办园的教育质量。幼儿园教育质量不能只看收费，不能只听宣传，要真正关注儿童的发展，关注对《3—6岁儿童学习与发展指南》落实的程度。家长与办园者之间信息不对称的现象终将改变，家长要求政府公示幼儿园教育质量的时代即将到来。

（《中国教育报》2019-04-28　虞永平）

随着社会进步，人们对优质学前教育的需求越来越大。为了尽快满足广大家长的需求，在优质学前教育资源非常有限的情况下，政府大力支持和倡导通过优质公办园举办分园的集团化办园形式，实现快速扩大优质教育资源。政府会越来越关注学前教育的发展，政策扶持也会相应加大，与此同时，政府对学前教育的监管机制也会更加完善。集团化幼儿园更要牢牢抓住这一机遇，制定科学化、前瞻性发展策略。相信在不久的将来，公办幼教集团将呈现爆发式增长，其举办的公办性质分园和民办性质普惠园在全国范围内会如雨后春笋般拔地而出、蓬勃发展，为幼儿提供更加丰富、更加普惠、更加优质的学前教育。

附　　录

附录1　关于“优质公办幼儿园举办分园”的调查问卷（Ⅰ）

尊敬的幼儿园园长、老师：

您好！

我们是国家社会科学基金“十二五”规划2013年度教育学一般课题“优质公办幼儿园举办分园的模式研究（课题编号：BHA130049）”的调研人员，我们对国内“名园办分园”的基本现状十分关注，诚挚地邀请您参加这一调查研究。如果您希望了解这项研究的调查结果，我们很愿意向您提供方便。

调查目的：通过调查分析，掌握目前国内“名园办分园”的基本现状，归纳总园举办分园的类型和模式，分析不同模式“办分园”的优缺点和存在的问题，提出解决策略和办园指导，向教育主管部门提交研究报告和决策咨询。

名词界定：本问卷中的“优质公办幼儿园”是指利用国有资源举办的，拥有高水平师资队伍，具有科学管理、先进设施、优良环境，通过多年办学实践，形成鲜明办学特色，具有较高办学质量和良好口碑的品牌幼儿园。

调查范围：国内代表性地区各类“优质公办幼儿园举办的分园”。民办性质的“名园办分园”或幼教集团不属于本课题调研范畴。

★此调查问卷所有数据仅供课题组研究使用，请勿留姓名和联系方式。我们承诺将对您的答卷情况保密。请仔细阅读下列题目并如实独立作答。感谢您的大力支持！

—·——·——·——·——·——·——·——·——·——·—

您的单位：________省________市________幼儿园________分园

您的身份（请在相应身份前的“○”中画“√”）：

○总园园长　　○总园副园长　　○分园园长　　○分园副园长

○总园或分园中层管理人员　　　○总园或分园教师

您的职称：________　性别：________　学历：________　年龄：________

一、单项选择题

1.您所在地市政府鼓励“优质公办幼儿园举办分园”吗？　（　）

A.鼓励，有相关文件要求和具体的政策支持措施

B.鼓励，仅有相关文件要求，没有具体的政策支持措施

C.政府没有明确要求，愿意办分园就办

D.不鼓励，不提倡，也无相关文件和具体的政策支持措施

2.就您所知，目前您所在地市“优质公办幼儿园举办分园”的总园数量有　（　）

A.没有优质公办幼儿园举办分园

B.已有1所优质公办幼儿园举办了多所分园

C.已有2所优质公办幼儿园举办了多所分园

D.已有3所及以上优质公办幼儿园举办了多所分园

3.目前，您所在地市“优质公办幼儿园举办分园”的质量如何？　（　）

A.举办的分园办学质量很好

B.举办的分园办学质量较好

C.举办的分园办学质量一般

D.举办的分园办学质量较差

4.从有利于幼儿园办学来看，您认为分园哪种投资主体方式较好？　（　）

A.政府投入，公办模式较好

B.民间资本投入，民办模式较好

C.政府投入为主，公办民营模式较好

D.民间资本投入为主，民办公助模式较好

5.您所在幼儿园属于“优质公办幼儿园举办分园”的哪种类型？　（　）

A.总园、分园实行人、财、物统一管理，总园、分园均为公办模式

B.总园、分园教科研、后勤等实行连锁经营管理，总园为公办模式，分园为民办模式

C.总园只输出品牌（冠名），不进行连锁经营管理，分园为公办模式

D.总园只输出品牌（冠名），不进行连锁经营管理，分园为民办模式

6. 您认为“优质公办幼儿园办分园”哪种模式较好？（　　）

A. 总园、分园实行人、财、物统一管理，总园、分园均为公办模式

B. 总园、分园教科研、后勤等实行连锁经营管理，总园为公办模式，分园为民办模式

C. 总园只输出品牌（冠名），不进行连锁经营管理，分园为公办模式

D. 总园只输出品牌（冠名），不进行连锁经营管理，分园为民办模式

二、不定项选择题（每小题可有多个答案）

7. 您对当前“优质公办幼儿园举办分园”现象的认识是（　　）

A. 有利于扩大优质学前教育资源

B. 有利于解决学前教育经费投入不足

C. 适应地方政府集团化办学的需要

D. 可以带动幼儿园所在区域房地产开发

E. 其他

8. 您认为总园、分园均为公办性质的“统一管理式”的主要优点有（　　）

A. 分园办园质量有保证

B. 分园经费投入有保证

C. 分园教师队伍稳定

D. 分园收费较低

E. 其他

9. 您认为总园、分园均为公办性质的“统一管理式”的主要缺点有（　　）

A. 总园园长等管理者工资待遇与举办分园的数量、质量关系不大

B. 体制限制，分园办园自主性较小

C. 分园教师工作压力小，不利于教师的专业化发展

D. 总园得不到任何经济回报

E. 其他

10. 您认为公办性质总园举办民办性质分园的“连锁管理式”的主要优点有（　　）

A. 办园自主性较大，分园办园质量有保证

B. 总园能获得一定的经济收益

C.分园教师工作压力较大，有利于教师的专业化发展

D.总园园长等管理者工资待遇与举办分园的数量、质量关系密切

E.其他

11.您认为公办性质总园举办民办性质分园的“连锁管理式”的主要缺点有（　　）

A.总园、分园性质不同，体制机制冲突，不利于管理

B.分园经费投入没有保障

C.分园教师队伍不够稳定

D.分园收费较高，招生压力较大

E.其他

12.您认为“品牌输出式”总园办分园的主要优点有（　　）

A.“挂名牌”能迅速增大分园的知名度

B.通过品牌输出总园能获得一定的经济收益

C.该模式总园投入精力较少，对总园办学影响较小

D.有利于分园招生

E.其他

13.您认为“品牌输出式”总园办分园的主要缺点有（　　）

A.分园办园质量没有保证

B.品牌输出对总园品牌有“稀释性”

C.幼儿家长对品牌输出的分园认可度不高

D.分园教职工对总园的认同度较低

E.其他

三、认同感题（下面每个句子后面都有五个选项，“5分”表示“完全同意”，“1分”表示“完全不同意”，请选择最与您园实际情况相符合的一个选项）

题目	选项				
	5分	4分	3分	2分	1分
1.幼教集团下各园人员可进行相互调配					
2.幼教集团下各园进行人事招聘均由总园统一组织					
3.幼教集团内总园与分园之间在资金上是独立运作的					

续　表

题目	选项				
	5分	4分	3分	2分	1分
4.幼教集团内各园实行统一的薪酬标准					
5.幼教集团内各园进行统一的物资采购及调配(如园所设施、教学用具等)					
6.幼教集团内组织大型活动由总园统一策划					
7.幼教集团内各园选用统一的课程内容					
8.幼教集团内各园实行统一的课程评价制度					
9.幼教集团内各园统一开展教师培训及讲座活动					
10.幼教集团内设有专门的教研部门组织开展教研活动					
11.幼教集团内设有专门的科研部门组织开展科研活动					
12.幼教集团内针对不同岗位制定了相应的岗位管理制度					
13.幼教集团内经常开展针对不同岗位教师的培训及讲座					
14.幼教集团内对总园及各个分园的保教质量实行统一评估、考核					
15.幼教集团内总园及各个分园有统一的办园宗旨和园所文化					
16.幼教集团内总园及各个分园依照统一的管理制度进行管理					
17.幼教集团经常性有计划地设定近期工作目标					
18.幼教集团内各部门能根据近期工作目标安排工作					
19.幼教集团内各部门教职工能清楚了解所属部门的阶段性目标					
20.幼教集团内教职工清楚了解集团整体发展目标					
21.幼教集团内各部门经常召开本部门会议					
22.幼教集团内管理层每月召开管理层会议					
23.幼教集团内各部门之间、各园所之间遇到问题,能够随时取得联系、进行沟通、共同解决					
24.贵园在招生时对幼儿父母的工作单位进行限定					
25.贵园在招生时会采用电脑随机派位招生					
26.贵园面对所有适龄幼儿招生(包括中低收入家庭子女、民工子女等)					
27.贵园对弱势群体家庭减免部分学费(如孤儿、特困或低保家庭、留守儿童等)					
28.贵园在幼儿入园前可以部分预先“占位”					
29.贵园对收费项目及标准进行定期公示					
30.幼教集团内明确设有教职工职称评定标准和晋升制度					

续 表

题目	选项				
	5分	4分	3分	2分	1分
31.幼教集团内各园有不同的办园特色					
32.幼教集团内定期开展各园之间的评优活动					
33.幼教集团内各园所实行统一的岗位考核制度					
34.贵园对教师申报课题、发表论文有较大的奖励力度					
35.贵园对教师获得各项教学活动奖项有较大的奖励力度					

四、简答题（请畅所欲言，字数不限）

1.您认为优质公办幼儿园是否需要举办分园？请说明理由。

答：

2.您认为优质公办幼儿园怎样才能办好分园？

答：

3.请您结合实际情况，谈谈幼教集团下总园与各分园之间是如何合作交流的？（是否制定一定的目标机制、激励机制、竞争机制等？如果有，这些机制是如何实施的？）

答：

★再次感谢您的参与，BHA130049课题组衷心感谢您的配合与支持！

附录2　关于“优质公办幼儿园举办分园”的调查问卷（Ⅱ）

尊敬的分管学前教育的领导、高校学前教育专家：

您好！

我们是国家社会科学基金“十二五”规划2013年度教育学一般课题“优质公办幼儿园举办分园的模式研究（课题编号：BHA130049）”的调研人员，我们对国内“名园办分园”的基本现状十分关注，诚挚地邀请您参加这一调查研究。如果您希望了解这项研究的调查结果，我们很愿意向您提供方便。

调查目的：通过调查分析，掌握目前国内“名园办分园”的基本现状，归纳总园举办分园的类型和模式，分析不同模式“办分园”的优缺点和存在的问题，提出解决策略和办园指导，向教育主管部门提交研究报告和决策咨询。

名词界定：本问卷中的“优质公办幼儿园”是指利用国有资源举办的，拥有高水平师资队伍，具有科学管理、先进设施、优良环境，通过多年办学实践，形成鲜明办学特色，具有较高办学质量和良好口碑的品牌幼儿园。

调查范围：国内代表性地区各类“优质公办幼儿园举办的分园”。民办性质的“名园办分园”或幼教集团不属于本课题调研范畴。

★此调查问卷所有数据仅供课题组研究使用，请自愿留下姓名和联系方式（见卷末）。我们承诺将对您的答卷情况保密。请仔细阅读下列题目并如实独立作答。感谢您的大力支持！

—·——·——·——·——·——·——·——·——·——·—

您的单位：________省________市__________________________。

您的身份（请在相应身份前的“○”中画“√”）：

○分管学前教育领导　○学前教育教研员　○高校学前教育专业教师

您的职务级别（请在相应职务级别前的“○”中画“√”）：

○正厅级　○副厅级　○正处级　○副处级　○正科级

○副科级　○其他

您的职称（请在相应职称前的“○”中画“√”）：

○正高级　○副高级　○中级　○初级

您的学历（请在相应学历前的“○”中画“√”）：

○高中或中专　○大专　○本科　○硕士研究生　○博士研究生

您的性别（请在相应性别前的“○”中画“√”）：

○男　　○女

您的年龄（请在相应年龄前的“○”中画“√”）：

○20—30　　○31—40　　○41—50　　○51—60

一、单项选择题（每小题只有1个答案）

1.您所在地市政府鼓励“优质公办幼儿园举办分园”吗？（　　）

A.鼓励，有相关文件要求和具体政策支持措施

B.鼓励，仅有相关文件要求，没有具体政策支持措施

C.政府没有明确要求，愿意办分园就办

D.不鼓励，不提倡，也无相关文件和具体政策支持措施

2.就您所知，目前您所在地市“优质公办幼儿园举办分园”的总园数量有（　　）

A.没有优质公办幼儿园举办分园

B.已有1所优质公办幼儿园举办了多所分园

C.已有2所优质公办幼儿园举办了多所分园

D.已有3所及以上优质公办幼儿园举办了多所分园

3.目前，您所在地市“优质公办幼儿园举办分园”的质量如何？（　　）

A.举办的分园办学质量很好

B.举办的分园办学质量较好

C.举办的分园办学质量一般

D.举办的分园办学质量较差

4.从有利于幼儿园办学来说，您认为分园哪种投资主体方式较好？（　　）

A.政府投入，公办模式较好

B.民间资本投入，民办模式较好

C.政府投入为主，公办民营模式较好

D.民间资本投入为主，民办公助模式较好

5.您所在幼儿园属于“优质公办幼儿园举办分园”的哪种类型？（　　）

A.总园、分园实行人、财、物统一管理，总园、分园均为公办模式

B.总园、分园教科研、后勤等实行连锁经营管理，总园为公办模式，分园为民办模式

C.总园只输出品牌（冠名），不进行连锁经营管理，分园为公办模式

D.总园只输出品牌（冠名），不进行连锁经营管理，分园为民办模式

6.您认为“优质公办幼儿园举办分园”哪种模式较好？（　　）

A.总园、分园实行人、财、物统一管理，总园、分园均为公办模式

B.总园、分园教科研、后勤等实行连锁经营管理，总园为公办模式，分园为民办模式

C.总园只输出品牌（冠名），不进行连锁经营管理，分园为公办模式

D.总园只输出品牌（冠名），不进行连锁经营管理，分园为民办模式

二、多项选择题（每小题可有多个答案）

7.您对当前“优质公办幼儿园举办分园”现象的认识是（　　）

A.有利于扩大优质学前教育资源

B.有利于解决学前教育经费投入不足

C.适应地方政府集团化办学的需要

D.可以带动幼儿园所在区域房地产开发

E.其他

8.您认为总园、分园均为公办性质的“统一管理式”的主要优点有（　　）

A.分园办园质量有保证

B.分园经费投入有保证

C.分园教师队伍稳定

D.分园收费较低

E.其他

9.您认为总园、分园均为公办性质的“统一管理式”的主要缺点有（　　）

A.总园园长等管理者工资待遇与举办分园的数量、质量关系不大

B.体制限制，分园办园自主性较小

C.分园教师工作压力小，不利于教师的专业化发展

D.总园得不到任何经济回报

E.其他

10.您认为公办性质总园举办民办性质分园的“连锁管理式”的主要优点有（　　）

A.办园自主性较大，分园办园质量有保证

B.总园能获得一定的经济收益

C.分园教师工作压力较大，有利于教师的专业化发展

D.总园园长等管理者工资待遇与举办分园的数量、质量关系密切

E.其他

11.您认为公办性质总园举办民办性质分园的“连锁管理式”的主要缺点有（　　）

A.总园、分园性质不同，体制机制冲突，不利于管理

B.分园经费投入没有保证

C.分园教师队伍不够稳定

D.分园收费较高，招生压力较大

E.其他

12.您认为“品牌输出式”总园办分园的主要优点有（　　）

A.“挂名牌”能迅速增大分园的知名度

B.通过品牌输出总园能获得一定的经济收益

C.该模式总园投入精力较少，对总园办学影响较小

D.有利于分园招生

E.其他

13.您认为“品牌输出式”总园办分园的主要缺点有（　　）

A.分园办园质量没有保证

B.品牌输出对总园品牌有“稀释性”

C.幼儿家长对品牌输出的分园认可度不高

D.分园教职工对总园的认同度较低

E.其他

三、简答题（请畅所欲言，字数不限）

1.您认为“优质公办幼儿园举办分园”集团化办学的利弊有哪些？

答：

2. 您认为优质公办幼儿园怎样才能办好分园？

答：

3. 您认为，目前全面二孩政策下，如何实现幼儿园“规模扩张”和“质量稳定”的统一？

答：

您的姓名：____________________ 联系方式：__________________

★再次感谢您的参与，BHA130049课题组衷心感谢您的配合与支持！

参考文献

一、专著类

[1] 曹建明，马冬娟.为了教育公平——名校连锁集团化办学探索[M].杭州：浙江大学出版社，2014.

[2] 曹能秀.学前比较教育[M].2版.上海：华东师范大学出版社，2015.

[3] 李少梅.政府主导下的我国农村学前教育发展研究[M].西安：陕西师大出版社，2014.

[4] 刘华，李妮，吴文艳，等.北仑范式：区域推进式农村学前教育发展模式探索[M].杭州：浙江大学出版社，2013.

[5] 刘培标.连锁经营原理[M].北京：北京师范大学出版社，2015.

[6] 刘强.学前教育城乡均衡发展的理论与实践[M].南京：南京大学出版社，2011.

[7] 刘占兰，等.中国学前教育发展报告.2012[M].北京：教育科学出版社，2013.

[8] 吕承超.连锁经营品牌共生[M].北京：经济科学出版社，2014.

[9] 秦旭芳，向海英.学前教育管理学[M].长沙：湖南大学出版社，2015.

[10] 汤伟伟.现代连锁经营与管理[M].2版.北京：清华大学出版社，2014.

[11] 于立岿."集"而"团"之——优质幼儿园集团化发展与管理的实践探索[M].北京：科学出版社，2014.

[12] 曾晓东.学前教育困惑与抉择[M].南京：江苏教育出版社，2011.

[13] 张晗，夏竹筠，武欣.当代中国农村学前教育发展的困境与抉择[M].上海：华东师范大学出版社，2015.

[14] 张荣齐.连锁经营理论及对策研究——以北京为例[M].北京：中国

书籍出版社，2015.

[15] 张文彬，张绍文.民办学校集团化、专业化发展研究——以福建西山教育集团为例[M].北京：人民出版社，2014.

[16] 张欣，程志宏.现代幼儿园管理实务[M].上海：复旦大学出版社，2014.

[17] 郑富芝.学前教育跨越式发展[M].北京：人民教育出版社，2012.

[18] 郑佳珍.幼儿园集团化管理的理念与实践[M].北京：高等教育出版社，2004.

[19] 中国学前教育发展战略研究课题组.中国学前教育发展战略研究[M].北京：教育科学出版社，2010.

[20] 周浩波，罗英智.区域学前教育多元化发展模式研究[M].沈阳：辽宁人民出版社，2015.

二、报刊类

[1] FROMM J.Education industry offers world of investment opportunity[J]. Venture capital journal，2001(3):36-38.

[2] SIMS M，GUILFOYLE A，PARRY T.What cortisol levels tell us about quality in childcare centers[J].Australian journal of early childhood, 2005(3): 29-39.

[3] 曹春玲.幼儿园连锁业发展之我见[J].家庭与家教(现代幼教)，2009(7、8)：18-19.

[4] 但菲，侯雨彤.规模与质量：集团化幼儿园发展的现实诉求[J].教育研究，2013(9)：84-88.

[5] 丁杰.透视“入园难”：教育公平的视角[J].中国教育学刊，2013(2)：14-17.

[6] 董秀华.国外教育集团发展与运行简析[J].开放教育研究，2002(2)：8-12.

[7] 柯长瑜.实施集团化办园，促进学前教育优质均衡发展[J].科学大众(科学教育)，2011(6)：95，103.

[8] 李建梅.示范性幼儿园办园模式改革的意义与途径[J].学前教育研究，2012(11)：50-52.

[9] 刘玉.辽宁实行地产幼儿园连锁发展[N].中国教育报，2014-03-

12（01）.

［10］沐文洋.幼儿园集团化管理的思考[J].早期教育，2014(1)：26-27.

［11］孙军.公办园办分园是“稀释”还是“燎原”［N].中国教育报，2010-10-13(002).

［12］孙卫丽.对“名园办分园”现象的认识[J].基础教育研究，2013(1)：53-55.

［13］王正青.国外推进城乡教育均衡发展新趋势[J].中国教育学刊，2011(1)：20-23.

［14］杨俊.安徽省芜湖市推进优质幼儿园集团化办学[J].福建教育，2014(7)：16-17.

［15］杨立群，肖青梅.公办幼儿教育集团带动区域学前教育发展初探[J].当代教育理论与实践，2012(2)：4-7.

［16］杨姝琛，邢利娅.改革办园体制，实现优质教育——以巴彦淖尔市幼教集团调查为例[J].内蒙古师范大学学报(教育科学版)，2006(10)：70-72.

［17］曾莉.管理伦理：示范性幼儿园办学的应然追求[J].学前教育研究，2010(1)：70-72.

［18］张燕，李相禹.关于名园办分园的思考[J].幼儿教育，2011(Z4)：42-44.

［19］赵月娥.幼儿园办园体制现状调查与对策研究——以辽宁省为例[J].沈阳大学学报(社会科学版)，2013(1)：111-114.

［20］邹红英.集团化幼儿园和谐推进信息化——无锡市滨湖实验幼儿园信息化进程的实践与思考[J].中国信息技术教育，2009(11)：22.

三、硕博论文类

［1］白英龙.政府主导下的幼儿园集团化发展研究[D].鞍山：鞍山师范学院，2015.

［2］曹莎.幼儿园集团化管理模式研究[D].金华：浙江师范大学，2016.

［3］陈志英.商业连锁和谐内治机制研究[D].上海：复旦大学，2008.

［4］侯雨彤.集团化幼儿园发展模式与运行现状研究[D].沈阳：沈阳师范大学，2014.

［5］涂冠妃.连锁幼儿教育机构经营管理现状及对策[D].上海：华东师范大学，2014.

[6] 王晓晨.美国集团化办学研究[D].上海：华东师范大学，2015.

[7] 王子灿.我国政府在学前教育中的职责优化[D].长春：长春工业大学，2017.

[8] 武亚娟.基础教育集团化办学研究[D].西安：陕西师范大学，2013.

[9] 尹双全.铜仁市幼教集团办学模式与运行机制研究[D].贵阳：贵州师范大学，2016.